创新质量体系

冉好思 著

光明日报出版社

图书在版编目（CIP）数据

创新质量体系 / 冉好思著. -- 北京：光明日报出版社，2024.1

ISBN 978-7-5194-7758-5

Ⅰ.①创… Ⅱ.①冉… Ⅲ.①质量管理体系—研究 Ⅳ.①F273.2

中国国家版本馆 CIP 数据核字 (2024) 第 021948 号

创新质量体系
CHUANGXIN ZHILIANG TIXI

著　　　者：冉好思	
责任编辑：许黛如	策　　划：张　杰
封面设计：回归线视觉传达	责任校对：曲建文
责任印制：曹　净	

出版发行：光明日报出版社

地　　址：北京市西城区永安路106号，100050

电　　话：010-63169890（咨询），010-63131930（邮购）

传　　真：010-63131930

网　　址：http://book.gmw.cn

E – mail：gmrbcbs@gmw.cn

法律顾问：北京市兰台律师事务所龚柳方律师

印　　刷：香河县宏润印刷有限公司

装　　订：香河县宏润印刷有限公司

本书如有破损、缺页、装订错误，请与本社联系调换，电话：010-63131930

开　　本：170mm×240mm

字　　数：320千字　　　　　　印　　张：20

版　　次：2024年1月第1版　　　印　　次：2024年2月第1次印刷

书　　号：ISBN 978-7-5194-7758-5

定　　价：88.00元

版权所有　翻印必究

序言

本书献给为中华复兴、实业强国目标而奋斗的质量工作者。

2021年，中国人均GDP达到1.25万美元，实现了第一个百年奋斗目标，同时也落入"中等收入陷阱"。2022年，我国的支柱性产业房地产经济大幅缩水近30%，经济的边际效应在大大降低。于是，严峻的经济形势叠加疫情的影响，使得1000万大学毕业生面临就业压力。可见，靠传统模式拉动经济增长的方法已难以为继，中国经济转型迫在眉睫。

党的二十大明确提出，把高质量发展作为全面建设社会主义的首要任务，坚定实施创新驱动发展战略，向创新要动力。

面对百年未有之大变局，我们需要深入实施提升创新能力和效率战略，全面推动经济社会高质量发展，为将中国建成世界强国奠定基础。在短视频、快餐文化流行的当下，我国的质量发展理论已远远落后于时代，因此迫切需要新的体系化的理论作为创新高质量发展的基石。

笔者有幸在华为工作17年，其中13年从事研发质量工作。这期间，经历了华为大大小小的流程变革近10次，深度辅导了近100个研发项目，挖掘了近300个优秀实践，从领域质量专家成长为体系级质量专家。

笔者在2012年做Discipline流程变革经理时曾定下目标："华为拥有世界最大的硬件研发团队，也必须要拥有世界一流的硬件质量体系。"2018年

12月，华为硬件敏捷流程变革成功结项，算是圆了笔者的心愿。

2012年，华为的产品研发处在危险边缘，终端手机被刚成立两年的小米挤压得没有立足之地。华为无线产品连续9年亏损，华为云相比同期启动的阿里云毫无存在感，引入的敏捷软件犹如在"裸奔"，一级事故频发，引起客户严重不满，因此2012年被定为"华为质量年"。面对危机，突破集成产品开发（Integrated Product Development，IPD）流程束缚并探索出未来研发流程架构，是华为发展的关键。

华为多年的商业模式是卖硬件送软件，硬件研发在很大程度上决定了其在商业上的成功。鉴于此，硬件质量承担了华为未来流程架构的探索任务。而笔者有幸作为Discipline流程变革经理主导了整个探索过程，新的流程架构在网络、能源、IT、终端、企业网、无线六大产品线同步试点，实现6个版本40个单板开发的一次性成功。

Discipline流程变革彻底颠覆了IPD瀑布架构，第一次以开放式场景设计流程；第一次将硬件、软件、芯片、装备、测试等以领域流程集成；第一次将优秀实践、质量标准写入进入流程；第一次将"软件敏捷"正式导入流程；第一次实现从规划、技术开发、产品开发到产品维护的系统性集成；第一次规范产品线流程定制入口。该项目于2013年年底顺利结项。

2014年华为步入发展的快车道，旗舰手机的研发周期从15个月降到8个月，同年推出Mate 7后引爆手机市场；无线产品线成立9年后利润大幅上升；能源产品线成立仅一年利润就成为世界第一；新产品质量迅速提升且多年未出现一级事故。

笔者于2016年深入参与硬件流程变革。作为总架构师，笔者推动了硬件敏捷流程变革的立项，并提出"5—4—3—2"硬件敏捷模型全面推广，让华为大硬件协作更上一层楼。其中，笔者辅导的5G产品从芯片立项到客户测试仅用了 11 个月。2018 年 5G 产品获得巴展金奖，相比欧美顶级企业 30 个月的周期，超强的产品研发能力让华为站在世界之巅。据华为销售数据显示，华为销售额从 2013 年的 2390 亿元增长到 2019 年的 8588 亿元，年复合增长率高达 24%。

从 2008 年开始，笔者潜心研究了大量古今中外质量文献和案例。10 多年来笔者一直有一个强烈的冲动，就是想把自己多年的思考和经验总结出来。2019 年我从华为退休后，历时 3 年将自己的经验和想法进行了系统性总结。如今书稿完成，但鉴于笔者水平有限，再加上时间仓促，本书不足之处在所难免，望读者指正。

冉好思

2022 年 11 月 11 日

目录

第一章　走进创新
一、创新推动人类文明发展 / 2
二、创新定义和创新组合 / 7
三、标准型和功能型产品 / 9
四、产品创新模式 / 11
五、制造业和创新业 / 13
六、创新的21世纪 / 16
七、智能时代 / 19
八、百年未有之大变局——智能时代 / 21

第二章　质量体系与大国崛起
一、质量体系的特征和定义 / 26
二、秦帝国崛起，超越世界2000年 / 28
三、欧洲崛起，工匠文明上建立现代工业文明 / 34
四、美国崛起，现代管理与现代质量发源地 / 40
五、日本战后质量体系助推经济腾飞 / 43
六、日本衰落与美国再崛起 / 47
七、世纪之谜——中国经济奇迹 / 52

第三章　创新质量体系探索
一、产品质量模型 / 54

二、价值漂移 / 57

三、反摩尔定律 / 59

四、推动世界格局变化的黑手 / 61

五、创新质量体系探索过程 / 64

六、创新质量体系模型 / 66

第四章　创新质量体系——核心理念

一、以人为本 / 70

二、价值驱动 / 84

三、持续改进 / 94

四、零缺陷 / 99

五、缺陷预防 / 101

六、简单度量 / 106

七、3R原则 / 109

八、乘法效应——全员改进的理论基石 / 112

九、残棋定律——颠覆与被颠覆 / 116

第五章　创新质量体系——流程与IT

一、软件开发模式发展简史 / 122

二、IPD流程发展历史 / 124

三、流程的本质是服务 / 129

四、构建流程化服务型组织 / 131

五、华为Discipline流程介绍 / 137

第六章　创新质量体系——优秀实践

一、实践的力量，中国崛起之谜 / 144

二、优秀实践的特征 / 148

三、有效性评估 / 151

四、需求&规格串讲 / 155

五、硬件方案串讲 / 158

六、检视"三部曲" / 162

七、CAD清零 / 168

八、整机排查 / 172

九、日清管理优秀实践 / 176

十、硬件"冰糖葫芦"模型 / 181

十一、软件快速迭代实践 / 183

第七章 创新质量体系——项目管理

一、项目管理难点和核心 / 186

二、项目管理步骤 / 189

三、项目质量策划 / 191

四、项目过程管理 / 194

五、项目绩效考核 / 197

六、版本级质量策划 / 200

七、新产品质量策划 / 205

八、全新产业质量策划 / 208

第八章 创新开发模式

一、软硬芯制开发模式 / 214

二、流水线开发模式 / 218

三、自运营开发模式 / 221

四、攒机开发模式 / 224

五、三选开发模式 / 227

六、领域孵化开发模式 / 230

七、生态开发模式 / 233

八、算法驱动开发模式 / 236

九、原型驱动开发模式 / 238

十、模型驱动开发模式 / 241

十一、DevOps开发模式 / 243

十二、集成开发模式 / 246

第九章　质量体系变革

一、企业运作成熟度介绍 / 250

二、华为成熟度演进过程 / 254

三、QMS体系运作 / 257

四、QMS体系变革全景 / 261

五、QMS评估 / 266

六、QMS评估表单参考 / 270

七、流程运作 / 280

八、TOP N改进 / 286

九、流程变革 / 289

十、流程优化小技巧——OVMA / 295

十一、华为Discipline流程变革案例 / 296

十二、IT电子流优化案例 / 300

附录：专有名词释义 / 301

后记与展望 / 302

参考文献 / 305

第一章　走进创新

创新有两种解释：一是创造；二是推陈出新。该词语出自《南史·后妃传上·宋世祖殷淑仪》："据《春秋》，仲子非鲁惠公元嫡，尚得考别宫。今贵妃盖天秩之崇班，理应创新。"

英文 Innovation 一词来源于拉丁文，牛津词典给出了两种解释：一是（新事物、思想或方法的）创造；创新；改革。二是新思想；新方法。

中国哲学源流之一的《易经》的核心在于对变化的描述和研究。中国古代哲学对变化的释义核心就是"生"。《易传·系辞上传》中，写道："易有太极，是生两仪，两仪生四象，四象生八卦。"哲学家老子在《道德经》中写道："道生一，一生二，二生三，三生万物。"按中国哲学的理解，所有的新生事物都是当前事物耦合演进变化的结果，即三生万事万物。这种观点对比西方的"上帝造世论"更接近真相。中国哲学中的"生"内容生动，既有包罗万象的演进更替，也包含人类的创造发明。

一个民族的思维方式会对国家发展产生重大影响。受中华文化熏陶的中国人对创新的理解更加深刻、应用更加自如，也更适合创造发明，这也是中国能够快速崛起的重要原因之一。

创新是既古老又新潮的词语，伴随着人类创造出的第一个工具而诞生，贯穿了整个人类的发展史，直到今天。创新正推动人类以史无前例的速度向前发展，它是促进近代世界格局发生变化的最重要的因素。

一、创新推动人类文明发展

从达尔文的进化论来看,古猿是人类和类人猿的共同祖先。类人猿包括大猩猩、黑猩猩、猩猩和长臂猿等,让人类和类人猿"分道扬镳"的最根本原因是创新能力。部分古猿发明并制造工具从而进化成原始人(智人),经过漫长岁月的创新推动,原始人最终发展出当今文明。

在非洲,黑猩猩用树枝掏白蚁吃,用带尖的木棒像长矛一样通过捅刺去捕猎猴子,利用自然工具去获得食物或者抵御袭击,是类人猿掌握的生存本能。不仅类人猿,还有很多动物利用自然工具的例子,比如,巴拿马猴子用石头砸破坚果外壳吃到果实,寄居蟹利用空贝壳作为防御工具,水獭利用石块敲碎贝壳而获得食物,等等。

(一)发明对早期人类的生存影响

由于早期的人类没有文字记载,当前只能通过黑猩猩等动物的行为对古猿的活动进行揣测。早期的古猿最重要的活动是生存,每天大多数时间是在大自然中寻觅食物;同时要时刻提防凶猛野兽的袭击。也许和当前的黑猩猩利用自然工具的情况差不多,古猿发现利用树枝、石块等自然工具能够让食物更丰富,利用树枝可以掏到蜂巢内的蜂蜜,利用尖锐的石块可以划开死去野兽的厚重的皮毛,利用大石块可以砸开死去野兽的头骨和股骨吃到营养丰富的食物;在面对凶猛的野兽袭击时,利用木棒和石块自卫有更高的生存概率。经过无数代的经验积累,古猿有了使用天然工具的经验和习惯。但如果人类祖先仅限于对自然工具的使用,也不会进化出当今文明,也许只是多了一个猩猩种群而已。

人和动物的最大区别是主动制造和使用工具来改善生存环境。在古猿使用自然工具的过程中,也许在不经意间发现经过简单加工后的树枝、木棒和石块有更理想的效果，对自然工具进行简单的加工成了古猿进化成人类的主要标志。根据考古学家的发现，260万年前的非洲东部有人类大规模制造和使用旧石器的证据。由于早期的人类历史没有文字记载，仅能发现不能腐败的石头工具存在，而木棒、骨头、绳子等工具无法得到考证。

人类从早期发展到出现文字文明经历了200多万年，相比人类文明出现后的5000年发展速度来看，其过程极为缓慢。距今约260万年前出现奥杜威石器技术（石器Ⅰ型），到150万年前人类才掌握了控制火的技术，其间经历了约100万年的时间；木长矛出现在约50万年前，石木复合工具出现在约30万年前，语言约在15万年前出现，衣服出现在约10万年前，弓箭在约7万年前发明（内容摘自《人类科技创新简史——欲望的力量》，美董洁林著）。

（二）创新决定人类文明高度

人类的文明由关键的发明所定义。其中，关键技术的发明决定了人类的生产力和文明程度。人类经历了石器时代、青铜时代、铁器时代、蒸汽时代、电气时代和信息时代。前三个时代的发展都极其缓慢，进入蒸汽时代后，人类生产力得到前所未有的发展，人口也以前所未有的速度增长。更多的人口推动人类文明更快速发展，使人类文明进入百年大变局时代。蒸汽时代到电气时代用了98年，电气时代到信息时代的过程也差不多有100年，如图1-1所示。

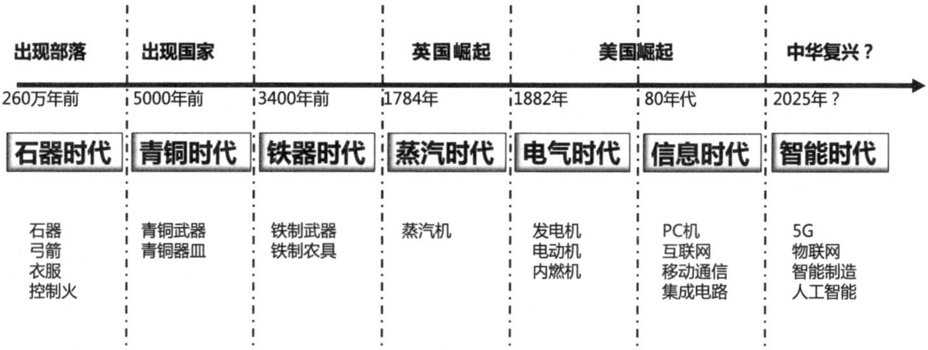

出现部落	出现国家		英国崛起		美国崛起	中华复兴？
260万年前	5000年前	3400年前	1784年	1882年	80年代	2025年？
石器时代	**青铜时代**	**铁器时代**	**蒸汽时代**	**电气时代**	**信息时代**	**智能时代**
石器 弓箭 衣服 控制火	青铜武器 青铜器皿	铁制武器 铁制农具	蒸汽机	发电机 电动机 内燃机	PC机 互联网 移动通信 集成电路	5G 物联网 智能制造 人工智能

图1-1 关键技术发明决定了人类文明的高度

1. 石器时代的发明让智人成功走出非洲

得益于几百万年积累的发明创造，大约 7 万年前，智人拿着木矛和弓箭，穿着衣服，带上小石刃、骨木等工具，从温暖的非洲迁徙到世界各地，熬过寒冷的冰河期，最终发展出当今人类文明。

大约 1 万年前，人类开始驯化植物和动物。在埃及、印度、中国和两河流域地区，人们逐步放弃了狩猎采摘的生活。中国有神农氏传授刀耕火种、种植黍米等农作物的传说。在农耕文明的推动下，通过种植和家畜喂养可以养活更多的人，人类开始聚集发展。

2. 青铜时代孕育四大文明古国

大约 5000 年前，某些部落掌握了先进的青铜技术，拥有青铜制造的武器比其他部落更有战斗力，利用青铜做的农具使得收获也更多，通过青铜鼎为器物的祭祀活动让部落更有认同感和向心力，如图 1-2 所示。

图1-2　青铜铲、青铜刀和青铜鼎

强大的青铜部落通过征服周边的部落变得更加强大，而被征服的部落被强迫在土地上劳作，孕育出四大文明古国，人类文明进入青铜时代。由于青铜农具的数量极少，且生产效率极为低下，需要强迫大部分人在土地上劳作才能勉强维持人类所需，因此，奴隶制度伴随着青铜时代。

3. 铁器推动生产力发展，人类进入封建时代

大约 3400 年前，人类掌握了冶铁技术。铁矿储量比铜矿更加丰富。铁制武器更锋利可靠，铁制工具效率也远高于青铜工具，青铜武器和工具逐步退出历史舞台。随着铁制农具的广泛应用，土地能产出更多粮食。有较充裕的粮食就不用再强迫更多的人力在土地上劳作，土地领主采用收租的方式改

善与农民的关系。

在铁制农具逐步推广下，大秦帝国率先进入封建社会。在欧洲也是如此，随着铁制农具、马拉犁等大面积推广，生产力大幅度提高。而后，欧洲告别黑暗时代，进入全新的封建时代。

4. 英国开启蒸汽时代称霸全球

1784年，随着瓦特改良蒸汽机并大面积推广，英国率先进入蒸汽时代。英国获得了前所未有的生产能力和军事能力，凭借蒸汽机的先发优势让英国称霸全球，大面积殖民地被纳入英国版图，蒸汽时代成就英国成了日不落帝国。

在蒸汽机的大面积应用和推广下，人类生产力得到大幅度提高。同时，伴随人口数量的大幅度增长，在更多人推动下，让人类文明进入前所未有的高度，蒸汽时代也是现代文明的标志。

5. 德国和美国在第二次工业革命中领先

在进入蒸汽时代98年后，1882年，美国和德国开启的电气时代推动了第二次工业革命。发电机、电动机和内燃机是电气时代的三大核心发明。相比笨拙且效率低下的蒸汽机，电力和内燃机让人类获得更大的能量和更多的生产自由度。

借助电气时代的成果，美国和德国国力呈现井喷式增长。1894年，美国GDP超过英国成为世界第一，到了1910年，美国GDP是英国、德国、法国和意大利4个国家的总和，生产能力达到惊人的高度。1910年，德国GDP超过英国引起英国恐慌。英国联合法国、意大利等国对德国实施全面遏制，国家间的矛盾不可调和，最终导致第一次世界大战和第二次世界大战的爆发。

在国家主导权竞争中，应尽量避免像德国被多国遏制的局面发生，两次战败的结果让德国退出世界领导地位的竞争。1945年，第二次世界大战也让英国国力消耗殆尽，再无称霸全球的实力，日不落帝国迅速衰弱；美国GDP在超过英国的50年后终于迎来巅峰时代。

6. 信息时代美国领先，中国赶上末班车，欧日全面衰败

第三次信息时代工业革命同样是美国在引领，集成电路、PC机、互联网和移动通信构成了信息时代的四大发明。计算机虽然在1946年已经发明，

但计算机的大规模应用是在 PC 机发展的 20 世纪 80 年代。

日本在信息时代的全面落后和美国打压有极大关系。20 世纪 80 年代，日本集成电路领先美国；1986 年，美国通过《美日半导体协议》让日本"挥刀自宫"，后逮捕东芝高管全方位打击日本顶尖企业，最终让日本错失信息时代的产业升级机遇；进入 1990 年，因产业未升级造成日本在信息产业中毫无建树，导致经济发展停滞 30 年。

而美国一改 20 世纪 80 年代被日本赶超的颓势，经济从 20 世纪 90 年代后进入快车道，美国的科技巨头全是以四大关键技术为基础发展起来的公司。中国信息产业起步较晚，但进入 2000 年后以极快速度迎头赶上。引领信息时代的美国和后来赶上的中国成了信息时代的双雄，而失去信息时代发展机遇的日本和欧洲各国被美、中远远拉开了距离。

二、创新定义和创新组合

创新作为学术研究出现在 20 世纪初，其中，约瑟夫·阿洛伊斯·熊彼特对创新的研究做出了极大贡献。

（一）熊彼特对创新理论的贡献

现代对创新理论的研究始于约瑟夫·熊彼特。1912 年，熊彼特发表《经济发展理论》，正式提出创新在经济发展中的作用，轰动整个经济学界，熊彼特也被誉为创新理论的鼻祖。

> **大师殿堂**
>
> **熊彼特（1883—1950）：创新经济学之父**
>
> 熊彼特是美籍奥地利裔著名经济学家，是西方经济学界公认的博学多闻、兼收并蓄的经济学大师。一生共发表论文 200 多篇，著作 15 部。他最大的贡献在于提出创新理论，被誉为"创新经济学之父"[1]。
>
> 在《经济发展理论》中，熊彼特提出了创新就是建立一种新的生产函数。也就是说，把一种从来没有过的关于生产要素和生产条件的"新组合"引入生产体系。熊彼特主张 5 种创新即产品创新、工艺创新、销售创新、资源创新和组织创新。
>
> （1）产品创新。采用一种新产品或一种产品的新特征。比如，无线通信技术的发展，从最先的模拟手机、数字手机到现在的智能手机，新技术和新产品快速迭代推出，丰富了人类的通信方式和内容。
>
> （2）工艺创新。采用一种新的生产方法。典型的例子就是美国福特采用

---

[1] 袁辉.约瑟夫·阿洛伊斯·熊彼特：创新经济学之父[M].北京：人民邮电出版社，2009.

"流水线"生产模式，极大提高了汽车生产效率，并大幅降低了生产成本。

（3）销售创新。开辟一个新市场。品牌"王老吉"最初只是在广东街边售卖的凉茶，其销售地域和销量极小。自从有了广告"怕上火喝王老吉"主打去火功能后销量大增，成为中国连续多年销量第一的饮料品牌。

（4）资源创新。掠取或控制原材料或半制成品的一种新的供应来源。页岩油开采技术的发展拓展了石油来源，让美国从石油进口大国变成出口大国。

（5）组织创新。实现任何一种工业的新组织。稻盛和夫提倡的"阿米巴"组织模式极大提高了企业的生产效率，在日本和中国很多企业中被广泛应用。

熊彼特第一次把创新从纯粹的技术创新拓展到多个领域，极大提升了人类对生产企业的创新认知，能更好地指导企业在生产过程中的发展和改进。

（二）经济发展对创新组合的影响

100多年前熊彼特提出的五类创新组合，随着经济和质量管理水平的发展，特别是在信息时代后新创新场景的出现，是对熊彼特创新组合的补充。

（1）质量体系创新。通过新的普适性质量模型的大规模推广，达到最大限度提高企业能力的目的，比如，戴明早期在日本推广的PDCA戴明环立竿见影，美国摩托罗拉在20世纪80年代探索的六西格玛在全世界广泛推广和应用，日本丰田探索TPS实践并总结出的精益制造，在全世界推广后让制造业更上一个台阶。

（2）生态创新。生态模式创新是信息时代发展的结果，以一个生态软件连接客户和实体的新型创新形式，生态模式创新成为众多互联网大公司最核心的竞争力。如美团、淘宝、微信、亚马逊软件构成链接的生态系统，包括苹果IOS让苹果手机具有差异化的核心竞争力。

（3）算法驱动型创新。以算法为核心驱动的创新模式，在智能时代将成为核心竞争力之一。早期的雅虎通过搜索算法让雅虎早期快速发展，谷歌同样通过搜索算法快速成长。另外，算法驱动型创新不仅包含软件，也包含硬件产品，如微波的MIMO算法可以大幅提高微波通信效率。人工智能归根结底是一种学习归纳型算法创新，人工智能是在各领域中以算法为核心进行竞争的。

三、标准型和功能型产品

为了更好地理解产品特性，从使用的角度来区别，产品分为标准型产品和功能型产品。在日常生活中，有一类商品几乎是一成不变的，如汽车在行驶过程中快没有油的时候，驾驶者会关注周边有没有加油站，而不会考虑汽油是中石油还是中石化的。

另一类商品就像手机产品一样，各手机公司每年都有多款手机问世，越来越强大的手机功能丰富了我们的生活。

1. 标准型产品

所谓标准型产品，就是拥有相同的产品验收和检查标准。中国从1930年发布《电气事业电压周率标准规则》，交流电220伏、50赫兹的入户电网标准一直沿用至今。产生交流电的技术一直在发展，太阳能、风能、核电站等新技术不断丰富发电来源，不同的电厂生产同一标准的交流电并网后同时为千家万户供电。

标准型的产品还有很多，包括自来水、汽油、螺钉或螺母等。它们有一个共同的特点，即有共同的产品标准和共同的验收标准，遵循共同标准的产品可以进行快速适配。如我们采用某型号的螺丝可以快速通过其适配的螺母进行现场工程安装。

2. 功能型产品

这一类产品在功能方面以极快的速度在变化，最典型的产品就是手机。

手机在20世纪80年代诞生时，是外观更像一块砖头的模拟手机，价格高达几万元。90年代中期，诺基亚率先推出了数字手机，大大减小了体积，可以轻松地装入衣服口袋中。手机的成本较模拟手机有较大幅的降低，价格也从模拟手机的几万元降低到几百元。到了智能机时代，手机的功能得到了极大提高，华为、苹果每年新手机的发布都会引起抢购狂潮。

3. 标准型和功能型产品的区别

功能型产品较标准型产品有较大的差别，最重要的一点是，功能型产品不停地变化以适应客户不断上涨的需求，而标准型产品可以通过标准化来快速适配客户需要，标准型和功能型产品的区别如表 1-1 所示。

表1-1 标准型和功能型产品的区别

差异点	标准型产品	功能型产品
功能	有统一标准	无统一标准
验收标准	有统一标准	无统一标准
价格波动	随资源、需求等波动	通常随时间降价较快
关键竞争力	资源、工艺	研发能力
产品换代	极慢	极快
不同厂家混用	可以	不可以

4. 功能型产品有更多的创新空间

标准型产品重点在资源和工艺上。中东国家的富裕在于石油资源丰富，美国曾经是最大石油进口国，但通过页岩油工艺革命让美国从石油进口大国变成了出口大国。同样值得期待的是可控核聚变工艺，一旦成功，将极大改善人类的能源危机。由于标准型都会遵守相同的功能标准，因此，产品对客户来说是没有变化的，变化的只是客户不能见到的生产过程。

而功能型产品不仅在过程中有较大变化，而且在结果上有极大的变化。随着科学技术的日益成熟，功能型产品在各方面的技术会越来越强大。因此，不管是手机还是汽车、家电，功能型产品有极大的变化空间。通过创新不断满足客户需求让产品销量大增，同时，企业也可以赚取相当高的利润。

四、产品创新模式

对功能型产品来讲，客户所看到的产品创新有三种模式，即改良、革新和融合。拿交通工具的演进过程来理解，从老爷车演进到当今的跑车是产品改良模式，从老爷车演进到飞机属于产品革新模式，而飞行汽车兼容了汽车和飞机的产品特性，属于产品融合模式。

1. 产品改良模式

产品改良模式可以理解为微创新，指在产品核心要素没有本质变化的情况下，产品性能有一定的改善提升。老爷车改进到现代汽车的过程就是改良过程，现代汽车相比老爷车在舒适度、车速、安全性、续航里程、载人数量等方面都有大幅度提升，但汽车最关键的特性如燃油动力、车轮驱动等核心要素没有本质上的改变，只是内在的燃机效率、功率等性能更高而已。

在产品创新中，最常见的形式是改良形式。芯片从40纳米工艺提升到7纳米，小米、华为每年的手机换代都会带来较大的手机性能提升。特斯拉每年推出的新车等，都属于产品改良模式。

2. 产品革新模式

产品革新模式是第一次在产品中的应用和实现新的核心要素。产品革新模式一般都伴随着重大发明，如在交通工具中，以前只有在地上跑的老爷车，莱特兄弟第一次让飞机在天上飞翔。同样，从模拟手机到数字手机，再到智能手机都是产品革新模式。通常，在产品革新的过程中企业格局会发生极大变化，引领产品革新的企业一般会发展为行业巨无霸，如模拟手机时代的摩托罗拉，数字手机时代的诺基亚和智能手机时代的苹果。

产品革新涉及重大发明创新应用，相对出现频率小了很多，如无线网络从1G、2G、3G、4G发展到5G，每代产品相隔至少五年，而手机每年都会有几十款以上的新品发布。

3. 产品融合模式

产品融合模式是第一次把两个及以上的产品核心要素通过设计融合在一个产品中，让新产品兼有多个产品的核心要素而构成新的组合方式。比如，把橡皮和铅笔组合成新的单一产品，该产品同时兼有二者最核心的产品要素，这样的创新就是融合模式。飞行汽车也是融合模式，既能像飞机一样在天上飞，又可以作为汽车在高速公路上跑。

在信息时代，产品融合模式出现了井喷之势，即"互联网+"的概念。如"出租车+互联网"等于网约车，"商店+互联网"等于网店，"自行车+互联网"成为共享单车，这样的例子很多。同时，"互联网+"也出现了较多的发展机会，比如，腾讯、阿里等把握了当前"互联网+"概念，让企业得到了快速发展。

五、制造业和创新业

2022年，比亚迪月销量从10万辆到20万辆仅用了5个月，特斯拉的市值超过2~10个汽车品牌市值的总和。在仅有20年发展历史的新能源汽车的冲击下，全球近100家知名燃油车企连续多年出现不同程度的萎缩。以比亚迪、特斯拉、塞力斯（华为问界）为主的新势力汽车将颠覆传统的汽车格局。继家电、零售业之后，创新业颠覆传统业是未来的大势所趋。

为了更好地理解创新业和制造业，本章重点通过创新业和制造业的对比来展现二者的区别和关键点。

（一）制造业和创新业的定义区分

（1）制造业。是指机械工业时代利用某种资源（物料、能源、设备、工具、资金、技术、信息和人力等），按照市场要求，通过制造过程，转化为可供人们使用和利用的大型工具、工业品与生活消费产品的行业。

制造业的模型类似于蜂巢如图1-3所示，蜜蜂通过建造相同的六边蜂巢小房叠加构成庞大的蜂巢。在工厂同一生产线上，生产过程只是让同一标准产品的产出数量增加。

图1-3 制造业生产蜂巢模型

（2）创新业。是以产品创新为驱动，通过研究、发明等工作持续推出新产品、新服务或者新工艺等形式，来满足客户不断增长的需求，提高研发过程、制造过程、维护过程效率，提高质量或降低成本来达成企业在市场占有率、利润、成本等核心目标的行业。

创新业的模型类似于海螺曲线，创新业所带来的产出以放射性曲线向外呈现增量扩张。

（二）制造业和创新业区别

在典型的制造业中，如制衣业除了部分设计人员外，大部分从业者都是在生产线上的工人；在典型的创新业——软件开发行业中，大部分从业人员都是从事创新领域的开发人员。通过这两个典型场景之间的对比就可以展现出制造业和创新业的最大区别。

1. 制造过程是可见的，创新过程是不可见的

制造过程的可见性很好理解，可以通过计件的方式来衡量产出和效率。而创新的源泉是研发人员的大脑，大脑的思考过程是不可见的。由于创新过程的不可见性，对创新的效果只能通过有效性来衡量。这样的例子很多，比如，软件工程师花一年时间写出100万行代码的软件，不一定比用3个月时间编写仅有10万行代码完成相同功能的软件更有效。而且，前者还有很大可能是一个失败的软件设计。

2. 制造业是重复的线性的工作，创新业是创新的工作

就像流水线工人一样，如果这个工位是拧螺钉的工作，每天需要加工1000部手机，这个工位的工人就会重复拧1000次螺钉，做衣服也是一样的道理。而创新的过程不会重复昨天同样的工作，不会编写同样的软件代码，也不会绘制和昨天一样的设计图。

制造业可以增加工人或生产线来压缩周期。比如，一人一天平均加工10件衣服，1万件衣服让10人加工需要100天，如果100人同时加工就可以缩短到10天交付订单。每年苹果手机发布前，富士康通过大量招工的方式解决手机产能，这正是制造业线性关系的体现。

而创新业利用增加人力来缩短周期的效果不一定明显。比如，一个软件

项目如果10人需要干半年交付，但60人同时开发也很难在一个月内交付。说明增加人力与软件开发效率提升不是线性关系，甚至创新业投入人力后也未必有有效的输出，比如，20世纪苏联研发三进制计算机最终以失败告终。

3. 制造业是以物流的形式流动，创新业以信息流的形式流动

制造业不管是流水线还是岗位的形式，零件、半成品、成品在采购、制造、入库、出库、运输等过程都是以物流的形式流动；而创新业的设计软件传递过程都是通过计算机、互联网的方式传递。正是因为创新业在过程中以信息流方式传递，因此，当前创新业可以实现远程异地办公，也可以在网络上构建开源设计减少大部分开发时间。计算机平台和互联网对创新业发展有极大的促进作用。

4. 制造业复制代价成正比，创新业的复制代价基本为零

制造业因为是线性的关系，重新做一件衣服的代价和刚完成一件衣服的代价是一样的。在创新业中，如果需要引用昨天编写的软件代码，只需要复制代码或者调用软件函数即可，不会把昨天的代码重新敲一遍。

正因为创新业的复制代价基本为零，因此，创新业一直工作在新领域和新方向中，创新的过程即每天的交付都不会重复。

5. 未来制造业会向创新业逐步融合

从严格意义上讲，传统的制造中有创新的成分，而在创新业中，如手机也存在制造过程和业务。

当前的制造业也有向创新业靠拢的趋势，或者未来的制造实现工业化4.0时，和传统的制造业相比将有很大的区别。比如，现在阿里旗下的犀牛公司就可以在很大程度上实现自动化和柔性化，从订单到出货可以实现无人干预。特斯拉也不是传统的汽车公司，而更接近一家创新的公司。华为通过硬件敏捷及数字化流程变革项目构建智能制造能力，在研发过程中就可以构建好智能制造系统，智能制造大幅度提高量产效率和质量（体现在更高的产品一致性上）。

六、创新的21世纪

20世纪以创新而闻名的公司有两个：一个是美国的贝尔实验室公司；另一个是日本的索尼公司。

成立于1925年的贝尔实验室总共有26000多个专利，平均每天1个专利发明。其中，有相当多的发明具有划时代的意义。贝尔实验室发明的晶体管，让电子设备从电子管时代发展到晶体管时代；贝尔实验室发明了第一个光纤及光纤通信技术，并普及了千兆级数字传输，大带宽数字传输为互联网及互联网产业发展奠定了基础；贝尔实验室研究的香农定理奠定了现代通信的理论基础，创立并开发了首个通信卫星、首个蜂窝式电话系统。计算机科学家开发出Unix系统和C语言，成为现今主流操作系统和计算机语言的基础。在基础科学研究上，贝尔实验室也成绩斐然，贝尔实验室共有14位科学家分享了8次诺贝尔物理学奖和化学奖。

进入21世纪，贝尔实验室突然失去了创新方向，不仅再也没有研发出划时代的发明创新，而且，还接连失去了移动通信和互联网的领先地位。高投入、低产出让贝尔实验室的母公司朗讯出现巨额亏损，朗讯股票也从每股近100美元的高位跌落到每股0.55美元。2008年，贝尔实验室大楼被整体出售，让曾经以创新闻名于世的贝尔实验室从此退出历史舞台。

无独有偶，以创新闻名于世的日本索尼公司在进入21世纪后一蹶不振，经历了10多年的亏损后已经不再辉煌。为了生存，索尼公司不得不卖掉总部大楼。

沉舟侧畔千帆过。贝尔实验室、索尼公司的衰落不仅没有让创新停滞，反而在21世纪前20年得到飞速发展。2000年前后成立的谷歌、亚马逊等美国公司高速成长，当前市值均排名世界前十。中国创新公司也紧跟美国科技公司步伐，华为、阿里、腾讯等公司成长为世界科技巨头，大疆、字节跳动、海康威视等公司也成为世界相关领域的龙头。

如果说20世纪是制造业的世纪，那么，21世纪是真正的创新世纪，在21世纪有以下五个显著特点。

1. 计算机的普及，让创新更加简单

21世纪的计算机不仅功能更强、速度更快，而且价格更便宜。比如，在20世纪90年代初，中型计算机工作站也只能带30个显示终端，只能进行一些简单的语言编程，价格却高达几百万元，只有较大的企业、学校才有可能装备。而现在3000元左右的计算机速度远远超过20世纪90年代初的中型机工作站。在计算机上可以进行编程、CAD设计、电路设计、仿真等多项工作，创新的平台从20世纪以手工绘图为主的方式转移到计算机工作平台，极大地提高了创新的速度，让创新过程变得更为简单。

2. 互联网的普及，让信息传递和获取更轻松

互联网的普及可以让多人异地同步工作成为可能，在相关的网站搜索可以快速获得相关的信息。而且，很多创新可以通过开源平台展开，开源平台的普及可以极大降低进入某个领域的门槛，通过集成成熟的开源设计可以快速推出功能较为复杂的产品。

3. 高等教育的普及，让可从事创新工作的人才更多

就中国高等教育而言，1990年全国毕业的大学生约有61万人，但到2020年，全国毕业的大学生超过了874万人。其中的相当比例的大学毕业生是可从事创新工作的理工科人才。

4. 全球风投让具有潜力的初创公司快速成长

阿里、腾讯、谷歌等公司能快速成长，重要原因之一是在创业初期就有动辄几千万美元甚至几亿美元的风投资金注入。在初创阶段获得巨额资金投入，可以让初创公司快速构建较有竞争力的人才、工作环境、市场等关键要素，让业绩急速增长甚至成为某领域的巨头。在初创公司上市后又可以融到更多的资金用于业务发展，风投也有成百上千倍的投资回报，高回报率又让风投公司拥有更多的资金去投资更多的优质初创公司。

5. 全球化竞争更激烈，缺乏创新只有衰败或死亡

在全球化的大背景下，当前企业面临前所未有的激烈竞争，即便是世界

一流的公司，只要跟不上时代的发展，就有面临倒闭的风险。柯达公司在20世纪的相机胶片领域具有垄断地位，20世纪70年代的第一台数码相机就是由柯达公司发明的，但后来柯达公司为了自身利益而把数码相机业务束之高阁。在21世纪初，胶片业务被数码相机颠覆，最终导致柯达在2012年申请倒闭。同样，模拟手机巨头摩托罗拉公司被以木材加工起家的诺基亚公司超越，保持10多年手机销售量第一的诺基亚公司又被从未做过手机的苹果公司超越。

七、智能时代

即将发生的第四次工业革命就是智能时代,当前正处于智能时代的孕育期。智能时代有四大天王级的技术:5G、物联网、智能制造和人工智能。四大技术已经实现,由于没有完全成熟,应用的规模也较小,当前还不能触发第四次工业革命。根据当前技术和推广应用的趋势,智能时代大概率会在2025年前后到来。

1.5G不仅仅是速率增加

无线技术从1G到4G虽然性能得到极大提高,但没有像4G到5G出现技术变革。4G到5G不仅仅是速率增加,关键的是5G网络的低延时和可接入大量终端设备,1ms的全网络低延时将引发远程实时操控的革命。当前,远程手术、远程驾车、远程挖矿等工作均已实现。由此可见,基于5G低延时特性将拓展至无限可能的领域。

2.物联网构建智能连接基础

2021年年底,美国因码头工人和货车司机辞职引发港口大堵塞,拜登政府不得不发布紧急状态令以保障圣诞节货物供应,但收效甚微。而世界第一大港口,我国的洋山港占世界集装箱吞吐量的10%,比整个美国的吞吐量都大,整个港口运作全靠自动吊装、自动货车有序运作,而现场工作人员仅需7人,如图1-4所示。

图1-4 洋山港现场仅需7名工作人员

基于物联网构建的自动化港口装卸系统，不仅大幅度减少码头工人数量，而且装卸效率是传统码头的两倍多。物联网将颠覆多个传统行业的格局，既为生产带来极高的效率，也为居家生活带来丰富的体验。

3. 智能制造实现无人干预生产和销售过程

欧洲提出工业化4.0，中国提出智能制造2025。智能制造的特点是实现自动化、数字化、柔性化和智能化。不久的将来，从点击网购按钮开始，到接收货物为止，整个过程可实现无人干预。也就是说，智能制造系统可以实现自动接单、排线、原料准备、生产、验收、包装、发货和收款，在不知不觉中自动实现整个过程。这不仅使生产效率极大提高，还可能会拓展出崭新的商业模式。

传统的产业布局利用智能制造可极大提高利润，依靠建筑机器人的广泛应用，相比人工能够提升5倍效率，同时可以大幅度降低成本。2021年，碧桂园成为中国最大的房地产开发商，碧桂园在佛山投资了一个机器人公司，其研发的建筑机器人大面积在房地产中应用。

4. 人工智能的发展没有边界

2016年3月，谷歌"阿尔法狗"（AlphaGo）挑战围棋世界冠军李世石，结果李世石1∶4不敌。2018年5月，升级后的"阿尔法狗"再次出战，结果以3∶0击败世界围棋第一人柯洁。李世石唯一战胜AI的一盘棋守住了人类最后的尊严，"阿尔法狗"的胜利成为AI算法崛起的标志性事件。

美国波士顿动力公司研发的机器人可以完成人类的大量工作。战争机器人可轻松识别敌我并采用极佳方式消灭"敌人"，而美国拥有10年经验的王牌飞行员在和AI进行的模拟空战中没有任何的胜机。

人工智能的可怕之处是没有边界，迭代学习的时间极短，像"阿尔法零"（"阿尔法狗"升级版）在不到8小时的自我训练后就可以轻松战胜"阿尔法狗"。像在围棋领域一样，人工智能在极短时间进入人类的认知盲区，将彻底颠覆传统经验并找到最优方案。

而且，智能武器已经应用到现代战争。2020年伊朗高级核物理学家遭远程自动机枪射击身亡。由此可以预见，智能时代的到来，必将触发战争模式的革命。

八、百年未有之大变局——智能时代

在千禧年到来之际，中国政府雄心勃勃地制订了 21 世纪中长期发展规划：到 2020 年 GDP 翻两番全面进入小康社会，人均 GDP 达到 3000 美元。到 2050 年超越日本成为世界第二大经济体，达到中等发达国家水平。

结果却让整个世界震惊不已，2010 年中国 GDP 就超越日本成为世界第二，比规划整整提前了 40 年；到 2020 年，中国的 GDP 是日本的 3 倍，人均 GDP 突破 1 万美元，也是当初规划的 3 倍多。从当前的发展势头来看，在不远的将来中美经济地位将出现逆转。

中国增长成了 21 世纪初的最大变量。在不断增长力量的推动下，世界格局发生急剧变化，当变化触发到临界点时，将打破近代西方主导世界 300 年的格局。

从表象上看，是中国的增长引起百年未有的变局，但从近代工业革命所带来的世界格局巨大变化来看，即将爆发的工业革命才是 21 世纪变局最大的因子，智能时代正是百年未有之大变局。

（一）中国和美国谁更有机会引领智能时代

在信息时代，美国通过打压日本集成电路产业锁死日本产业升级到信息时代的线路，最终让日本失去 30 年发展机遇，日本 GDP 从最高占美国 70% 降到 23%。美国对中国的打压沿用封杀日本产业升级的方式，但中国不会像日本那样配合美国打压本国企业。当年美国对付日本、法国的做法在中国面前通通失灵。

智能时代的竞争者只有中国和美国两个国家，那么，中国和美国谁更有机会引领智能时代的工业革命？

1.5G领域，中国大幅领先

中国有华为、中兴等企业，美国有高通。中国在5G方面能实现端到端的产业链，并在全国各城市安装5G设备，5G方面中国遥遥领先。

2.物联网，中国优势不可撼动

物联网在中国已经广泛应用，而基于物联网的操作系统（华为鸿蒙系统）已经应用2年以上，中国在物联网上的优势不可撼动。

3.智能制造，中国大幅领先

智能制造是基于物联网的制造系统，中国在这方面具有先天的优势。中国政府制订的"智能制造2025"计划现在正有序推进；美国拜华尔街金融大佬所赐，全社会正在去制造化。虽然从奥巴马开始的3位总统引导制造业回归美国，但由于制造业利润太薄让回归鲜有起色，在智能制造领域中国已经大幅领先。

4.人工智能，美国领先

不得不说，在人工智能领域美国领先幅度较大。人工智能需要顶级算法，美国能吸引世界最顶尖人才。对于人工智能，中国要从教育抓起，要全方面培养并留住顶级实用型人才。

（二）中国复兴面临的风险

通过智能时代最关键的技术优势对比可知，中国以3∶1领先美国。另外，中国每年大学毕业的理工人才有460万人，是美国（44万人）的10倍多，中国"碾压式"的人才优势更有希望引领智能时代工业革命。但中国在进入智能时代的过程中也存在较大的风险，需要提前准备好对策。

1.吸取德国和日本被遏制的教训

相比德国、日本，中国有极大的战略纵深、极多的人口和自成体系的大市场，让中国有更多的战略回旋余地。西方反华阵营离中国有较远的地缘空间，以中国为中心构建新的地缘经济圈有较大的机会。

相比日本在《美日半导体协议》中的投降之举，中国政府做得更睿智，但西方反华势力不会善罢甘休。面对全方位的遏制，中国需要有更多智慧的处理方式，同时，必须做最坏的准备。

2. 重视科技战略规划，避免集成电路规划错误重犯

美国可以通过像"沃尔夫条款""瓦森纳协议"等限制中国高科技发展，如荷兰 ASML 不能销售光刻机给中国等。中国在 20 世纪 80 年代就有完整的集成电路技术，但后期在规划上出现严重的战略错误放弃了集成电路发展，以至于集成电路技术落后西方近 10 年。华为、中兴被精准打压几乎毫无对策，虽然近几年加大对集成电路投入，但短时间无法解决高端光刻机的问题。

从光刻机被严重限制的角度看，中国在集成电路技术规划上出现战略失误，在后续关键技术规划和布局上需要吸取集成电路的教训。

3. 中国缺乏高级蓝领培养机制

中国虽然有世界规模最大的工程师群，但由于教育偏向理论而不注重动手能力，蓝领教育只限于职业高中，使得中国严重缺乏一流的蓝领工人。另外，职场中也普遍存在"教会徒弟饿死师傅"的现象，造成师傅不愿传授经验，让很多工匠技能断代遗失。如德国，学徒进工厂都会有师傅无私辅导 3 年左右。缺少高级蓝领，导致在精密机床、光刻机、航空发动机、内燃机等关键行业影响中国的发展。

对此可参考中国秦代和现代德国对学徒培养的方式（见第二章内容）。中国需要重新审视高级蓝领的培养机制。

4. 中国应该吸引世界顶级人才

美国能快速发展得益于不拘一格的人才政策，吸收全世界精英为美国所用。在顶级人才的吸引和重视上，中国较美国还有很大的差距。中国应该审视并改善顶级人才环境，首先要把国外顶级华人吸引到中国发展，其次是创造机会吸引世界顶级人才到中国发展。

5. 中国高科技产业过于集中于沿海，布局不合理

改革开放让中国沿海地区得到前所未有的发展机遇，高科技产业也得到迅猛发展，自然形成了珠三角、长三角和环渤海三大经济圈。从经济角度而言，沿海有更多的机遇，但对国家战略而言则意味着缺乏战略纵深，这在大国竞争中会处于极为不利的局面。可参考 20 世纪 60 年代中国的三线城市建设，开放战略不但让中国更均衡地发展，而且让国家的战略纵深得到前所未有的提升。当前，高科技过于集中于沿海让中国缺少战略回旋余地，因此，

在重要科技领域布局和重点高校建设等方面应尽量向中西部倾斜,做好关键领域在三线城市的备份。这样可以让有战略冒险意图的国家在动作前有所忌惮,在不可避免的大国冲突发生时也更有后劲。

(三)中国复兴不可阻挡

第四次工业革命大概率会在2025年爆发,谁能引领智能时代革命,谁就可以把握未来50年的战略制高点,就像曾当年英美等国家一样成为世界一流强国。

中国作为世界仅存的文明古国,在2000多年中有近半的时间引领世界,只有到近代才被西方超越,而美国的建国历史还不到300年。通过近100年的民族觉醒和奋发图强,中国当前正走在复兴道路上,而且势不可当,但在复兴过程中需要避免被德国、日本遏制,吸取在集成电路战略规划上严重错误等教训,通过在校教育、人才培养、高端人才引进等方式快速进行产业布局。

中国大概率会在2025年前后彻底解决高端集成电路工艺问题。彻底解决高端集成电路工艺后的中国将迈入智能时代,智能时代对于信息时代将形成全面碾压式的发展,中国复兴也将成为必然的结果。

第二章　质量体系与大国崛起

本章将通过国家崛起和衰落的视角，介绍世界质量体系的发展历史和重要性。

提起质量，大家都会联想到美国、日本和欧洲国家。当今中国主流的质量理论基本上都被西方理论占据，使得我们渐渐忽视对自我的认识。

笔者涉足质量也是从学习西方的质量工具开始的。进入华为的第一年，笔者当了一次QCC圈长，为了汇报工作而像模像样地学习了鱼骨图、排列图、关系图等质量工具。2006年，进入华为质量部后学习得更系统，从美国的泰勒、休哈特、朱兰、克劳斯比，到日本的田口、石川馨、狩野、大野耐一等，在学习的过程中提升了笔者对质量的认知，使笔者在相当一段时间里对西方质量体级理论盲目跟从。

直到2008年硬件流程变革，让笔者对日本质量的权威性产生怀疑。为此，笔者开始探索日本质量的特点和贡献，同时深度思考日本衰落的根源，从中发现制造业和创新业是两个完全不同特征的产业，日本刻舟求剑般地把制造业质量体系复制到创新业才是导致其衰落的根源。

在对日本质量研究后，笔者对质量体系产生了极大的兴趣。为了探索质量根源，笔者翻阅了大量的古今中外的文献资料，收集了大量的企业案例，质量体系对国家的影响逐步清晰，同时也收获了书本外的研究成果。

事实上，中国才是第一个凭借质量体系崛起的国家。早在2000多年前的大秦帝国就拥有缜密的质量体系，其先进程度在某些领域至今未被超越。近代美国、英国、日本等的崛起和质量体系有极强的相关性；英国和日本的衰落同样和质量体系强相关；中国改革开放40年取得的成就隐含了深层次的实践要素。

一、质量体系的特征和定义

质量伴随着人类的诞生而诞生，从 260 万年前非洲古猿打磨出第一个石器而进化成人类开始，从三星堆发掘出几千年前精致的器物，到当今社会对高品质产品的追求，人类对质量的理解在本质上从未改变。质量可以理解为价值、可靠性、成本和效率的四位一体。

早期的人类通过实践传授工具和武器的制造技能，后来在农业和手工业的大分工后产生了专门从事手工产品的工匠，在工匠中又对兵器、农具、木工等进行了细化，由这些工匠所产出的高可靠性产品是工匠赖以生存的基础。在春秋时期，铸剑大师欧冶子锻造了鱼肠剑、纯钧剑、龙泉剑、泰阿剑、湛卢剑等名剑。同时期，也出现了专门对工匠技能提升的诸子百家，其中的墨家就是以制造城市攻防器具出名的。

进入战国时期后，随着战国七雄的竞争加剧，涉及青铜兵器的制造过程均由各诸侯国严格管理，系统的兵器生产管理诞生了质量体系。其中，秦国的管理机制极为缜密，系统性解决了兵器生产从人员培训、标准化制造、维护和回溯等全过程，高效的管理制度为秦国武装庞大的军队奠定了物质基础。

质量体系是实践科学，从产品生产实践中萃取出好的管理实践，通过系统性归纳后又应用到更多的产品生产实践中。

（一）质量体系的定义

在连续的产品价值创造过程中，为支撑产品的价值目标（可靠性、效率、成本、周期、利润等）持续达成所需的质量理念、质量工程方法、质量工具、过程模型、培训机制、人才管理、标准及管理、国家制度等所构成的有机整体。

（二）质量体系的特征

1. 增值性

质量体系应用在产品价值创造过程中，本身就是增值活动。而且，质量体系一定是应用在增值活动中。比如，在博彩业中的一些赌博技巧，虽然能让博彩公司更赚钱，但由于博彩业本身是零和游戏而非增值活动，因此赌博技巧不能包含在质量体系中。

2. 有效性

质量体系的目的是支撑产品价值创造的过程和目标达成，包括可靠性、成本、效率、进度、利润等。

3. 连续性

质量体系是连续并可重复的，只要是不可连续、不重复，就不能作为质量体系。如鲁班凭借精湛的工匠能力可以快速高效建造房屋，但鲁班的高超技能其他人难以复制，因此鲁班的技能不是质量体系所包含的内容。假如有一个培训机制可以让普通人具有鲁班的技能，那么，这个培训机制可以作为质量体系中的一部分。

4. 系统性

质量体系包括质量工具、流程、质量工程方法、人员管理培训、国家制度、标准等，这些因素构成了一个系统性的有机整体。

（三）质量体系的重要性

质量体系对一个国家的发展来说能够起到至关重要的作用。质量体系支撑产品持续生产，让产品生产和维护更有效率，产品更耐用，成本更低，在高可靠性下商品的价值更高。因此，质量体系能使所生成的商品更有竞争力，让国家有更多成功的作坊或企业，积累更多的财富；同时，质量体系可以支撑起国家强大的军工制造能力，历史上的很多强国都是军工制造强国。

质量体系让国家财富和军力持续增长，当财富和军力积累到一定量的时候，可支撑一个国家强势崛起。本章将从质量体系的角度，解析秦帝国、欧洲、美国、战后日本的崛起和衰落，让读者在了解质量发展史的同时，认识质量体系和强国兴衰的内在关系。

二、秦帝国崛起，超越世界2000年

公元前230年至公元前221年，秦始皇调动100万人组成的精锐部队发动统一战争，先后灭韩、赵、魏、楚、燕、齐六国。同时期，世界上其他帝国军队规模远远落后于秦国：亚历山大帝国军队仅有5万人，欧洲罗马帝国军队也只有10多万人。

仅为诸侯国的秦国，之所以能够武装出当时世界上最强大的军队，是因为其后有庞大的军工制造体系作为支撑。军工制造体系惊人的生产效率背后，正是其领先于世界的质量体系。

（一）秦帝国的质量体系

秦朝的质量体系始于商鞅变法，为秦朝最终统一六国奠定了坚实的基础。和世界主流的质量领域相对比，秦朝质量体系领先世界足足2000多年！

1. 统一度量衡为质量体系奠定坚实基础

公元前361年，秦商鞅实施变法，其中重要一项就是统一度量衡，由中央统一制定和颁发度量衡标准。比如，以"商鞅方升"作为标准量器，高2.32厘米，长18.7厘米，宽6.9厘米，容积202毫升，如图2-1所示。度量衡的统一有利于税收和经济交往，为生产和标准化制造的大面积推广奠定了坚实基础。

图2-1　商鞅方升

对比：1954年，国际计量大会决定采用米、千克、秒、安培、开尔文和坎德拉（cd）作为基本单位。在标准统一上，秦朝领先2300多年。

2. 标准化生产极大提高生产效率

秦朝的标准化生产充分吸收周朝的"车同轨，字同文，行同伦"（《中庸》第28章）思想，通过度量衡统一全面实施和推广标准化。

《秦律十八种》中《工律》记载："为器同物者，其小大、短长、广夹（狭）必等。"零部件实行统一标准化，有利于全国大规模标准化生产，同时也方便在使用现场进行组装和维修。

在秦俑一号坑出土的一批弩，弩机大小基本一致，弩机关键部件悬刀、望山、牙的厚度仅有1.76~1.92毫米，规格一样，可以相互换用。兵马俑出土的铜镞分为3种规格，铜镞首呈三个三角面。经过测试，同一铜镞各面轮廓误差小于0.15毫米，使秦箭在飞行过程中保持较好的空气动力平衡。同类铜镞长度误差最大为0.55毫米，最小误差为0.02毫米。

标准化让遍布秦国的不同兵工厂可以生产统一标准的武器，从而大幅度提高效率，也让工艺较为复杂的武器（如秦弩）得以大规模制造。零件的标准化也让武器现场组装和维修变得简单，同时，可保障武器在使用中的效果高度一致，如秦军采用同一型号弩机和弩箭可以射出极高的精准度。

对比：1876年，美国管理大师泰勒在推行标准化过程中掀起了现代质量革命，这个事件触发美国GDP迅速超过英国成为世界第一（详见本章美国崛起的内容）。

3. 秦帝国拥有较为完整的工匠培养制度

中国从古至今都不缺能工巧匠，最负盛名的当数春秋时期的鲁班，但人类从古到今很少有朝代像秦朝那样拥有大规模、高技能的工匠群。为了支撑战争，秦朝需要大规模高技能的工匠群，并从国家层面对工匠进行培养和规范。

秦朝从事官府手工业的主要是奴隶、囚徒和自由人。秦简记载："隶臣有巧者可以为工，勿以为人仆养。"根据秦律对工隶臣的赎身规定，工隶臣可以通过功勋免去奴隶的身份（仍为工）。这一政策极大地刺激了工隶臣对工作的积极性。而自由人分为工师和工匠，新人需要通过工师培训后才能升为工匠。秦律专门规定了工匠培训的时间以及奖惩制度，一般的学徒为期两年，已有一定技能的学徒为期一年。

秦帝国对学徒学成标准有严格的考核制度，对于到学期而未学成者，则要上报内史给予相应的惩罚，在制度上保障了新工匠具有较高的技能。这种对学徒的严格培训和考核甚至超过了中世纪欧洲行会对学徒的要求。

秦始皇在修陵墓时动用了几十万名的工匠，制作了上万个兵马俑（以1∶1真人为模特）。大型陶俑极难烧制，经过2000多年的岁月依旧完好，发髻清晰可见，堪称八大奇迹之一，令人不禁为秦帝国拥有数量庞大且技巧高超的工匠群感到震惊。如图2-2所示。

图2-2　发髻清晰可见的兵马俑

对比：直到19世纪，普鲁士才大面积培养和推广技能与理论同步的二元制教育。正是二元制教育让普鲁士的实力快速增长并统一了德国。

4.缜密的回溯机制——物勒工名

青铜作为战国时期极为重要的战略物资，被大量应用在武器制造中。在秦始皇兵马俑一、二号坑所出土的秦剑，长度均在81~94.8厘米，远远超出战国时期其他诸侯国的宝剑（长度一般在50~65厘米）。利用青铜剑刺杀敌人是最有效果的杀伤手段，比对手的剑长出近30厘米的秦剑，在对等的情况下，能轻易刺死敌人而确保自身安全。

在青铜时代，很难做长剑的原因是铜和锡的比例难以把握：锡少剑太软，锡多剑硬但易折断，但秦国的青铜剑的硬度和韧性结合得恰到好处。秦剑表面有一层密密的铬盐氧化屏，厚约10微米，相当于一张报纸厚度的十分之一。正是这层灰色的含铬保护层起到了抗锈耐蚀的作用。

为了让武器质量得到保障，秦朝在重视生产过程的同时，还制定了极为高效的回溯机制——"物勒工名"。《吕氏春秋·孟冬纪第十》记载："物勒工名，以考其诚；工有不当，必行其罪，以穷其情。"通过在武器上刻字，遇到有质量问题的武器即可快速问罪到各层主管和工匠，甚至可以问责到相邦。在始皇元年至十年这段时间的刻铭，一律为相邦、工师、丞、工四级。

"物勒工名"让各级责任人全力以赴把关武器质量，从而确保在铸剑过程中严格执行最佳工艺，其质量最终也体现到秦军强悍的战斗力上。

对比：近代的质量回溯是在20世纪60年代世界航空大面积空难事故后开展的。通过质量回溯，极大地提高了客机的安全性，但从当今质量回溯在追溯效率和责任落地等方面来看，都远不及"物勒工名"。

（二）匈奴和世界各大帝国的关系，彰显秦帝国的强大

骑射在冷兵器时代是农耕民族的噩梦，匈奴作为骑射战术的鼻祖，在很长一段时间威胁着北方。在长达几百年的时间里，世界最强大的秦朝、汉朝、罗马帝国和匈奴之间都有激烈的战争，把匈奴作为参照物也从侧面反映了各帝国的真正实力。

1. 秦帝国对匈奴的战略是主动"驱逐"

公元前215年，秦北击匈奴。秦军对付匈奴骑射的重要武器就是强弩，其射程是弓箭射程的两倍以上。匈奴骑兵还未到强弩射程范围就成了秦军的活靶子，"却匈奴七百余里，胡人不敢南下而牧马"（《过秦论》）。仅一年，秦军就击溃了匈奴30万骑兵。

2. 汉帝国对匈奴的战略是被动的"和亲"

同样面对匈奴，汉朝实力远逊于秦朝。公元前200年，汉高祖刘邦率领32万大军迎击匈奴，被困于平城白登山达7天7夜。"白登之围"后的相当长一段时期，"和亲"便成为汉朝笼络匈奴的手段，直到汉武帝时期举全国之力才击溃匈奴。被汉朝击溃的匈奴后来分裂为南北两部分，南匈奴投降汉朝，后一起击溃北匈奴，北匈奴被迫西迁。

即便战胜了匈奴，汉朝也一直维系着与匈奴之间的和亲关系，汉元帝时期的王昭君出塞确保了汉朝几十年的边界安宁。

3. 罗马帝国对匈奴的战略是被动的"称臣"

北匈奴在和东汉王朝的长年战争中失败，在公元91年，匈奴开始了史无前例的民族大迁移。375年，匈奴突然出现在欧洲大地。匈奴强悍的骑射战术横扫欧洲，让东罗马帝国称臣纳贡，同时，也间接造成西罗马帝国的灭亡。

三个帝国和匈奴的关系从侧面体现了秦帝国的震撼实力：先进的质量体系支撑了当时最强大的军队，最强大的军队扫灭六国完成了大一统局面，让中国既避免了像欧洲西罗马灭亡后的四分五裂，在推广封建制度之后也领先欧洲1000多年。

（三）秦帝国质量体系断层造成华夏千古遗憾

中华文明孕育出秦帝国的质量体系，但遗憾的是，之后没有一个王朝继承这种质量体系，总结来看大致有以下几方面原因。

1. 秦朝统一时间太短，很多制度无法被广泛沉淀

秦国的质量体系虽然从商鞅变法开始有100多年的积累，但秦朝一统天下的时间仅有14年（前221—前207）。质量体系中的"物勒工名"、工匠制度等，都有严格的法制基础才能够推行，但秦朝在统一后强行推行法家措施，最终引起大规模起义。秦朝的快速灭亡也落得"苛秦暴政"的骂名，后续朝代都以秦朝灭亡为鉴抛弃法家的治国理念。

2. 秦朝扩张步子太大

秦朝建立后就四处开疆拓土，秦军向南越国征伐的秦军主力部队多达50万人，北面守卫长城的主力也有30万人之多。

而镇压起义军的主力，是临时被武装起来修建骊山墓的40万民工，战斗力远不如擅长攻略杀伐的正规秦军。如果秦朝以80万正规军参与镇压起义，那么秦朝极有可能不会二世而亡。

3. 刘邦反其道而行之，"约法三章"得天下

《史记·高祖本纪》中记载："与父老约，法三章耳；杀人者死，伤人及

盗抵罪。"关中的秦民苦于苛政久矣,因此刘邦能快速赢得关中民心,灭秦只是走了过场而已。

汉初立国尊道家,刘邦全面废除了秦朝的苛政,到了汉武帝又独尊儒家,由此导致基于法家构建的质量体系逐渐式微。

4. 缺失秦帝国质量体系后的华夏饱受摧残

秦帝国的质量体系昙花一现,被后世王朝摒弃后,再无法有效组织起大规模高质量的军工制造体系。虽然农耕民族人口众多,但在面对游牧民族的骑射战术时全面落于下风。在商鞅变法两千年后,人口数量巨大的明朝被人口较少的清朝灭亡。从大秦帝国的崛起和明朝的灭亡中,可见质量体系对国家兴衰存亡的重要意义。

大师殿堂

商鞅:秦朝质量奠基人

作为战国时期法家代表人物的商鞅辅佐秦孝公积极实行变法,使秦国成为富裕强大的国家,史称"商鞅变法"。他改革了度量衡及推行相关法制,为秦朝标准化、物勒工名、工匠等制度的广泛推广提供了坚实基础。

三、欧洲崛起，工匠文明上建立现代工业文明

秦帝国覆灭后，秦朝构建的质量体系日渐没落。而在亚欧大陆的另一边，中世纪在作坊的敲敲打打中孕育出了崭新的工业文明。

375 年，被东汉王朝驱赶的北匈奴突然出现在东欧大平原。带着东方先进的战争艺术和谋略，匈奴终于在欧洲找回久违的荣耀。东哥特、西哥特、高卢等纷纷被灭国。378 年，匈奴大败罗马帝国，被削弱的罗马于 395 年分为东西两部分，东罗马帝国受匈奴胁迫每年向其交纳贡税。

451 年，阿提拉攻陷西罗马帝国首都，赶走了皇帝瓦伦丁尼安三世。476 年，罗马雇佣兵领袖、日耳曼人奥多亚克废黜西罗马皇帝罗慕路斯·奥古斯都，西罗马帝国覆灭。从此，欧洲分裂成无数的小国家，在各国国王之下又有无数的贵族领主，自此中世纪来临。

中世纪贵族领主生活在自己的领地内，封建庄园制是中世纪的主要经济形式，贵族领主的大部分所需均在自己的土地上生产。"黑暗时代"农业生产率低下，佃农没有财产和人身自由，终日被束缚在土地上耕作。由于少部分商品需要通过贸易交换，于是在地中海一带出现了一批以贸易为主的商业城市：里昂、威尼斯、热那亚、君士坦丁堡……一个以地中海为中心的贸易区逐渐形成。

（一）欧洲沿海城邦孕育了海洋文明

陆地上，领主之间在进行商品交易时，需要交纳繁重的税费（过桥费、过界费、摊位费、人头费等）。一次过界关税的税费动辄超过商品价格的 40%，比如，从柏林运输到布鲁塞尔的关税总费用是商品初始价格的 4 倍以上。

通过海上运输可以绕开过高的陆上关税，这使沿海城市更利于大宗商品贸易及其制造，孕育了欧洲的海洋文明。到中世纪中后期，随着新大陆的

发现和殖民地兴起，欧洲海洋文明的重心从地中海逐步转移到大西洋沿岸国家，涌现葡萄牙、西班牙、英国、荷兰等强大的海洋霸权帝国。

> **深度思考**
>
> **为何华夏没有孕育出海洋文明？**
>
> 郑和下西洋的时间比欧洲发现新大陆还早近90年，而且，明朝舰队无论在舰队规模和造船工艺上都远远超过同时期的欧洲。华夏没有孕育出海洋文明，很大一部分原因是没有利益驱动。中国地大物博、物产丰富，对外贸易需求不强烈，国内商品基本靠运河和陆上运输。对朝廷而言，郑和下西洋是一个"赔本买卖"，郑和之后就再也没有组织大规模的船队出海。

（二）欧洲内陆孕育了精湛的金属加工工艺

随着马拉犁、精良铁农具的出现，农业生产效率得到极大提高，贵族领主因能够开垦更多的土地而更加富裕。同时，大量的人从土地的束缚中解放出来，相对富裕的人群被逐步分流到沿海或内陆城邦从事手工业。

分流到沿海城市的人们依然可从事大宗商品制造，而在内陆城邦，由于过高的商品关税，手工业者只有制造附加值极高的商品才能较好地生存。在当时盛行的欧洲宫廷文化的推动下，国王和贵族领主对奢侈品的追求更加强烈。贵族领主情愿花能养活1000人一年的金钱，去买一对钻石纽扣以满足虚荣心。

于是，在内陆城邦从事贵金属和宝石加工成为一个不错的选择，同时，由于商品体积小、价值高，很方便在通关时随身携带走私，在瑞士城邦及周边聚集了大批从事贵金属和宝石加工的工匠。经过长期的发展，手工工匠们掌握了精湛的金属加工工艺，为中世纪后期的钟表、现代化枪炮、现代化机床和科学仪器制造的发展奠定了工艺基础。

（三）基于行会制度下的欧洲质量体系

在中世纪早期，同业手工业者为了避免恶性竞争，保障本地手工业对外部同行的竞争优势，在自愿的基础上建立了行业管理机构，最终发展出行会（同业公会）制度。行会制度对劳动时间、产品规格和数量、商品价格、帮工和学徒人数都有严格的规定和限制，在城市公共事务中代表该行业谋求政治利益。

行会制度积极推动着工匠文明的发展，具体体现在以下四个方面。

1. 精湛的工匠技能

手工工坊由工坊主、熟练工、学徒构成，学徒在出师前无收入，在技能高超的导师指导下学习技能。学徒经过几年的学习并掌握了精湛的手艺后，学徒需独立完成产品并得到所有人认可后方能出师。

出师后的学徒成为熟练工，可流动到其他工坊靠本事赚取薪水。半开放式的人员流动，促进了该行业技能的交流和提升。工坊主有极高的技能和声望，当工坊主死后，由多名熟练工竞争产生新工坊主，只有技能高且得到大家认可的熟练工才能成为新工坊主。

2. 品牌溢出效应推进高质量意识

虽然行会制度在一定程度上避免了过度竞争，但各工坊间仍存在激烈的竞争关系。为了区分，各工坊都会在自己出产的产品上打上不同的印记，这成为商标的雏形。

为了在竞争中取得优势，工坊主绝对不容许低质商品流入市场败坏品牌。而高质量产品在竞争中逐步成了名牌、奢侈品，为工坊主赚到更高的品牌溢出利润。在高额品牌溢出利润的驱动下，工坊主更积极地改善工艺和提高产品质量。

直到今天，德国车、瑞士表、法国香水等欧洲产品延续着品牌溢出效应，在拥有高额利润的同时保持着高销量，实现了"厚利多销"的效果。

3. 现代化国际组织雏形

行会对各工坊及成员有极高的制约力，只有获得行会的认可才能从事该领域的工作，对于违反行会规定的个人和工坊也有较高的惩罚力。威尼斯玻璃行会甚至可以对泄露玻璃工艺秘密的人判处死刑。这使玻璃工艺在长达几个世纪的时间里掌握在威尼斯玻璃行会手中，未被泄露出去。

行会一般都拥有特定的特权（专利证书），这些特权往往由皇帝或是国家颁发，这就成为现代专利制度的雏形。而高度的制约能力和准入要求，则为后来的国际组织构建提供了参考。

4. 欧洲工匠文明孕育出现代工业

伽利略虽然发现现代钟表的工作原理，但真正造出现代钟表的是瑞士周边城邦的工匠。仅知道一些原理而无精湛工艺作为支撑，就像古人都知道鸟能在天上飞而不知其原理一样，只能停留在空想。

与牛顿从苹果跌落中就能悟出万有引力理论不同，工业革命需要工匠实实在在的精湛工艺支撑。第一次工业革命以瓦特改良蒸汽机并大面积推广为标志，而瓦特就出生于机械工匠世家。

深度思考

中国为何没有孕育出现代工业文明？

在秦帝国灭亡后工匠文明的缺失，使中国工匠无法拥有像欧洲工匠金属精湛的加工技能。如中国虽然使用火药较欧洲早一千多年，但由于没有精湛的金属加工工艺，只能制造简单且笨重的铸铁大炮和火铳，其威力远逊于现代化枪炮。

由于中国工匠没有掌握精湛的金属工艺，因此不能造出像蒸汽机难度较高的机器，从而无法孕育出现代工业文明。

（四）风云变幻的新格局

1. 中国四大发明对欧洲的影响

欧洲突然发生的爆炸式发展和引入中国四大发明不无关系。欧洲沿海国家在引入指南针后，海洋文明从地中海沿岸拓展到全球范围，大航海时代给欧洲带来了巨大的发展空间和机会，从事殖民和全球贸易让欧洲沿海国家积累了巨额财富。

火药和欧洲工匠文明的结合，让欧洲快速掌握现代化枪炮制造技术，人数不占优势却拥有巨大的军事能力。从西班牙以500人攻下并长期控制超过100万人口的印第安国家来看，现代化枪炮在欧洲雄霸世界的过程中起到了决定性作用。

而造纸和印刷术的引入，让欧洲文明在记录、传递和教育方面成了非常经济、价廉的事。如果仅采用羊皮书来记录和传递文化，欧洲难以发展出现代化教育，也难以培养出大量高素质人才。

2. 英国现代化过程摧毁工匠文明导致衰落

英国作为海洋文明的代表独霸世界几百年，成为历史上的日不落帝国。英国的崛起由多方面原因促成，古希腊的民主制度、地中海的海洋文明、意大利的文艺复兴、以牛顿为首的科学崛起、荷兰的资本主义、基于工匠文明发展出第一次工业革命等，凝结出了当时最可靠的国家实力。

英国在第一次工业革命之后出现了现代化工厂。在早期商品供不应求的时代，由机器代替人力的工厂和运输行业对经济起到决定性的作用，这也让英国当时的工业产值占到世界近一半的规模。现代化工厂给英国带来荣耀的同时，也严重摧毁了工匠文明，为英国的衰落埋下伏笔。

随着美国、日本和欧洲其他多国的工业化推进，依靠生产效率推动的低端商品生产力大大过剩。而英国的高端新产品由于没有工匠文明支撑，使之在竞争中逐渐处于劣势。1894—1910 年，英国的 GDP 相继被美国和德国超过，逐步丧失了工业领先地位。

英国把重心逐渐从制造业向金融、贸易和海洋方面转移，但由于没有制造业的支撑，英国在"一战""二战"后国力大幅衰落，最终失去了世界霸主地位。当前，英国在制造业方面的竞争力不再突出，曾经占英国 90% 钢铁生产产量的英国钢铁公司也遭遇破产，在 2019 年被中国敬业钢铁公司收购。

深度思考

鸦片战争的起因是英国商品竞争力低下

第一次工业革命后英国在纺织等工业上提高了效率，但本质上并没有改变英国商品的竞争力。在和清朝的贸易中，清朝的丝绸、瓷器、茶叶等全面碾压英国洋布。英国为了扭转巨额贸易逆差，以国家主导的方式向清朝输出最肮脏的商品——鸦片，最终导致 1840 年鸦片战争的爆发。

3. 工匠文明和工业革命结合，让德国强势崛起

工匠文明在规模化和分工化中被严重摧毁，但德国对其进行了较好的继承。1871 年 1 月 18 日，普鲁士首相俾斯麦成功统一除奥地利以外的所有德意志邦国为"德意志国"，广泛推广理论和工匠技能相结合的"二元制"教育。德国的工业化更像是在原工坊的基础上引入了工业机器，不仅保留了工

匠技能，而且解决了机器生产效率的问题。直到今天，德国仍有较大数量的小公司保留了师匠制度，通过师匠培养的员工的比例超过40%。

德国延续了工匠文明对质量的精益求精，较高的质量意识帮助当今德国产品成为高质量的代名词。而重视对品牌的培育，使德国拥有西门子、奔驰、大众、奥迪等多个超百年历史的世界品牌。品牌溢出效应又为德国企业带来更多的利润，同等规格的德国车价格通常比其他品牌高出几万元。

4."一战""二战"的本质是欧洲海洋文明和工匠文明的对决

GDP成为世界第一、雄霸世界一个多世纪后，英国在1894年被美国超越，在1910年又被德国超过。而后，英国联合法国、俄国对德国进行全面遏制，引起德国敌对性反应，最终在有"欧洲火药桶"之称的巴尔干半岛引发了第一次世界大战。虽然最终英国取得了胜利，但实力大大削弱，不得不和美国平起平坐。

"一战"后全面被遏制的地位及沉重的战争赔款让德国经济长时间陷入低迷，1933年全国失业人口高达600万。该年，希特勒上台，在良好的德国工业基础及工人的高素质加持下，德国经济快速崛起。1933—1939年，德国经济平均增长率高达20%，国力得到快速恢复，让希特勒有了再挑起世界大战的资本。

"二战"虽然又一次让德国失败，但战后德国再度快速崛起。而英国在"二战"后快速衰落，日不落帝国永远失去了盛世荣光。

深度思考

工匠文明的缺失让中国"芯"痛

中国有高端芯片被彻底断供的风险，但在芯片制造的核心设备上，中国的光刻机较荷兰的ASML有10年以上的差距。为何中国举国之力难以造出顶级的光刻机？

中国工匠文明在秦朝昙花一现，秦之后直到现在一直漠视工匠文明。即便在今天，工匠文明也未在中国引起足够的重视。当前，中国优质中学生都进入普通高中，只有成绩较差的学生进入职业学校。在顶级大学中更看不到以工艺为主业的大学和专业，每年几百万工科毕业生却很难培养出一个像德国动手能力强的大学生。没有工匠的工艺水平，即使拥有世界最强的设计能力也做不出顶级的工艺设备。

四、美国崛起，现代管理与现代质量发源地

从1776年独立至今不到250年时间，美国成为人类有史以来最强大的国家。美国快速完成工业化，1850年，美国的工业生产总值占世界的15%，排名第三，美国建成铁路长达4万公里，远超英国的8000公里。

美国在继承英国工业化成果的同时，也继承了英国现代化的弊端（现代工厂摧毁工匠文明质量基石）。但美国没有像英国那样在竞争中衰落，反而发展出现代管理和现代质量体系，为美国最终取代英国称霸世界奠定了坚实的基础。

（一）现代管理之父泰勒开启美国标准化道路

19世纪中后期，美国工人技能差、效率低，生产成本居高不下，产品缺乏竞争力导致利润极低。为了赚取更多利润，资本家不断增加工人的劳动时间和劳动强度，要求工人每天要劳动14~16小时，有的甚至长达18小时，但工资很低。过度的压榨让工人联合起来反抗，1877年美国历史上出现了第一次全国罢工。1886年5月1日，以芝加哥为中心举行了35万人的全美大罢工。政府出动警察镇压，先后共有4位工人、7位警察死亡，史称"干草市场惨案"。

当年美国的商品竞争力差、效率低，导致利润极低，在极为有限的利润分配下造成劳资极端对立，泰勒从实践中探索出的标准化生产解决了这个难题。

1878—1897年，泰勒在费城的米德瓦尔钢铁厂先后从事工人、工长、总工程师等多个职务。丰富的现场工作和管理经验，为现代管理学理论奠定了实践基础，使他在长期试验中逐步探索出标准化管理的方法论。

例如，在采用标准化铁锹试验中，工人每天的平均搬运量从原来的16吨提高到59吨；工人每日的工资从1.15美元提高到1.88美元，每吨的搬运

费从 7.5 美分降到 3.3 美分。采用标准化生产方式使工人的生产效率提高了两倍多，成本下降了一半多，而工人收入增加了 63%。新的工作模式达到了让劳资双方都满意的效果。

泰勒通过标准化管理不仅提高了效率，还大大改善了劳资关系。从 1895 年开始，泰勒发表了多篇论文和专著，其中《工场管理》和《科学管理的原理和方法》是其代表作，标准化管理在美国得到逐步推广。泰勒现代化管理的基本理念是计划与执行的分离，这种分离使得生产率的大幅度提高成为可能，也是使美国成为世界生产率领先者的一个主要原因。

随着标准化生产的推广美国释放出巨大的生产潜力，1894 年美国的 GDP 超过英国之后，1910 年美国的 GDP 居然超过英国、德国、法国、意大利之和。

案例

福特流水线让美国成为汽车王国

1903 年福特公司成立，1908 年福特在采用标准化管理的基础上，建立流水线生产模式。规模化生产的 T 型汽车使汽车售价从 900 多美元降低到 380 美元，一个普通工人也可以轻松拥有一辆 T 型汽车。价格低廉的 T 型汽车很快风靡美国，福特共生产 1500 万辆 T 型汽车，单型号销量至今也未被打破，福特汽车一度占到世界汽车销量的 70%。在福特汽车的推动下，美国很快成为"车轮上的王国"。

大师殿堂

泰勒（1856—1915）：现代管理之父

泰勒是美国著名管理学家、经济学家。经过多年的现场管理实践，他探索出标准化生产管理让企业效率大增，他的理论在美国和世界都得到广泛的推广应用，被后世称为"科学管理之父"，其代表作为《科学管理原理》。

（二）休哈特开创现代质量体系

泰勒建立的标准化管理也有一些负面的作用，它大大削弱了技艺的作用，此外，对生产率的过度重视也严重影响了产品质量。为了保持平衡，工厂中成立了专职检验部门，再后来演化成了各种各样的机构，如质量控制部门、质量保证部门、质量管理部门等。从这些机构中成长出专门从事质量工作的专业人员。以质量为主的部门的中心活动仍然是检验和试验，即把好产品与坏产品区分开来。这一做法的主要好处是降低了交付给顾客不合格产品的风险。

在专业的质量检验、试验背景下，休哈特的理论具有划时代意义。1931年，休哈特所写的《产品生产的质量经济控制》一书出版，被公认为质量基本原理的起源。1939年，休哈特完成《质量控制中的统计方法》一书。书中关于抽样和控制图的论述吸引了质量问题领域工作人士的兴趣并对这些人产生影响，其中包括最杰出的威廉·爱德华兹·戴明和约瑟夫·朱兰。

大师殿堂

沃特·阿曼德·休哈特：现代质量之父

休哈特是现代质量管理的奠基者、美国工程师、统计学家、管理咨询顾问，被尊称为"统计质量控制（SQC）之父"。他是历史上最早从事质量专业研究和实践的先行者，建立质量专业科学理论基础的奠基人，将质量领域的研究成果推向统计学、科学界。

（三）恐怖的生产能力让美国成为新霸主

1941年12月7日，珍珠港事件使美国正式加入"二战"。在标准化、现代质量体系的支撑下，美国爆发出了惊人的生产能力。日本生产1架飞机的时间美国至少生产10架；日本生产1艘航空母舰的时间美国至少生产10艘。这种生产能力让美国在"二战"后期取得了碾压式优势。

1945年，美国GDP占世界的56%，工业产值占世界的40%以上，黄金储备更是占世界的75%，战后的世界体系都是按照美国的意愿打造的。

质量体系支撑超强的生产能力，再支撑强大的军队，最终赢得战争。战后，美国正式取代英国成为世界新霸主。

五、日本战后质量体系助推经济腾飞

"二战"后，日本的工业几乎被毁灭殆尽。日本的自然资源匮乏，人口密度高，因此，设计和制造优质的工业品并出口到国外就成了国家的头等大事。由于缺乏有效的质量管理，当时日本产品是"低劣商品"的代名词。"日本产品的质量是比较低劣的，这些不怎么样的产品只能以低得令人可笑的价格出售，而且很难赢得回头客。"[①]

（一）戴明对日本质量体系的贡献

为了摆脱困境，从 1950 年开始，日本科学技术联盟邀请美国质量大师威廉·爱德华兹·戴明给日本技术人员讲解统计质量管理（SQC）在制造业中的重要性。其后，戴明陆续在日本进行了 4 次质量管理巡讲。戴明巡讲在日本掀起了质量管理学习狂潮，其中 P—D—C—A（计划—执行—检查—处理）循环得到大面积推广，简单且立竿见影的效果被日本称为"戴明环"。为了表彰戴明对日本质量体系的巨大贡献，日本于 1951 年设立了戴明奖。公司和个人能获得戴明奖是极高的荣誉，同时，戴明奖也推动了日本质量管理的交流和发展。戴明的质量管理巡讲推动了大批日本企业进行质量改善，丰田公司总裁的办公室里挂有戴明的全身像，而丰田创始人仅为半身像。

大师殿堂

戴明（1900—1993）：*日本现代质量管理之父*

世界著名质量管理专家戴明因对世界质量管理发展做出的卓越贡献而享

[①] [美] 约瑟夫·A.德费欧（Joseph A. De Feo）.中国质量协会主持翻译.朱兰质量手册——通向卓越绩效的全面指南（第七版）[M].北京：中国人民大学出版社，2021.

誉全球。1950年，戴明在日本做了4次质量管理巡讲，从而让日本以质量腾飞长达20年。1951年，日本为了表彰戴明做出的贡献，把日本国家质量最高奖命名为戴明奖；该奖项至2021年仍是日本质量管理的最高荣誉。

（二）日本掀起全员质量管理狂潮

戴明奖的设置让日本企业引入美国的质量管理体系，20世纪50年代后期，日本许多企业的负责质量管理的社长发现全公司质量管理（Company Wide Quality Control，CWQC）是非常有效的。日本的这种CWQC有两个主要特点：其一是质量管理活动覆盖范围广泛，其二是全体员工参与质量管理活动和辅助活动。全公司上下对质量管理的广泛参与开始为制造业企业所重视和理解，同时期，一线工人的教育、培训和QC小组的诞生随着全公司质量管理活动的深入，人们日益认识到发挥一线工人作用的重要性。

为了向工人提供培训，日本在1956年10—12月，播出了一个名为《现场管理人员质量管理》的系列广播讲座节目。NHK（日本广播公司）后来将这一讲座一直播放到了1962年。在播出的头一年中，该讲座的教材就卖出了大约10万册。1959年，又开始播出每周一次的质量管理电视系列讲座。石川馨主编的《班组长质量管理教材》，到1967年年底卖出了20万册。

日本企业界对于基层管理人员和一线工人的教育培训就这样积极地开展起来。QC小组（Quality Control Circle，也译作"品管圈"）的全面推广让日本进入了全员质量改进时代，各种质量工具在QC过程中被广泛应用，质量得到持续关注和提升，为日本的质量管理腾飞奠定了广泛的群众基础。

大师殿堂

石川馨：QC之父

石川馨，1915年出生于日本，1960年获工程博士学位后被提升为教授。他的《质量控制》（*Quality Control*）一书获"戴明奖""日本Keizai新闻奖"和"工业标准化奖"等多项奖项，为推动日本QC的发展起到了巨大作用，因此被誉为"QC之父"。由石川馨发明的鱼骨图质量工具在质量根因分析中被广泛应用，鱼骨图也被称为"石川馨图"。

(三)"田口法"提高了日本产品竞争力

在日本掀起全员质量改进的同时，质量工程方法的广泛应用起到关键作用，其中最著名的当数"田口法"。1951年，田口弘一出版其第一本书介绍直交表（Orthogonal Arrays）；1957—1958年，田口弘一博士出版《实验设计》一书。实验设计被广泛运用于产品质量改善、工艺流程优化。

通过对产品质量、工艺参数的量化分析，寻找关键因素；根据关键因素选择不同的实验设计种类和步骤，通过实验找到并控制关键因素，在较少的成本投入下获得最大的收益，从而使产品质量得以提升，工艺流程最优化。

早期的"田口法"主要应用于生产过程。从20世纪70年代开始，"田口法"拓展到产品设计过程。通过"田口法"，在成本被严格控制的情况下能够让产品的品质更优，为日本产品在和欧美同类型产品的竞争中创造极大的优势。比如，日本的汽车、家电、芯片等商品在国际竞争中所向披靡，极大地促进了日本的经济发展。

"田口法"除了在一般产品研发制造应用外，还被广泛应用于航天航空和医学界，为多领域在研发和制造过程中质量提升、成本降低、进度缩短做出了巨大贡献。

> **大师殿堂**
>
> **田口弘一："田口法"之父**
>
> 田口弘一博士出生于1924年，1950年加入日本电话与电报公司并探索出"田口法"，分别于1951年和1953年获得戴明品质文献奖。从20世纪50年代早期开始，日本公司开始大规模应用"田口法"。1960年获得戴明个人奖，年仅36岁。1984年，他再度获得戴明品质文献奖。"田口法"在世界范围得到广泛应用。

（四）丰田精益，日本质量的丰碑

第二次世界大战后，丰田公司陷入非常困难的境地。不但资金短缺，而且原材料供应严重不足，汽车销售也不畅，只能接一些多型号小额订单，丰田公司几乎濒临破产。如何在单一生产线上高效生产多型号汽车，同时把库存降

• 创新质量体系

到最低是丰田公司最为急迫解决的问题。为此，丰田公司进行了艰苦的探索。

丰田公司一改传统的流水线生产线为 U 形生产线，合理化生产布局在减少占地面积的同时，让一条生产线具备生产多型号汽车的柔性化生产能力；标准化、作业研究、动作研究、防错法等实践探索和持续改进让生产效率得到大幅度提升；通过生产线布局和多能工让汽车按节奏自动化生产；通过价值流、拉体系等实践让汽车生产快速响应市场需求的同时，把零件和成车的库存降低到最低。经过多年的实践摸索，丰田以零库存、零等待、零浪费、零缺陷为核心目标，开创了具有划时代意义的丰田生产模式（TOYOTA Production System, TPS）。

大师殿堂

大野耐一（1912—1990）：丰田生产模式的创始人

大野耐一在 1943 年调入丰田汽车公司，历任丰田纺织公司和丰田合成公司会长，其间大野耐一探索了 TPS 生产模式，使得丰田业绩快速增长。1973 年，大野耐一荣获蓝绶带奖章，被日本人尊称为"日本复活之父""生产管理的教父"。如今的丰田已成长为举世瞩目的汽车公司，TPS 生产模式被麻省理工学院沃麦克教授发展成为精益生产模式并在世界范围广泛推广。

1973 年第一次石油危机期间，在全球汽车行业出现大量库存并亏损的情形下，丰田公司不但没亏损反而赢利，而且逐步成长为世界最大、利润最多的汽车公司。以丰田实践探索出的精益生产模式在世界范围广泛推广，极大地推动了世界制造业的发展。

（五）质量体系推动日本经济快速发展，GDP 跃居世界第二

从 1950 年到 1972 年，20 多年的时间里，日本经济年均增长率为 9%，日本在此期间的 GDP 迅速增长到世界第二。到了 20 世纪 90 年代初，日本的 GDP 达到了美国 GDP 的 70%，人均 GDP 是美国人均 GDP 的 1.4 倍。

日本经济之所以实现快速增长，得益于日本引入美国的质量体系；同时，在质量工程领域和精益生产上也探索出一流的质量管理体系。

六、日本衰落与美国再崛起

第二次世界大战后质量体系支撑日本强势崛起，同时，也让美国相对衰落。但美国通过对质量体系的再探索让美国再一次强势崛起，而日本在20世纪80年代以后由于缺乏对质量体系的探索而进入衰落期。

（一）质量危机引起美国各界恐慌

1979年世界爆发能源危机，美国车企出现连续亏损。其中，福特汽车公司2年亏损总额达到25亿美元，克莱斯勒2年亏损总额28亿美元。同时期，日本凭借优质产品大量涌入美国市场，在竞争中处于下风的美国企业叫苦连天。1980年6月24日，美国广播公司（NBC）在全美黄金时段播放了名为《日本行，我们（美国）为什么不行？》的纪录片。在纪录片中，戴明博士较为详细地介绍了日本通过质量体系增强产品竞争力的秘诀。纪录片播放后，引起了美国各界极大的震撼，戴明博士和日本质量体系第一次在美国备受关注。

在质量体系上与日本的明显差距让美国企业倍感压力，美国企业放下身段向曾经的学生取经。相比日本人的服从文化和谨慎思维方式，美国人更倾向于自由主义和发散性思维方式，QC、5S、田口法等质量措施更适合日本人的文化和思维方式。几年下来，美国向日本学习鲜有效果，相反，美对日贸易逆差逐年扩大：1979年贸易逆差为88亿美元，到了1985年，贸易逆差增加到497亿美元，美国制造业面临全面崩溃的风险。

（二）广场协议对日本经济的影响

在美国贸易逆差不断扩大的背景下，1985年在广场饭店由美国牵头和4个主要的贸易国签署了广场协议。其核心内容就是由五国政府共同干涉美元对主要货币贬值，以避免美国贸易逆差进一步扩大。

广场协议极大地刺激了日元对美元升值，仅3年时间，日元兑换美元就升值100%，大量的"热钱"涌入日本股市和楼市；5年时间，日经指数从10000点暴涨到接近40000点的历史最高位。楼市上涨幅度更为惊人，1989年，日本土地资产总额约为2000万亿日元，是美国土地资产（500万亿）的4倍。日本进入全民买楼炒股的时代，股市、楼市吹起巨大的经济泡沫。随着1990年股市高位崩盘，日本的楼市、银行、实体经济像多米诺骨牌一般依次倒下。从此，日本经济陷入停滞发展的30年，年均增长率仅1%。

因此，经济学家把日本经济的衰落归罪于广场协议。但进入21世纪后，日本经济依然没有起色，直到2020年还没有任何经济回暖的迹象，日本长达30年的经济衰落远远超出了广场协议能影响的时效。

（三）美国通过研究丰田总结出精益生产模式

在1985年广场协议签署的同一年，美国麻省理工学院组织世界上17个国家的专家、学者耗时5年、耗资500万美元对日本丰田公司生产质量管控过程进行深入研究。1990年，麻省理工学院教授詹姆斯·P.沃麦克在《改变世界的机器》一书中第一次提出精益生产（Lean Production）模式。

面对世界经济广泛出现的生产能力过剩的危机，詹姆斯·P.沃麦克提出：真正过剩的是缺乏竞争力的大量生产方式的生产能力，而具有竞争力的精益生产方式的生产能力是严重缺乏的。这一令人耳目一新的结论，使世界工业界和经济界都为之一振。《改变世界的机器》一书一经出版便震动了世界，极大地推动了精益生产模式在全世界推广，让丰田的质量管理模式学习起来更加轻松快捷。

大师殿堂

詹姆斯·P.沃麦克：精益生产模式的提出者

詹姆斯·P.沃麦克，前麻省理工学院资深教授，带领团队耗时5年研究丰田生产过程，在1990年出版的《改变世界的机器》一书中第一次提出精益生产模式，为精益生产模式在世界推广做出了巨大贡献。

（四）摩托罗拉探索出六西格玛管理广泛推广

六西格玛（6σ）概念作为品质管理概念，最早是由摩托罗拉公司的比尔·史密斯于1986年提出，目的是设计一个目标：在生产过程中降低产品及流程的缺陷次数，防止产品变异，提升品质，进而达到减少成本、缩短生产周期和提升利润的效果。

从实施六西格玛管理的1987—1997年的10年间，摩托罗拉平均每年生产效率提升12.3%，销售额增加5倍，利润每年增加20%，股票每年上涨21%，并两次使摩托罗拉获得鲍德里奇国家质量奖殊荣。

20世纪90年代中期，杰克·韦尔奇在通用电气成功复制六西格玛管理模式，并且在摩托罗拉的理论基础上总结出DMAIC（定义—测中期量—分析—改进—控制）模型，经过通用电气总结的模型得到更为广泛的推广。六西格玛管理模式在3M、阿尔斯通、美国银行、杜邦、联邦快递、强生公司、辉瑞、乐购、弗吉尼亚梅森医疗中心等公司或机构的改进活动中应用并取得较好的效果。

从金融服务业到运输业，从医疗保健业、政府部门、高科技行业到传统的制造业，都在悄无声息地实施六西格玛管理模式。六西格玛作为多行业共同采用的改进管理方法论在全世界得到广泛认可并推广。

> **大师殿堂**
>
> **比尔·史密斯：六西格玛之父**
>
> 比尔·史密斯于1929年生于纽约的布鲁克林区，1952年毕业于美国海军学院后就读于明尼苏达大学的商业学院。具备近35年工程和质量工作经验的他在20世纪80年代进入摩托罗拉公司，成为一名高级品质工程师，效力于地上流动产品部门，20世纪90年代初因心脏病去世。

（五）软件敏捷让美国信息产业腾飞

2001年，美国一群软件大咖为了探索软件开发新模型，汇聚在雪鸟旅游胜地召开了2天的会议，但由于相互间分歧太大没有达成新模型的共识，只形成了4个敏捷核心理念，这就是著名的"软件敏捷开发宣言"，仅有4句话的敏捷开发宣言掀起了软件业的革命，如图2-3所示。

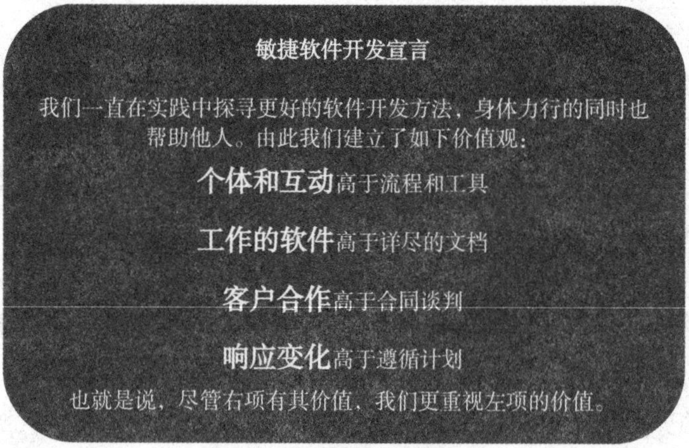

> **敏捷软件开发宣言**
>
> 我们一直在实践中探寻更好的软件开发方法，身体力行的同时也帮助他人。由此我们建立了如下价值观：
>
> **个体和互动** 高于流程和工具
>
> **工作的软件** 高于详尽的文档
>
> **客户合作** 高于合同谈判
>
> **响应变化** 高于遵循计划
>
> 也就是说，尽管右项有其价值，我们更重视左项的价值。

图2-3 敏捷软件开发宣言

美国科技公司纷纷摒弃臃肿的瀑布模型软件开发模式，拥抱快捷的敏捷软件，让软件开发质量和效率大幅度提升，美国的科技企业因此一骑绝尘。2008年前后，敏捷软件逐步传入中国，华为、中兴等多家公司均已采用敏捷开发模式。2020年福布斯世界十大上市科技公司榜单中，美国遥遥领先，有7家公司上榜，日本无一家上榜。全球十大独角兽公司中美国占6家，中国占4家，日本没有一家。

（六）美日30年发展对比

1989—2019年，美国GDP从5.64万亿美元增长到21.37万亿美元，30年间美国GDP增长了3.7倍。同期日本GDP仅增长了1.67倍，美国GDP增长幅度是日本GDP增长幅度的2.3倍，如图2-4所示。从20世纪80年代美国面临较大的质量危机开始，美国在质量体系上进行了更全面、更深入的探索，不仅探索了精益生产模式、六西格玛模型，而且在信息产业中探索了敏捷软件。

美国通过在质量体系上的有效探索，不仅摆脱了经济发展困境，而且还是所有发达国家中经济成长效果最好的国家。反观日本，在历经20世纪50年代到80年代的质量大爆炸之后，就再也没有探索出能引领世界的质量模型，在信息产业大爆发的时代，日本经济没有把握住发展机会，这是导致日本经济停滞的重要原因。

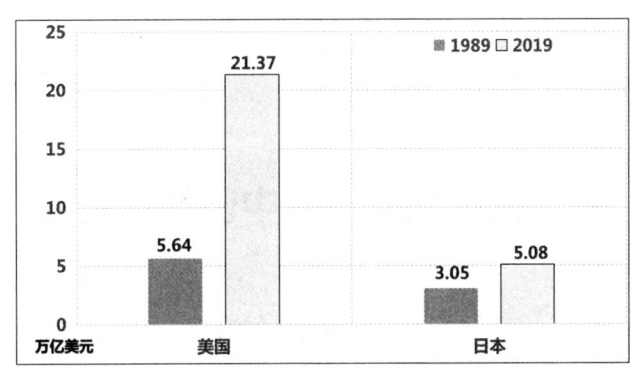

图2-4 美国和日本30年GDP对比

从创新的角度来看，美国打压日本错过信息时代是原因之一。1987年签署的《美日半导体协议》使日本在芯片业自废武功；"东芝事件"使东芝的几名高管被捕，芯片业的全面失守使日本错过了信息时代的升级机会。

从质量体系角度来看，从20世纪80年代开始日本基本没有新的质量探索，而日本的质量体系构建停留在制造业的质量方法论上，对于以创新为主的信息产业不仅没有帮助，而且还严重阻碍了创新业的发展，造成日本在信息时代没有出现一家科技大公司。

深度思考

日本"失去的30年"是广场协议惹的祸吗？

1990—2021年，日本的经济处于停滞增长的状态。日本从最初"失去的10年"演变为现在"失去的30年"。早期经济界把日本的衰落归咎于广场协议，但广场协议的影响力不可能超过30年，其深层原因另有出处。

七、世纪之谜——中国经济奇迹

中国从 1978 年改革开放开始，便进入长达 40 多年的高速发展期。GDP 从 1979 年的 600 亿美元增长到 2020 年的 15.94 万亿美元，以美元计的 GDP 增加 265 倍，平均每年近 10% 的增长率。中国经济是人类有史以来发展规模最大、持续时间最长的大发展，是人类经济发展的奇迹。

中国 40 年高速发展的经济奇迹吸引众多经济学家研究分析，很多获得过诺贝尔奖的经济学家试图用经典经济学原理去解释，但除了得到中国每隔几年会崩溃的结论外一无所获。

所有的主流学术都难以解释中国发展之谜，这成了经济学界的世纪之谜，也是当今主流学术未解之谜。从质量体系支撑一个国家崛起的角度来看，是否有新的质量体系要素隐藏在中国经济奇迹中？本书将在第六章"实践的力量"中，从优秀实践挖掘和推广的角度阐述中国崛起之谜。

在中国经济飞速发展的大背景下，中国的科技企业同时也进行了卓有成效的探索，华为、腾讯、阿里等从最初的小作坊成长为世界一流的科技公司。企业结合自身发展对质量体系和开发模式探索出极为有效的质量方法和模式，阿里用 3 个月时间开发出淘宝，从此走上逆袭之路；腾讯仅用两个月就开发出微信；华为从多个层次进行了全方位的探索，从运营商设备业务拓展到消费终端、汽车、操作系统、能源、芯片开发、计算机等多个领域。

华为、腾讯、阿里等企业的成功，隐藏着较为实用的质量方法论和开发模式，本书的后续章节将以中国成功企业为背景，解析隐藏在中国企业成功之下质量体系的秘密。

第三章　创新质量体系探索

20世纪的质量理论和实践主要集中在制造业，以美国和日本为主的现代质量体系大大促进了制造业的发展。进入20世纪80年代，在信息时代工业革命的推动下，世界产业向创新业倾斜，新的产业冲击下带来更多的不确定性。即使是以创新闻名的贝尔实验室和索尼公司，均因不能适应而衰败；遵循旧的质量体系让日本在信息时代毫无建树，最终导致"日本失去的30年"。

质量体系已经大大落后于产品的升级发展，需要重新探索新的出路。春江水暖鸭先知，新质量实践的探索又一次回归实践者。因为对原有低效的软件瀑布开发模式强烈不满，2001年，一群软件大咖在美国盐湖城开会达成敏捷软件开发宣言。敏捷软件开发宣言给世界带来耳目一新的震撼，虽然敏捷软件宣言开发仅有4句，却全面颠覆了20世纪软件瀑布开发模式。

同时，2006年华为硬件质量开始自下而上的实践探索，归纳出极为有效的质量体系模型，通过华为流程变革推广并取得极佳效果。

一、产品质量模型

在 2013 年微软收购诺基亚的会议上,诺基亚董事长约玛·奥利拉含泪说出了一句话:"我们几乎没有做错什么,可是不知道为什么我们却输了。"

诺基亚真的没有犯错吗?

(一)重新认识商品价值

2007 年 1 月 9 日,乔布斯发布了第一款智能手机 iPhone。随后 iPhone 引起手机霸主诺基亚高管的集体嘲笑,对可以砸核桃的诺基亚手机而言,没有按键、跌落就破屏的苹果手机只是一个笑话而已。

好像一切都按诺基亚高管预料的一样在发展,2007 年的手机"机皇"依然是诺基亚 N95,2008 年诺基亚全球占有率居然冲到历史最高的 40%。但 2009 年诺基亚开始出现大幅度滞销,到了 2012 年市场份额只占 6.4%。诺基亚也出现了 30 亿欧元的亏损,最终,2013 年诺基亚以 72 亿美元把手机业务低价卖给微软。

诺基亚手机的质量是毋庸置疑的。一次笔者失手把诺基亚手机从三楼的高度跌落到水泥地上。捡起散落的手机部件重新装好后,除了外表有点划伤外,其他的功能一点没有受损,从此笔者就成为诺基亚的忠实粉丝。可见,在消费者心中能砸核桃的诺基亚手机就是高质量的代名词。

在乔布斯时代,苹果每年只发布一种型号的手机,而诺基亚每年要推出 30 多种型号的手机。从研发效率来看,诺基亚无疑是世界上一流的手机企业,但 2012 年 30 多种型号的手机的总销量还不及苹果一个型号销量的三分之一。

成本控制是诺基亚引以为豪的核心竞争力。诺基亚的手机器件归一化是世界上控制最好的,所有的手机只需要 800 个共有器件。这样对每个器件就有海量的订购量，所有供应商都会给诺基亚最低的价格、最优先的供货权和最高的质量。

（二）诺基亚手机的败因是失去价值

在我读大学期间，有一个学霸大学四年都是年级第一名。后来保送研究生，毕业后在北京诺基亚公司工作，在诺基亚手机业务卖给微软后去了微软。

大学同学聚会时和学霸谈到微软处理诺基亚手机的事情，学霸介绍说，所有诺基亚手机全部以200元处理，包括之前售价几千元的诺基亚旗舰手机，但并没有出现哄抢，还有很多手机没处理掉。

为何价值几千元的手机在2013年只能以200元被处理还无人问津？同年，售价5000元的苹果手机iPhone 5S在发布首周销量就达到了900万部。从客户的选择可以看出，质量（可靠性）和价格不再作为购买商品的首选标准。那么，什么是客户的首选标准呢？

客户选择商品首先考虑的是商品的价值，自从乔布斯推出了苹果手机后，手机的价值就被重新定义。像诺基亚N95在苹果新机推出后，从土豪标配逐步成为老年专用功能机。使用苹果则被作为成功人士的象征，虽然价格不菲，但还是让全球用户趋之若鹜。

（三）产品的质量模型——价值、质量（可靠性）、成本、效率

诺基亚的高管是在用"刻舟求剑"的静态思维来判断动态的世界，其错误在于诺基亚手机失去了在客户心中的价值。价值越高客户购买的动力就越大，而价值越低客户购买的动力就会越小，因此，商品的价值才是其最核心的要素。

成功的产品必定是价值优先，质量（可靠性）为本，效率领先，成本平衡，缺任何一个维度都会是失败的商品，价值体现了商品的功能和性能，质量（可靠性）、效率和成本构成了支撑商品价值的三大基石。

产品的质量模型如图3-1所示。

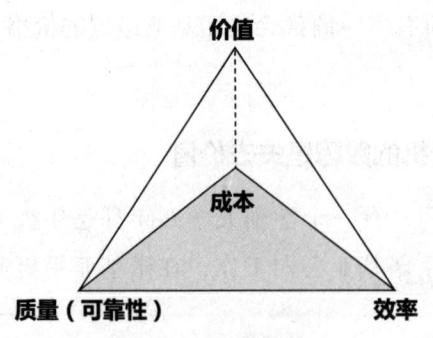

图3-1　产品质量模型

价值是客户购买商品和服务的重要理由，谁也不会购买低价值的商品和服务。而商品的可靠性是让商品保持价值一致性的基础，失去可靠性也将无法确保商品的价值。效率包括研发效率、制造效率和维护效率，如果某个环节效率较低，也将让商品最终失去市场。最后，成本控制也是商品成功的要素之一。如果成本控制高于商品价格，那么更多的销量就意味着更大的亏损。

二、价值漂移

同一个商品的价值并不是永恒不变的,商品价值会随着时间的推移而出现波动。商品价值波动的现象就是价值漂移。为了让大家理解价值偏移,下面结合黑白电视价值案例讲述。

案例

黑白电视机从奢侈品到负价值

20世纪80年代初,中国的黑白电视机是相当稀少的奢侈品,只有极少数人才有一台黑白电视机。当年笔者还在读小学,在机关家属院有一家买了电视机,每晚他们家都会人满为患。到了20世纪90年代初,随着彩色电视机的全面普及,价格低廉的黑白电视机成了贫穷的标志。到了2000年,黑白电视机已淡出了人们的生活。

商品在极端的情况下还有可能成为负价值。比如,家里有一台黑白电视机,这台电视机有碍客厅美观,要处理掉要交纳100元的垃圾处理费(当前很多城市的旧家具处理都会收一定的垃圾处理费)。相信绝大多数的家庭都会交纳100元的垃圾处理费让这台黑白电视机在客厅消失。因此,从价值的角度来讲,这台黑白电视机的价值对客户而言就是负100元。

商品价值漂移现象比较显著的是功能型电子产品,就像当年的诺基亚失败案例那样,当有更新、功能更强的品牌出现时,以前被认为高价值的商品可能被当成低价值或无价值的商品,商品价值漂移原理如图3-2所示。

产品价值向下偏移的原因有两个:一是竞争对手的新产品重新定义了价值;二是客户在新产品的影响下提高了对产品的功能预期。苹果重新定义了手机的价值,造成客户对手机功能预期大大增加,而诺基亚新机的功能增长远远小于客户的预期增长,最终导致诺基亚快速衰落。

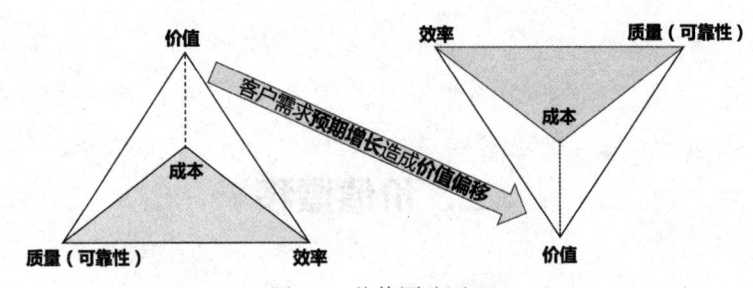

图3-2　价值漂移原理

不是所有商品的价值都像黑白电视机那样向贬值方向偏移。有些商品还会向更高价值偏移，比如，古董和艺术品；一些商品会受市场供需等因素波动，比如，猪肉和石油；还有些商品价格变化极为缓慢，比如，可口可乐和居民用电价格近20年都没有变化。

电子类商品价值普遍向不断贬值方向偏移，重要的原因之一就是摩尔定律的存在。

三、反摩尔定律

20世纪60年代开启的摩尔定律发展至今，给出了研发创新的速度和节奏，也推动了电子产品呈现指数级爆炸发展趋势。

1965年应《电子学》杂志邀请，仙童半导体公司研究开发实验室主任戈登·摩尔写了《让集成电路填满更多的元件》的报告。摩尔发现了一个惊人的趋势：每代新芯片的晶体管容量大约是上一代芯片的两倍；每代芯片的间隔为18~24月，因此得出芯片以指数方式发展，这就是著名的摩尔定律。

1968年，摩尔从仙童半导体公司辞职后成立了Intel公司。Intel公司严格按照摩尔定律的节奏开发芯片，不仅业务远远超过了老东家仙童公司，而且从80年代后成为电脑芯片的霸主超过30年。

（一）摩尔速度

归纳起来，"摩尔定律"主要有以下4种形态：

（1）单位面积上集成电路芯片上所集成的电路数目，每隔18~24月翻一番；

（2）微处理器的性能每隔18~24月提高一倍，而价格下降一半；

（3）用一美元所能买到的计算机性能，每隔18~24月翻一番；

（4）相同功能的芯片，每隔18~24月功耗降一半。

摩尔速度也成了事关芯片企业生存攸关的速度。Intel公司每年推出的电脑芯片匹配摩尔速度，按照Tik-Tok节奏开发。在Tik年份电脑芯片重点增加芯片功能，工艺基本不变；在Tok年份芯片功能基本保持不变，重点放在芯片工艺升级方面，这样每两年作为电脑芯片功能和工艺升级的一个完整周期。

摩尔定律从1965年提出到后来的40年间，硬件及芯片的发展趋势都符合摩尔定律。后摩尔时代芯片的功能、价格、功耗和成本虽然变化率有所下降，但不断增强的趋势没有丝毫改变。

（二）逆向理解摩尔定律——反摩尔定律

摩尔定律正向理解就是芯片功能每隔 18~24 月翻番，反向理解就是当前电子设备的技术价值每隔 18~24 月价值减半，正因为摩尔定律的客观存在，电子硬件技术加速贬值的趋势不可避免。同样，随着硬件功能的指数级增长，在硬件之上运作的软件产品同样有加速贬值的趋势。

（三）反摩尔定律对创新的影响

反摩尔定律对硬件类产品的影响巨大，由于技术价值按指数衰败，不管是大公司还是小公司都会和摩尔速度竞速。即便是世界一流的科技霸主，如果技术更新跟不上摩尔速度也很快会被市场淘汰。相反，如果一个刚成立的公司的技术发展速度超过摩尔速度，就会让该公司快速成长为世界科技巨头。

在硬件之上的软件也同样受到摩尔速度的影响，如果软件技术发展跟不上摩尔速度，同样会被市场无情淘汰。当前 CPU 的速度是早期 CPU 速度的上亿倍，所支持的软件功能更强大、速度更快，可以完成以前不敢想象的工作。硬件是当前信息化发展的基础，基于摩尔定律所发展的硬件产品是推动信息化时代快速变化的原因之一。

大师殿堂

戈登·摩尔："摩尔定律"提出者

戈登·摩尔，1929 年 1 月 3 日出生，美国科学家、企业家，英特尔公司创始人之一。戈登·摩尔在 1965 年提出"摩尔定律"，1968 年创办 Intel 公司。1990 年获美国"国家技术奖"，2000 年创办拥有 50 亿美元资产的基金会。2001 年退休，同时退出 Intel 董事会。

四、推动世界格局变化的黑手

1995年，巨龙、大唐、中兴和华为四家公司构成中国"巨大中华"通信设备商格局，巨龙公司为老大，华为居于最后。但3年后，通信设备商格局成了"华中大"，华为成了老大，而曾经的老大巨龙公司被淘汰出通信设备领域。

2002年笔者进入华为，当年华为还是一家微不足道的公司，而朗讯、北电、摩托罗拉、阿尔卡特等欧美巨头都是神一般的存在。笔者在华为工作10多年，见证了华为逐步成长为第一设备商的历史，同时也见证了曾经的霸主衰落淘汰的过程。当年神一般的通信巨头要么破产，要么衰落合并，到现在基本没有了存在感，通信格局的变化用一句话总结就是"华为来了"。

不仅在通信行业，其他行业格局也出现巨大变化。20世纪日本家电四大巨头制霸全球，当今巨头成了中国和韩国的公司。称霸手机业多年的摩托罗拉和诺基亚全面退出，之前中国的手机格局是"中华酷联"，但在小米搅局后只有华为守住了前四位置，而小米成立仅8年就进入世界500强，也创造了进入500强最快公司的纪录。

永恒变化的世界是唯一不变的。那么，推动世界格局发生变化的黑手究竟是什么呢？是摩尔速度和价值漂移！

（一）推动格局变化黑手之一：摩尔速度

摩尔定律指出每间隔18~24月，芯片规模、功能翻番，而功率、价格仅为原来的一半。反向解读摩尔定律就会发现真相，公司现有的技术每18~24月折旧一半，公司价值缩水一半，当前产品降价一半，如果企业不在18~24月内让当前的技术能力翻番，那么公司就会因赶不上摩尔速度而衰落。

摩尔定律从20世纪60年代开始就决定了技术更新的速度。

摩尔速度可以解释当年通信业巨头为何会衰落、华为能反转从小公司成为第一通信设备商。每年华为用于技术研发的费用占销售额的10%~15%，巨额的科技投入让华为的技术发展超过摩尔速度，市场份额逐年递增。而朗讯、北电、摩托罗拉、阿尔卡特等企业技术投入比例远不及华为，其技术发展速度远小于摩尔速度，造成了老技术不断贬值后失去市场份额，导致最终的破产或被兼并。

（二）推动格局变化黑手之一：价值漂移

2019年年底，华为发布了一款折叠屏手机Mate X。由于产量有限，在每期电商平台的销售中都秒光，而官方售价16999元的手机在黑市上被炒到近10万元的价格，在电商平台抢到出厂价的Mate X手机就等于抢到了几万元现金，而且还可以马上兑现，因此也被网友戏称为当年最佳理财产品。

前面提到，电子产品都具有随时间向下波动的趋势。这个现象不是产品的功能和可靠性等关键要素出了问题，而是客户对商品的价值预期更高的原因。正是因为有价值漂移，用户才会把黑白电视机更新为彩色电视机，把模拟手机更新为数字手机，再把数字手机更换为智能手机。

每次苹果、华为等旗舰机发布的时候都会引起用户的追捧，由于前期产能跟不上而断货的现象时有出现。拿华为Mate系列来说，新机型售价和之前发布的机型相差不大，但运行速度、功能、待机时间和软件配置等都有较大的提高，出现追捧的现象说明华为新机的发布超出了多数客户心中的价值漂移增长。当然，也有像诺基亚、HTC等手机从原来的销量巨头萎缩到后来可以忽略不计，其中最大的问题就是诺基亚、HTC的改进幅度低于客户对商品价值预期增长的幅度。

（三）科技公司超越自我才能有机会

打败诺基亚的并不是苹果，而是摩尔速度和价值漂移。基于摩尔定律和价值漂移的竞争环境，对每一个公司来说都是公平的。因为企业面临最大的挑战并不是竞争对手，而是自身的研发速度和把握客户需求的能力。它就是自我迭代发展的速度是否超过摩尔速度。

1998年成立的联众公司是当年PC游戏平台类的霸主，在很长时间没有遇到挑战者。缺乏挑战的联众功能更新很慢，甚至有很多让用户诟病的功能由于没有竞争对手让联众也没有动力去改进。当年玩联众游戏，经常为了找一个位置需要花上很长时间，好不容易坐上位置也会被"踢出"。每天早上5点平台会重新启动，而且让客户感觉极为不快的很多问题长期都没有改善。腾讯在2003年推出的游戏彻底解决了联众游戏的问题，还推出QQ秀等差异化功能。很快，联众的大部分客户都跳到了腾讯。

　　同样是腾讯，当年QQ小程序的发展如日中天。在手机即时通信业务发展初期就摒弃QQ资源，选择让没有QQ背景的张小龙开发出全新的微信。当前微信的霸主地位就已经说明腾讯公司进行自我颠覆是明智之举。

　　超越摩尔速度对企业来说需要很大的投入和决心，华为每年投入销售额的15%用于研发才让企业超过摩尔速度。没有超越自我的勇气，一定会被其他对手淘汰，只希望竞争对手能力不济而获胜简直是白日做梦，只有超越自我，科技公司才能够持续发展。

五、创新质量体系探索过程

质量是实践科学，同样，创新质量体系源于成功的实践摸索，归纳总结成体系后指导更多的实践获得成功。

（一）引人深思的灵魂之问

构建创新质量体系源于一次大辩论。2008年，华为某部门因为从未搞过流程梳理，于是请了几个日本质量专家开始变革华为硬件流程。日本专家按照精益模式，把硬件流程细化为原子级活动，细分后的流程多达几百个原子级活动。然后通过测量原子级活动过程中的"浪费"情况，并精确细化出每个原子活动所需的"有效时间"，再把"有效时间"作为要求去控制在研项目，整个流程变革看似无懈可击。

但这次变革没有考虑实际场景，精益模式只应用于变化因子少且重复的制造过程。对变化因子特别多、每个项目都不重复的研发过程无法照搬应用。作为有12年研发经验的内行一看这就是不可理喻的事情，鉴于此，笔者委婉地拒绝了硬件流程在华为成都研究所（简称"成研"）推行的要求。

有人便因此事在公司论坛上发帖对笔者进行讨伐，扣了很重的帽子，不仅引起吃瓜群众的围观还成了热帖。无奈之下，笔者只好现身和他们讲理，对方拿不出有效的证据，只能拿一些日本精益模式的案例来搪塞。

空洞的辩论已经没有意义，笔者对发帖者发出了灵魂一问："如果日本精益模式效果好，为何日本有'失去的15年'？"灵魂之问让对方语塞，吃瓜群众也一边倒地支持笔者。日本为何有"失去的15年"这个问题也引起笔者的深度思考。为了找到答案，笔者开始了10多年的探索。

（二）探索"冰糖葫芦"模型

笔者依据 12 年的研发经验，最终归纳出硬件"冰糖葫芦"研发模型，落地到成研的硬件版本中取得立竿见影的效果。在成研，MSTP 原本是需要被淘汰的老旧产品，另一个微波产品是新拓展的产品，落地后的硬件一次投板成功率高达 90%，单板平均投板为 1.1 次，效果远高于第一梯队友商的 3 次投板成功。2008 年当年结项的成研硬件版本有 75% 属于五星级合同，五星级合同的数量和密度均居华为第一。提升硬件研发能力支撑老旧产品 MSTP 焕发新春，业务不仅没有萎缩反而拓展了很多新业务，硬件设备制造毛利润高达 80%，MSTP 连续 3 年给华为贡献了近一半的利润。

新微波产品研发成功补齐了华为技术短板，多年后成为世界第一。2019年，任正非在接受央视采访时谈道："世界上能做好 5G 的只有几家，能做好微波的也只有几家，世界上能同时做好 5G 和微波的只有华为。"把微波和 5G 相提并论，这从侧面也说明了微波的成功。

"冰糖葫芦"模型是基于硬件最关键的研发要素和活动，在优秀实践的基础上总结成硬件研发模式，从原来流程所强调的做什么（What）拓展到如何做（How）。随着笔者做网络硬件质量 COE（能力专家），把"冰糖葫芦"模型传递到网络产品线和企业网，快速复制并取得成功。

（三）通过流程变革落地创新质量体系

随着网络硬件能力的提升，终于引起华为质量高层郝博的重视。2012 年公司正探索新研发流程架构。鉴于硬件质量多年的实践探索和较好的应用效果，笔者获得出任华为 IPD 流程变革经理的机会。

新的流程架构基于场景（Process）和领域模块（Discipline）的结合，并颠覆了原 IPD 喇叭形瀑布流程架构，引入优秀实践和质量标准，2013 年结项，为 2014 年后华为的高速增长打下坚实基础。

六、创新质量体系模型

2012年，笔者在出任流程变革经理的前夕，华为大学邀请笔者开发关于质量体系的培训课程。笔者根据以往的经验总结出创新质量体系，第一次构建创新质量体系四层架构。后期由于承担了流程变革经理工作无法分身，因此放弃了为华为大学授课的机会，但培训教材《创新质量体系的魅力》得以完整输出，笔者在出差之余给很多研发团队讲授，均取得较好的效果。本书就是基于培训教材《创新质量体系的魅力》的逻辑架构汇总而成。

创新质量体系，是针对产品研发构建的完整的四层企业级解决方案，即 Ideal、What、How 和 How in detail 四层架构。具体为理念、流程&IT、优秀实践、项目管理，围绕产品创新开发从最高层的质量理念到具体的项目落地，最终实现具体的产品域持续成功，如图3-3所示。

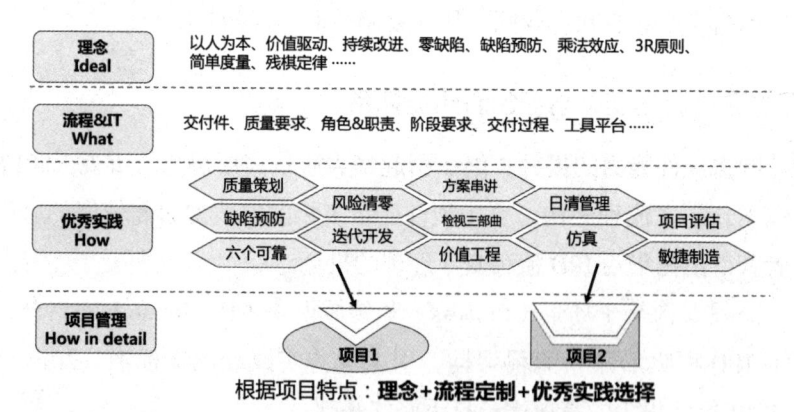

理念 Ideal	以人为本、价值驱动、持续改进、零缺陷、缺陷预防、乘法效应、3R原则、简单度量、残棋定律……
流程&IT What	交付件、质量要求、角色&职责、阶段要求、交付过程、工具平台……
优秀实践 How	质量策划、风险清零、方案串讲、日清管理、缺陷预防、迭代开发、检视三部曲、项目评估、六个可靠、价值工程、仿真、敏捷制造
项目管理 How in detail	项目1　项目2

根据项目特点：**理念+流程定制+优秀实践选择**

图3-3　创新质量体系四层架构

创新质量体系采用开源式架构，可以通过借鉴和补充快速构成企业质量体系，改进切入点既可以通过质量文化和流程体系建设推动公司级变革。也可以通过引进优秀实践和项目管理落地具体的项目改进，无论局部改进还是体系变革都有极佳的借鉴意义。

1. 创新质量体系第一层 Ideal——理念

人和动物最大的区别就是人类有思想，思想可以传递并影响其他人的行为。创新质量体系中有三大核心理念：以人为本、价值驱动、持续改进。这三个核心理念是创新质量体系的精华。其他还包括零缺陷、简单度量、3R 原则等，从多个视角去诠释产品质量的核心要素，理念层面的内容将在本书第四章详细介绍。

2. 创新质量体系第二层 What——流程 &IT

流程 &IT 在创新质量体系中需要定义出价值创造过程，由流程 &IT 来承担，需要定义：输入什么？谁负责这个活动？活动内容是什么？输出什么？谁来协助配合？输出的要求是什么？质量标准是什么？等等。在创新质量体系中，流程需要服务于价值创造过程，最终要体现在价值增长上。流程 &IT 关键内容将在本书第五章详细介绍。

3. 创新质量体系第三层 How——优秀实践

仅有流程 &IT 还不能让工作做到完美有效。可以设想一下，给一群非专业人士最好的环境、最好的薪资、最好的 IT 环境和流程，他们也不能开发出手机。就像做销售，刚入职的销售和老销售都采用公司统一的销售流程，但无论新员工如何努力，业绩都很难赶上老员工。因此，就需要在 What 层面的基础上增加一层 How 层面。在创新质量体系中，优秀实践承担着如何做好（How）的功能，优秀实践关键内容将在本书第六章详细介绍。

4. 创新质量体系第四层 How in detail——项目管理

质量体系最终要落实到具体的工作中。在创新质量体系中，新产品开发是创新质量体系最核心工作，如果质量体系的上三层无法支撑具体项目、产品的成功，不管有多好的理论也说明上三层是不适配该业务的。在项目适配活动环节（项目策划），需要针对项目自身的特点有针对性裁剪流程，并有针对性地选择对项目成功有帮助的优秀实践进入项目中。项目管理关键内容将在本书第七章详细介绍。

第四章
创新质量体系——核心理念

2021年，电影《长津湖》一举拿下57亿元票房，成为中国历年票房最高的电影，该电影的热映让"抗美援朝"再次成为焦点。

中国军队在装备远远落后的情况下，把以美国为首的"联合国"军队逼退回"三八线"，当时一穷二白的中国为何能迸发出如此巨大的能量？秘诀就是中国军队都是由毛泽东思想武装并引领的。

核心理念是人类思想最强大所在，理念中隐藏了巨大的能量。本章通过深入解读质量核心理念，阐释理念如何影响我们做事的意愿和行为，进而让创新过程更加愉快轻松。

一、以人为本

世界上最难学习的两家公司，一家是乔布斯时代的苹果，另一家就是任正非领导下的华为。一个不懂技术、不懂管理、不懂财经知识的 70 岁老头，居然率领华为在世界"攻城略地"，能让超级大国——美国史无前例地因一家公司进入国家紧急状态，在 2018 年 12 月 1 日祭出"孟晚舟事件"，又在 2020 年 9 月 15 日对华为全面封杀。任总究竟有什么"神功"让美国如此忌惮？

1995 年，华为邀请"人大六君子"历时 3 年梳理出《华为基本法》。它从侧面体现了任正非的思想，其中最核心内容就是以人为本。华为正是几十年如一日地践行以人为本，才能通过激发二流的人才（以前华为很难招聘到清华、北大的学生）创造出一流的事业。

在信息发达的今天，华为根本没有任何秘密可言，为何没有一家公司能学会华为模式？最根本的原因就是没有践行以人为本。如很多公司喜欢学习华为的"艰苦奋斗"，但如果没有以人为本作为前提，"艰苦奋斗"最终就成了"996"甚至"007"，使"艰苦奋斗"成了进一步压榨员工的借口。一些企业本末倒置的做法不但没有激发员工的潜力，而且还让企业原本脆弱的人际关系更加紧张。

作为在华为工作 17 年的老员工，笔者有一些经历和感悟，在此把对"以人为本"的理解和感悟表达出来。虽然离任正非的理念相差甚远，但希望能借此激发各位的思辨能力进而一同探讨。

（一）人的潜力有多大

"人有多大潜力"是永远无法揭开的谜底，因为世界上没有一个人的潜力能挖掘到 100%，据研究，顶级的科学家可能只挖掘了 5% 的潜力，我们不妨通过一些案例从侧面探索人的潜力。

案例

上甘岭，不可思议的战争

1950 年，美国挟"二战"之神威进攻朝鲜，和刚成立的中华人民共和国在朝鲜半岛上迎头相撞。中国最终让美国第一次签下没有胜利的停战协议，上甘岭战役是朝鲜战争的转折之战，为此，美军一直对上甘岭耿耿于怀。20 世纪 80 年代，美国收集当年上甘岭中美双方的军事部署并输入电脑，通过电脑推演上甘岭攻防，几十次推演结果都是美军大胜、中国军队大败。推演和现实的巨大反差让一个在场的将军不停叹气："不可思议、不可思议！"

美国将军想不通的道理，早在 2000 多年前的中国兵家代表孙子就已经想通了：置之死地而后生！中国古代兵家经常用"置之死地而后生"的策略实现反败为胜，比如，韩信的背水一战，项羽的破釜沉舟，在生死攸关时刻一个人可以迸发出超过平常几倍、几十倍甚至上百倍的能量。

在上甘岭 597 高地的一次攻防战斗中，美军对阵地狂轰滥炸后全力进攻。阵地上仅存的一个中国士兵死战不退，最终一个人打退了敌方的 41 次进攻，一天歼敌 280 人。这个中国士兵就是刚入伍的新兵胡修道。一个新兵歼敌 280 人还能全身而退，这是在电脑推演中永远也不会发生的事情，也是美国将军永远也不会想明白的事情。同样是上甘岭，张桃芳仅用一支老式步枪狙杀敌军 214 人，也创造了奇迹。

像胡修道 1 抵 280 的潜力挖掘是人类潜力的极限吗？远远没有到达极限！我们做一道有趣的数学题，钱学森到底顶几个师？钱学森当年在回国前被美国海军陆战队的一个准将为难，这个准将想把钱学森拉出去枪毙，给出的理由是钱学森无论在哪里，他的作用都顶 5 个美海军陆战师，也就是说，钱学森 1 个人顶 7 万美军！

1 个人顶 7 万美军虽然是美国准将对钱老的褒奖，答案却是错得离谱！20 世纪 80 年代香港《大公报》发表的一篇文章中提道："我们钱学森才值 5 个师？50 个师都不止！"

钱学森被授予"两弹一星"功勋奖章，因为钱老的贡献大大加快了中国核威慑战略进度。正因为有核威慑的存在，中国才能在 1971 年恢复联合国安全理事会常任理事国的地位，也才有 40 多年改革开放和平发展的环境。仅凭这个贡献，钱老一个人顶 500 个师都不止！钱学森的价值超过普通人几百万倍，这仅仅是钱老比我们多挖掘了潜力而已。对每个人而言，我们都有一个未被挖掘的巨大潜力宝藏。

《华为基本法》第六条写道："华为没有可以依存的自然资源，唯有在人的头脑中挖掘出大油田、大森林、大煤矿……"请大家细品，任总对人重视的原点在于我们每人的潜力巨大，只要多挖掘出来一点，就可以让企业立于不败之地，如何去挖掘就需要我们读懂人性。

（二）读懂六感人性

当人受到外界刺激后会产生相应的感受，在感受的刺激下人会做出相对应的动作，对应马斯洛需求理论，人类有五层对应的感受作为动作的原始驱动力。比如，我们饿了就产生饥饿感，就会有购买食物的冲动和行为。工作不稳定就没有安全感，即便在"996"的苛刻要求下也会努力工作。通常，如果行为所带来的结果和当前需求相一致，就会带来最大的满足。好比在沙漠中要渴死的人对水的渴求远远比对百万美金的渴求要大得多，懂得各层感知的需求并给予相应的刺激，就能为被刺激者带来最大的行动力。

为了更好映射和理解五感人性，我们和对应的马斯洛五层需求理论一起解读人性，如图4-1所示。

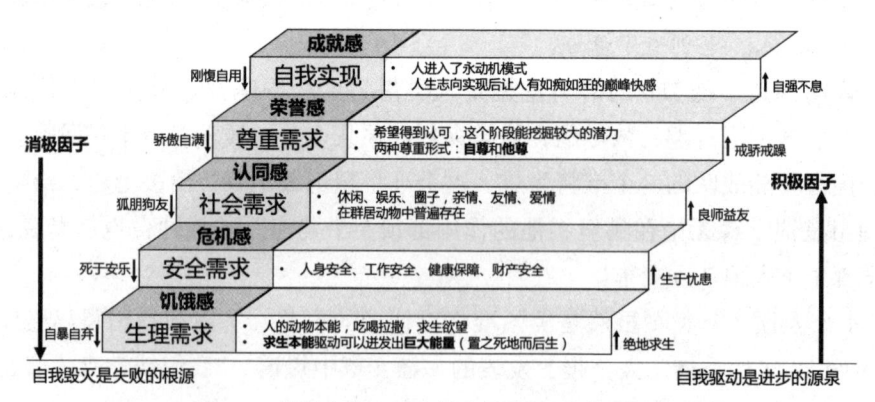

图4-1 普通人的五感人性和马斯洛需求对应关系图

1. 第一层需求：生理需求对应的心理感知——饥饿感

饥饿感是对最基本的生理需求不能得到满足时候的感受，所有的动物和人在这方面没有任何区别。如饥饿，原始人在饥饿的驱使下会冒着生命危险捕猎猛犸象。"置之死地而后生"就是这样的场景，在强烈的求生欲望驱动下会迸发出极大的能量。韩信背水一战中靠3万新兵能破20万敌军，因为向后就会被淹死，而向前与7倍的敌人拼搏兴许还有一丝希望，结果3万新兵大败20万敌军并且成功斩杀敌军主帅。

在饥饿感驱动下未必人人都会奋发图强，也会存在消极因子"自暴自弃"。比如，有一段时间网络上流行"躺平"——即便是没工作饿肚子也不愿付出行动去改变自己。因此，在饥饿感状态下需要正确引导，让"饥饿者"看到希望，并激发他们最原始的渴望才能充分激发其潜力，如何激发并全局掌控是一门艺术。

2. 第二层需求：安全需求对应的心理感知——危机感

危机感不仅是人的感受，部分动物也有同样的感受。松鼠会在秋天不知疲惫地收集坚果，在这点上，松鼠努力采集坚果和打工仔拼命赚钱在原始驱动力上没有本质的区别，如图4-2所示。危机感和饥饿感有所不同，饥饿感是当前正面临重大生存困难或生理需求的心理感知，而危机感是面对未来可预知（果实充盈的秋天之后就是食物匮乏的冬天）或不可预知（可能得大病会花很多钱）的重大风险的心理感知。

图4-2 在危机感驱动下，松鼠整个秋天都在忙着收集坚果

在危机感驱动下的"未雨绸缪"是比较明智的选择。比如，松鼠趁秋天坚果充盈的时候把它们收集起来，是为了能安全度过食物匮乏的冬天；"看在钱的分上"打工仔忍受"996"的艰辛；耗尽三代积蓄交付房子首付，为的是老婆和孩子不会被房东赶到大街上。

"生于忧患，死于安乐。"几千年的忧患意识让中华文明延续至今。任正非的忧患意识非常强，"十年来我天天思考的都是失败，对成功视而不见，也没有什么荣誉感、自豪感，而是危机感。也许是这样才存活了十年"。企业最大的危机是意识不到危机。前几年风靡一时的 ofo 和摩拜单车已淡出大众视野，靠风口飞上天的猪一定会在风停之后摔得粉身碎骨。

3. 第三层需求：社会需求对应的心理感知——认同感

2020 年 5 月 25 日，乔治·弗洛伊德在美国街头因警察暴力执法而死。这件事很快引起全美几百座城市几百万人的示威抗议，弗洛伊德事件引发持续抗议近一年。美国建国 200 多年来黑人一直处于被歧视的地位，弗洛伊德事件只是一个导火线，黑人未被美国白人主流接纳（缺乏认同感）才是最根本的原因。

认同感在群居的动物中普遍存在，其中大雁是认同感做得比较好的动物。如图 4-3 所示，大雁之间通过相互照应、共同觅食或群体警戒让每个大雁有归属感，也让个体的利益最大化。在迁徙的途中大雁有明确分工，强壮的大雁会轮流在迁徙雁阵最前面迎风领航；而弱小、年老的大雁会在较后位置以减少阻力。如果途中有一只大雁受伤不能飞行，雁群会留下一只强壮的大雁陪伴直到康复回归。同样，猴群通过梳理毛发来表达相互之间的友好和信任。认同感的基础是平等、互助，群体成员相互之间认可彼此所需，顾及他人的感受，强壮的个体会自愿负担更多的责任。

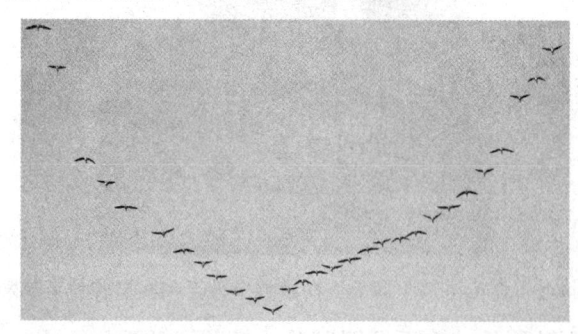

图4-3 认同感让大雁个体利益最大化

认同感包括亲情、友情、爱情。比如，我们之所以离不开微信，很重要的原因是微信中的朋友圈，只有"你我都一样"的处事方式才能与朋友长久相处。在认同感中积极因子是良师益友，如果朋友积极向上会对你有潜移默化的作用；反之，狐朋狗友则是消极因子，在不良的圈子中个人也会很快堕落，"孟母三迁"的故事说明周围环境对个人成长影响的重要性。

4. 第四层需求：尊重需求对应的心理感知——荣誉感

每提起荣誉笔者就会想到在大学时期经历过的最痛苦的事情。笔者读大一时就在学校围棋比赛中赢过校园第一高手，但在读大三的系对抗团体赛中输给一位无名棋手并最终丢掉团体冠军。输棋后笔者痛苦至极，一个人没吃晚饭就溜到临班的寝室看同学打扑克，目光呆滞一言不发一直到熄灯。在痛苦了几小时后，笔者悟透了一个受益终身的道理："胜负都在预料之中，何不去享受过程。""享受过程"的笔者最终在大四那年拿了大学围棋名人（冠军头衔）奖。20多年后，一个校友在喝茶聊天时还记得笔者是当年大学围棋名人，笔者也很享受这种荣耀。

没有一分钱奖金的比赛既能给笔者带来极大的挫败感，也能给笔者带来一生的荣誉感，荣誉感是纯精神层面的感受。荣誉感有两种形式：一种是别人对你取得成绩或能力所钦佩的"他尊"；另一种是对自我较高肯定和认可的"自尊"。一般而言，"自尊"比"他尊"的难度更大。据统计，清华、北大20%的学生患有抑郁症，以至学校的心理医疗室人满为患。2021年8月26日，北大学子吴谢宇因弑母被判处死刑。吴谢宇到案后交代"太痛苦想自杀，怕母亲伤心因此才弑母"。吴谢宇心理扭曲到变态，也从侧面说明了"自尊"的难度远远大于"他尊"。

和荣誉感相反的就是羞耻感，极为强烈的羞耻感就是"伤了自尊心"，避免羞耻感的行为驱动力甚至超过追求荣誉感的驱动力。"质量是华为人的自尊心。"2012年（华为质量年），华为人认真反思问题，兢兢业业做好每件事情。在质量年后，华为产品质量大幅度提升，为华为连续多年飞速发展奠定了坚实的基础。

5. 第五层需求：自我实现对应的心理感知——成就感

马斯洛认为，有自我实现需要的人，往往会竭尽所能，使自己趋于完美，实现自己的理想和目标，获得成就感。在人自我实现的创造过程中，产生出一种所谓"高峰体验"的情感，这个时候的人处于最高、最完美、最和谐的状态，具有一种欣喜若狂、如醉如痴的感觉。

群英会是名著《三国演义》中最精彩的部分，周瑜在蒋干面前醉酒舞剑，吟出"大丈夫处世兮立功名，立功名兮慰平生"，给蒋干造成"周瑜雅量高致，非言词所能动也"的感觉，只好盗"降书"终使曹操入局斩了水军都督。周瑜在"立功名"的驱动下，年少拜将取下江东为东吴奠定基业，33岁拜都督，在谈笑中让曹操大军"灰飞烟灭"。但横空出世的诸葛亮使周瑜的梦想破灭，临终之言"既生瑜何生亮"成了千古叹息。同样，诸葛亮的人生也没比周瑜好到哪里去，在"霸业可成"的志向驱动下六出祁山，最后"鞠躬尽瘁"陨落在五丈原。纵观三国英雄，只有司马懿笑到了最后；三国归晋圆了司马懿"肃清万里，总齐八荒"的志向。

人生不如意事十之八九，多数不如意的原因就是没有成就感。成就感是人实现理想后自我认可的心理感受，也可理解为"自尊"的最高展现，人生志向得以实现会带来高峰快感体验。反之，当志向和当前现实差距太大且无法实现时就会让人有强烈的挫败感。屈原的志向是通过变革让楚国兴盛，但现实让屈原的努力屡屡受挫，郁郁寡欢的屈原最终选择投身汨罗江。

就志向而言每人的标准不一样，即便是周瑜的勘破功名，也引起大文豪苏轼"雄姿英发，羽扇纶巾"的羡慕，以至于有"早生华发，人生如梦"不得志的叹息！王健林在访谈中提到的"一个亿的小目标"更是能给 99% 的中国人带来巅峰快感的大目标。对巅峰快感的强烈追求，促使已经财务自由的雷军在 40 岁后创建小米公司。

6. 超越人性的第六感——使命感

2020 年，特斯拉股价增长 9 倍，2021 年 1 月马斯克新晋为世界首富，马斯克仅在推特上回应"好了，回去工作吧……"这绝对不是马斯克矫情作秀。马斯克每周工作 80~100 小时，管理 9 家科技感十足的公司，特斯拉仅是科技含量最低的公司。继乔布斯之后，马斯克成为美国新的偶像。马斯克有个"让科技改变人类"的使命，还有"死后葬在火星"的执念。

乔布斯和任正非都是有使命感的人，苹果模式难学的原因是世界上只有一个乔布斯，乔布斯的使命是"改变世界"。2005 年，他在斯坦福大学发表演讲中提及："求知若饥，虚心若愚（Stay hungry, stay foolish）。"乔布斯践行了他的使命，直到生命最后一刻还在公司开会。

华为即"中华有为",这是任正非的使命。中国复兴必须在科技上立足,在国家没有投资一分钱的情况下,全靠企业对技术的高投入,一步一个脚印走过来。技术的积累甚至被美国重点"关照",即便如此,任正非也没有向美国做出半点妥协。要实现"中华有为"这个目标需要聚集大批人才,任正非奉行"财散人聚"的理念,把公司99%以上的股份分给员工,仅这一点就少有企业能学会。

使命感是具有宏大目标,并为了实现宏大目标而做到坚持不懈、牺牲得失、灰度妥协,让个人具有强大感染和号召力的心理感知。"富贵不能淫,贫贱不能移,威武不能屈"是有使命感的人的真实写照,即便遇到生命危险也绝不妥协。

钱学森为了回国放弃了美国的荣誉和舒适生活,冒着生命危险在失去3年自由的情况下依然坚持回国。具有使命感的人的可敬之处在于坚持和牺牲。这样的人有较强的人格魅力,能号召一批追随者,能够极大地挖掘个人的潜力,像钱学森一人可以顶几百万人的价值也就不奇怪了。

(三)华为以人为本的落地

像日本"经营之神"稻盛和夫是日本企业的教父一样,任正非的很多理念也正影响着当代的中国企业家。格力的董明珠就在公开场合表态向华为学习,和华为有竞争的雷军也谈到向华为学习。任正非从个人经历中悟出对人性的理解已上升到哲学层面,在华为合理应用人性取得了较好的效果。

任正非对人性的应用分为三方面:"底层员工要有饥饿感,中层干部要有危机感,高层领导要有使命感。"结合笔者个人的理解,再增加一方面:"工作环境要有认同感。"在此,笔者把任正非对人性的应用解读给大家。

大师殿堂

任正非:企业界的哲学家

任正非,1944年10月25日出生于贵州省安顺市镇宁县,1963年就读于重庆建筑工程学院(现重庆大学),1978年出席了全国科学大会。1987年,集资21000元人民币创立华为技术有限公司;2020年华为营收8914亿元,在世界

500强企业中排名第44位。任正非对人性的理解和应用上升到哲学高度,被尊为企业界的哲学家。

1. 工作环境要有认同感

认同感好的企业可以让每个人在较为宽松的环境下工作,可以避免因为环境较差、人际关系紧张耗散精力。华为解决认同感包含两方面:一个是工作设施及周边的硬环境;另一个是人文方面的软环境。

各地华为研究所的环境都有共同的特点:容积率都很低,以湖为中心的景区,绿道非常长。随着绿道延伸,路边栽培着各式各样的植物,四季有不一样的景色,还有露天咖啡区可以边晒太阳边聊天。笔者在成研工作时,就经常在路边的摇椅上晒太阳,一边摇晃一边思考问题,在那个状态下能让笔者进入深度思考的状态。成研有一段时间湖水水质不好,公司便花大价钱换了湖水。任正非在硬件环境投入上不吝重金,找专业公司构建水底生态彻底改善了水质(见图4-4)。

图4-4 华为成都研究所的工作环境

相比硬件环境,构建轻松的软环境难度更大。之前华为的软环境很紧张,基层员工如果得罪小组长基本没有出头之日。因此,当年在华为流行"忍、狠、滚"三字诀。2009年,笔者结合自己的经历在华为的《管理优化报》(简称"管报")发表了一篇题为《给"无奈"的人才多一点机会》的文章。文章直击时弊,引起共鸣。其中一些观点被轮值CEO胡厚崐所接纳,并建立了内部人才市场。至此,员工在本职岗位上工作一年后可以通过内部招聘强制调换部门,过程不被主管限制。

内部人才市场倒逼各个部门的内部关系，如果部门"忍、狠、滚"的状态不改变，员工通过内部人才市场会让该部门立刻产生危机。内部人才市场盘活了公司各部门的人才流动，过了发展期的老业务通过内部人才市场平滑释放大量的人力到新兴业务。华为手机能在爆发期抓住机遇快速发展，与人才合理流动有很大关系。内部人才市场也改变了华为的招聘环境，现在低端员工来自校招，中端骨干多来自内部人才市场，高端人才从外面招聘。

华为花重金打造硬环境，通过内部人才市场倒逼改善软环境，让更多的华为员工对公司有认同感，认同感是一个公司具有良好内部关系的基础。

2.底层员工要有饥饿感

华为人工作起来都像打了鸡血一样，因此华为就有了狼性文化的传说。很多公司也想学狼性文化，但很少能学会。为何？说到狼，很多人马上联想到狼群的协作，如果是这样永远也学不会狼性文化！狼和狗本是一家，狼的第一特性是肉食动物，只协作不吃肉的就是狗。这里给大家简单介绍一下什么是狼性文化。

狼性文化第一点，狼群的力量源于强壮的个体。与狼共舞的前提，必须自己是一匹狼，如果个体是羊，数量再多都不是狼群。

图4-5 狼群的力量源于强壮的个体

第二点，就是必须努力才能生存。和狗被人豢养不一样，如果不努力，狼就会饿死，努力越大机会越多。

第三点，就是协作。个体的力量毕竟有限，要有更大的收获必须狼群协作配合。

第四点，就是对目标的执着。狼群在捕猎时可连续跟踪猎物一个星期，对目标非常执着。

第五点，就是要学会变通。当狼落单不能捕猎大型猎物时，狼会捕猎地鼠甚至蚯蚓充饥，只有活着才有机会。

狼在绝大部分时间都处于饥饿状态。在饥饿感的驱动下，狼比狗更加努力执着，迸发的战斗力也远远大于狗。为了更好地生存，团队的协作更加默契。正因为狼群有如此多的优点，才让狼群从赤道到北极圈广泛分布，也是世界上最成功的肉食动物。

在华为任正非就是"狼王"，如何打造员工的狼性？

首先，狼是要吃肉的，任正非在分钱上一点不含糊。他曾说过："华为人，都不是人才，钱给多了，不是人才也变成了人才。"这句话耐人寻味，但结合任正非对潜力宝藏的理解就知道其中的奥妙。每个人都有巨大的潜力宝藏，普通人只要多挖掘一些潜力也可以成为人才。华为基本上每年都把利润全部分配出来，员工都有三种主要收入：工资、奖金和股票分红。有几年工作经验的员工这三项基本各占1/3，在华为的收入甚至还高过欧美同行。重赏之下必有勇夫，人在这样的激励环境下会挖掘出更多的潜力。

其次，狼最大的动力是饥饿感。如何人为地制造饥饿感，任总也有一套方法。员工刚入职时的收入只有工资和奖金两项。等过两年有一定积累后，公司会给员工分配一定数额的股票。由于股票的收益比较大，因此员工都会全买。购买股票时会发现积累的钱不够还需要贷款，在还贷的压力下更加饥饿。如此往复多年，员工一直处于饥饿状态。在饥饿状态下只要努力就能吃到肉，由此引导员工更加努力工作，激发更多的潜力。

最后，根据贡献分配，避免大锅饭。华为贡献分配有两次，第一次是各部门根据贡献大小来分配，贡献大的部门分配比例大，贡献小的部门分配比例小。第二次是到部门后的再一次分配，个人对部门的贡献大分配的就多，反之就少。如果要想分配多，先要大家齐心协力把部门的贡献做上去，这个就需要像狼群一样协作。然后需要个人在部门中多努力付出，给组织贡献更多的成效同时拿到更多的收入。

3. 中层干部要有危机感

2000 年华为"研发一哥"李一男从华为辞职创立港湾公司，从华为挖走大批骨干，并和华为竞争（港湾也是狼性文化）。加上 2001 年全球 IT 泡沫破灭的影响，2002 年，华为业绩出现历史上唯一的一次负增长，华为面临较大的生存危机。港湾事件对任正非的打击巨大，当年差点把华为作价 70 亿美元卖给摩托罗拉。

李一男事件暴露了很多问题。由于太过于依赖个人而造成危机；中层骨干没有被持续激励，关键岗位人员无备份，造成关键岗位流失后业务严重受损。华为的发展需要依靠英雄辈出，但公司不能依赖个人。为此，华为通过建立流程机制、实现干部流动、末位淘汰的方式激发组织活力。

建立流程机制，通过流程弱化个人的作用。华为从 1998 年开始引入 IPD 流程，2003 年正式上线。通过流程让过程分工明确，交付过程完整并可控。通过流程大大弱化了关键角色对业务的作用，减弱了因为关键角色离职造成业务损伤，流程机制的建立为干部轮岗机制的推行奠定了基础。

通过干部轮岗，避免干部在舒适区懈怠。在华为，干部每三年轮岗一次，通过"之"字形轮岗机制，让干部从原来的舒适区进入挑战区，避免在舒适区中懈怠；在新岗位上拓宽干部视野，挖掘新的潜力；轮岗机制也为关键岗位做好了备份。

坚持年度干部 10% 的淘汰机制。通过严格的目标考核，让每个部门承担挑战目标，并对目标实现结果进行考核。干部每年 10% 末位淘汰让每个干部都有危机感，部门间形成内部竞争关系。通过赛马机制筛选出将军和领袖，淘汰不合格的干部，并从优秀团队中选拔新干部以补充干部队伍。

4. 高层领导要有使命感

在华为，"圣无线"和"神终端"两个部门最好，余承东在这两个部门都担任过总裁。余承东给两个部门注入了"眼界决定境界，定位决定地位"的灵魂。

像余承东这样的高层领导早就实现了财务自由，工作激情却远比普通人更投入，无线和终端的成绩有目共睹，两个部门为公司贡献 2/3 的销售额。

能让余承东活力四射的正是"使命感"。

为何任总能培养出具有使命感的高层领导？

首先，任正非是有使命感的人，通过亲力亲为来感染高层。任正非上班自己开车，到机场自己打车、自己拿行李。春节出差到海外看望一线员工，在战乱之地亲自到一线慰问。任正非的亲力亲为能感染更多的人使其具有使命感。

其次，任正非对高层给予充分信任。余承东接手终端最初的两年成绩很差，按绩效应该被末位淘汰，但任正非给予余承东充分的信任，在任正非的支持下余承东渡过了难关。

在华为，像余承东、孟晚舟、徐直军这样的高层都有使命感。孟晚舟被加拿大扣押超1000天仍然乐观和自信，展现了当代巾帼英雄的风采。

（四）以人为本在华为外的形式和效果

1. 欧美的精英文化

1996年公牛队被公认是NBA历史上最强的球队，在常规赛中取得了惊人的72胜，最终拿下总冠军。乔丹一人拿下常规赛MVP、FMVP、AMVP、得分王，还入选最佳一阵和最佳防守一阵，几乎拿完了当年的所有荣誉；皮蓬以场均19.1分同样入选最佳一阵和最佳防守一阵；罗德曼以场均14.4个篮板荣获篮板王，入选最佳防守一阵；连替补库科奇也是最佳第六人。除了球员强外，菲尔·杰克逊也是总共拿了13枚总冠军戒指的主教练。

像1996年的公牛球队一样，欧美企业流行精英文化。1997年乔布斯重返苹果公司后，组建包括艺术家、软件、硬件、音乐家在内的100人精英团队，推出iPod、iPhone、iPad和iOS操作系统等一系列产品，把苹果从濒临倒闭的公司发展为市值最高的公司。

精英文化可以理解为狼性文化的升级版本，有三大特点，具体如下。

（1）精英个体。这个比狼性文化中的强壮个体要求高得多，成员基本上都是业界精英。

（2）高效协同。就像公牛队一样，队员在比赛中各司其职；苹果100人精英团队完美配合全力推出精品。

（3）极致成就。即便1996年公牛队在常规赛已经获得东部第一，在剩余的常规赛中仍全力争胜。乔布斯用短短的13年成功地颠覆了PC、音乐、手机三大行业的市场格局。

2. 中国海底捞模式

精英毕竟是少数，海底捞通过以人为本去激励普通人，也创造了不小的奇迹。

海底捞从一家名不见经传的小餐饮企业发展到全球超600家连锁店的上市企业，2019年移民到新加坡的张勇成了新加坡的首富。海底捞的成功离不开张勇对顾客和员工十分到位的人性把控。

首先，对顾客提供无微不至的服务。为了给顾客提供超值享受，海底捞对分店的考核只对客户满意度进行考核，而不对销售额进行考核。这样把客户的满意程度放在第一位，海底捞的口碑就此建立，引来了更多的回头客。

其次，为员工提供更好的工作、生活环境，并通过合理的薪酬和晋升制度让员工有认同感，以宽松的环境激发员工的工作热情和潜力。

二、价值驱动

价值是什么？价值是满足提供者和客户需求的程度，满足二者需求程度越高说明价值越大。其中的客户和提供者可以为同一主体，如原始人自制弓箭以方便狩猎，这时的提供者和客户都是同一人；同样，原始人也可以用猎物从其他部落交换弓箭。虽然获得弓箭的过程不同，但是提高狩猎效率的结果都是一样的。

持续的价值过程必须包含两方面的内容：一方面是满足客户需求；另一方面是提供者能够受益。如果仅满足客户需求而提供者不能受益是不可持续的，如客户需求是价格仅1元的智能手机，不会有一家厂家愿意为其提供商品，明显赔本的买卖是没人愿意做的。

既然价值是满足需求的程度，那么问题来了，需求又是什么？我们经常谈到"客户是上帝，需要无条件满足客户需求"，那么，客户了解自己真实的需求吗？针对这个问题，举一个案例来诠释客户对需求的认知能力。

案例

福特调查客户需求

福特在筹建汽车厂之前，为了更好地把握客户，做了一个需求调查："你想要什么样的交通工具？"客户多数给了"需要一匹更快的马"的答复。如按客户的需求，福特应该投资建马场。最终，福特违背了客户"意愿"建了汽车厂。结果福特汽车大受青睐销量火爆，销量曾占到世界汽车销售总量的70%。福特的T型汽车是世界销量最高的单型号汽车，单型号超1500万辆的销量纪录至今未被打破。在满足大众需求的同时，福特赚得盆满钵满。同样，当年生产线工人的收入也是美国工人平均收入的两倍。底特律发展成汽车之城，在福特汽车大销的推动下，美国成了"车轮子上的帝国"。

图4-6　福特调查出的需求是"需要一匹更快的马"

（一）商品的价值增长过程

福特汽车制造是价值增长过程，增加的价值同时让客户、员工、商家都满意。人类的很多生产活动都是价值增长过程，最能说明增值过程的是农业。"春种一粒粟，秋收万颗子"，仅从数量增加而言，稻米种植有100~300倍的增加量，玉米有500倍以上的增加量。农业的价值增长过程是人类社会发展的基础。

同样，芯片生产最初的原料是几乎免费的河砂，芯片最终的价值较最初的原料增长了几千甚至是上万倍，极高的增值效果让芯片巨大的产业链实现极高的利润。在高利润基础上，台积电、英特尔、高通和三星等企业成长为跨国大公司。

图4-7　农业价值增长过程让人类逐渐摆脱自然的束缚

价值增长一方面体现在客户被满足需求后的满意度上；另一方面体现在提供者所获得的利润上。即：

价值增长 = 客户满意度 + 毛利润

生意火爆的饭店都有一个共同的特点，就是回头客特别多。客户满意度虽然不好衡量，却是企业生存至关重要的客观事实。

长期存在的行业必须是价值增长的行业。比如，在南方可以种水稻，而在沙漠中种植水稻基本上颗粒不收，加上人力、物资的消耗更是一个血亏的投入，因此不会有人在沙漠中种植水稻。但在宁夏沙漠中种植枸杞收获较大，枸杞自然成了宁夏沙漠的支柱产业。

现代商业环境下生产者和消费者都在市场上各取所需，因此，商品会像水流一样有一个从生产到消费端的流通渠道，让商品从低价值的地方流向高价值的地方。流通中的每个环节都有一定的利差保障持续流动，这和水流需要高差一样。

（二）需求的八大来源

受认知和环境的局限，客户未必能感知真正的需求。同样，客户也不是需求的唯一来源。为了更好地理解价值驱动，我们需要解读需求的八大来源，如图4-8所示。

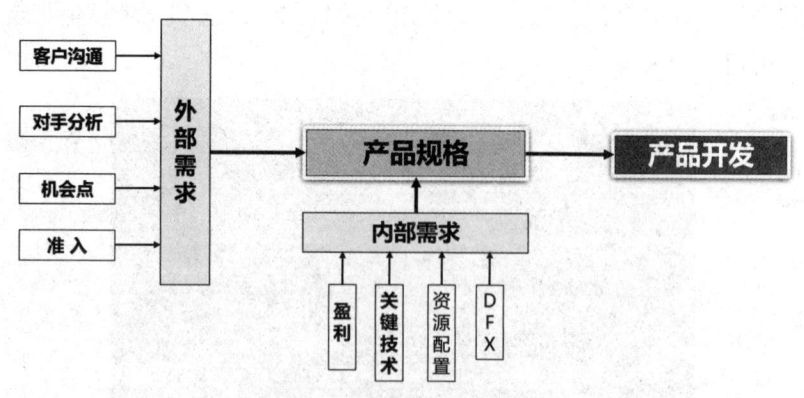

图4-8 需求的八大来源

商品能存在的原因是同时满足了外部和内部的需求。来源于外部的需求，包含4个小类，即客户沟通、对手分析、机会点、准入；另一个是内部需求，包括盈利、关键技术、资源配置、DFX（design for X，如可靠性、可制造性、可安装性、可维护性、易用性等）。

1.需求的外部来源——客户沟通、对手分析、机会点、准入

客户沟通：商品最终需要满足客户的客观需求，因此对客户的沟通非常重要。客户沟通有售前、销中、售后沟通。售后的客户满意度调查对公司的改进很重要，华为在启动第三方客户满意度调查后能解决以往很难解决的问题。

对手分析：绝大多数企业都有能替代该企业产品的竞争对手，即便是苹果独有的 iOS 操作系统也会受到安卓系统的同质化竞争。在市场销量不增长的情况下，与竞争对手的竞争就是一个零和游戏。此消彼长的份额竞争推动企业在竞品上更加用心，如果企业产品的改进幅度小于对手，会造成份额下降甚至出局。当年，销售额保持 10 多年第一的诺基亚手机在苹果出现后没能及时调整战略，很快就被客户抛弃；而三星及时引入安卓系统推出智能机，成了当时市场份额第一的手机公司。

机会点：市场的机会窗可能很突然，比如，2020 年年初新冠疫情刚出现时口罩是最紧俏的商品。如果在病毒流行初期投入口罩生产线，一星期便可收回投资；在 4 个月后投入口罩生产的企业可以在一个月后收回投资；在 6 个月后投资口罩生产线则出现较大的亏损。机会点把握得当，可以让企业快速成长，小米和宁德时代就是把握住产业的机会点快速成长为大公司。

准入标准：产品销售到目的地都会有相关的必须通过的证书。在中国销售的电子产品需要通过 3C 认证，目标地在美国的是 NEBS 认证，而在欧洲销售的电子产品需要 CE 认证和环保认证等，如果涉及食品还会有相应的食品安全认证。因此，准入标准也是必须针对销售目的地、必须落地的将规范作为产品开发的重要标准，否则即使功能再好也不能在市场上销售。

另外，在某些行业中还存在隐形的准入标准。比如，某行业在招投标过程中，客户都要求投标企业有 ISO9000 资质，ISO9000 就成了该行业隐形的准入标准。

2.需求的内部来源——盈利、关键技术、资源配置、DFX

盈利：企业能生存的重要原因就是服务客户的同时能获得合理的利润，

没有利润靠投入维持的企业迟早会被市场抛弃。比如，ofo单车靠风投和客户订金急速扩张，由于一直处于巨亏状态导致最终出局。产品和服务的持续盈利能力是企业最重要的需求。

关键技术：茅台拥有独特的酿酒工艺，成为中国市值最高的企业，在海量销售的同时利润也非常可观；老干妈之所以能够做到第一，是因为有独到的香辣酱生产技术；每年华为投入销售额的15%用于研发，关键技术成了华为发展的引擎。由此可见，在过度竞争的环境下，没有关键技术的公司难有作为。

资源配置：农夫山泉2021年上半年总收益为151亿元，上半年毛利为92亿元，毛利润率高达60%。农夫山泉的成功曾让钟睒睒连续两年成为中国首富。通过提前布局千岛湖、长白山、丹江口、万绿湖这些中国最优质的水源，"大自然的搬运工"有不可替代且可持续的高盈利模式。资源也包括人才、资金等。华为在中国很多大城市都有近万人的研究所，重要的目的就是"圈人"。阿里和腾讯在风投资金大量注入后进入高速发展期，资源配置在很大程度上体现企业发展的潜力。

DFX：DFX虽然没有在准入中定义，但对企业和客户来说非常关键。DFX包括可制造性、可安装性、可维护性、可靠性、客户化易用性等。三星NOTE爆炸事故就是因可靠性做得不好从而失去市场，易用性的极差体验是客户抛弃诺基亚的重要原因。

3. 需求合入形成产品规格

外部和内部需求经过整合后，经过排序、筛选、细分后形成产品的规格，规格较需求更加清晰。如商务手机的客户需求有待机时间长的需求，具体到规格就必须定义出具体时长，到底是3天还是5天？一旦规格确定为5天，就需要设计满足待机5天的要求。

就拿手机来说，不同客户有不一样的需求，有钱的客户更关注极致性能，普通客户更关注性价比，老年人则喜欢价格便宜而且简单的功能机。满足不同的客户所需就会导致商品的多样性，响应不同的客户也促进了企业的产品定位。有实力的厂家更关注高利润的主流商品，而小厂在满足小众客户需求的同时也有生存空间，行业巨无霸和小微企业共存于一个领域也可以相安无事。

某些需求能给企业带来极为可观的利润和影响力，这样的需求我们称为关键需求。比如，华为的 Mate X 折叠手机售价虽然高达 1.6 万元，依然会被秒抢，转手在黑市平台上，Mate X 可以加价到 10 万元。实现折叠功能就是产品的关键需求。对功能型产品而言，关键价值就是面向客户所急迫、心动的需求，在技术上可获得，优于同期竞争对手，同时让企业能够持续盈利的关键需求。

并不是所有的商品都需要不断创新，比如，可口可乐的配方 100 多年没有变化；五粮液、茅台经过几百年的工艺积累已经形成了经典的酿酒工艺。为提高产量而进行的现代工艺改进难免对传统的工艺有所损伤，因此，20 多年前的茅台老酒比新酒贵几十倍。老干妈也曾"创新"更换了原料和配方，导致产品销量大幅度下滑。陶华碧及时纠错才重新赢得客户的信任，盲目创新会带来难以预测的风险。

（三）商品的价值驱动过程

"没有永恒的朋友，也没有永恒的敌人，只有永恒的利益。"利益（价值实现的体现）是个人、企业甚至国家唯一的选项。新领域规划和新产品开发应按价值驱动去实现，让新产品、新领域在满足客户需求的同时，相比对手有独特的竞争优势，但独特竞争优势不是说所有的功能都优于对手。传音手机在国内没有存在感，但在非洲，传音手机的美颜算法更适合黑人自拍，传音在非洲打败苹果和三星成为销量冠军。

盲目创新是找死，不创新是等死。摩托罗拉、诺基亚都是曾经的手机霸主，当前，这两家企业的手机已经没有了存在感。在苹果之前诺基亚已经研发出智能手机（互联网手机），但诺基亚高层决策把智能手机"毙掉"。安卓初创时期想以很便宜的价格卖给三星，但遭到三星公司的嫌弃，才让外行谷歌捡了一个大便宜。正因为对创新的价值方向把握不住，手机巨头才让外行苹果逆袭成功。

面对不可预知的未来，需要提前做好战略布局和关键技术准备，想持续在某领域领先的企业最好按六代价值驱动模型进行产品开发。

(四) 六代模型介绍

何为六代？即"前三代"：规划一代、预研一代、开发一代；"后三代"：导入一代、销售一代、收编一代。通过六代迭代持续演进，不仅让企业先于竞争对手预判未来的发展方向，提前投入关键技术并预埋好标准专利，通过快速导入和存量销售实现企业高利润，在收编旧产品让客户满意的同时寻找到新的机会点。

在一个持续创新的产业中（军工、汽车、手机、家电等），六代开发是在持续构筑企业竞争力。六代迭代产品开发如图 4-9 所示。

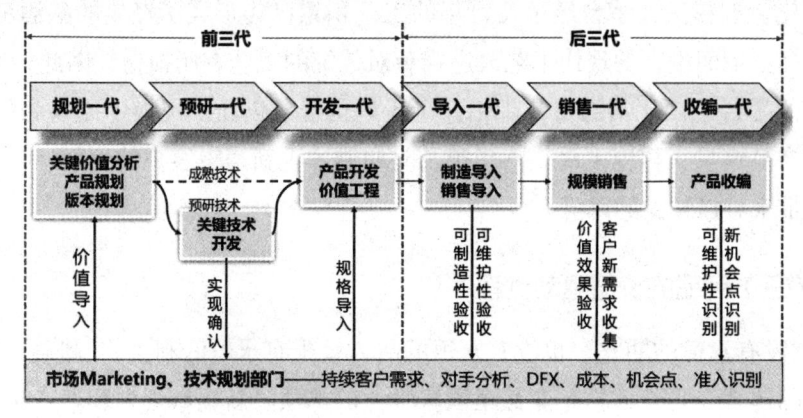

图4-9 六代开发示意图

1. 市场 marketing、技术规划部门职能

内部需求和外部需求的收集在企业中一般由两个部门来实现，市场 marketing 重点关注的是外部需求，包括客户需求沟通、竞争对手跟踪、市场机会点识别和准入特殊要求；技术规划部门不仅会关注内部的需求，而且还需要把外部需求进行判断并合入。通过持续收集、排序、整理和验收形成产品的需求资源池，在前三代中把需求持续导入预研和开发项目，在后三代中对需求实现效果验收，同时收集新需求。

针对市场 marketing、技术规划部门的考核，在前三代中考核标准和专利的输出，提前布局标准专利让企业在残酷的市场竞争中占据有利的战略地位；在后三代中需要考核企业利润、客户满意度和 DFX 实现效果，持续盈利、客户满意和能力提升才是价值驱动的核心目标。

2.规划一代，关注未来演进，识别关键技术差距

规划一代有两种形式开展工作。一种是中长期规划的 SP（Strategy Plan：战略规划），一般是提前对未来 3~5 年的领域、机会点、产品进行价值需求预判；建议产品 SP 不要超过 5 年，超过 5 年价值需求由公司的研究平台承担，比如，对石墨烯的研究不能纳入产品规划中。另一种是短期规划的 BP（Business Plan：商业计划），一般是对未来 1~3 年需要实现的商业布局和产品开发的规划。

SP 和 BP 的区别不一定太严格，在 SP 的过程中也可能识别到有价值且可以快速实现的需求，BP 也会识别到未来 3~5 年的重大战略方向，SP 和 BP 最大的区别在于二者的输出不一样。SP 重点在产品的重大价值方向、关键技术和未来产品实现路标，需要识别关键技术重点研究方向，在产业发展的趋势下提前做好标准和专利的布局。SP 识别的关键技术会成为预研一代立项的关键输入。BP 重点是 2 年内的关键需求和关键技术可获得性的风险识别，迭代输入关键需求，确保在明后年产品能顺利开发。

3.预研一代，把关键技术催熟

客户的需求不断提升，而且竞争对手的新产品功能也会越来越强。如果把不成熟的关键技术放在新产品开发中企业会冒极大风险，产品开发的周期也不可控。像手机类的产品以芯片为驱动的开发模式，作为芯片开发的周期长达 18~24 月，因此芯片也会作为预研一代中的立项开发。

预研一代的技术催熟包括内部技术（如 5G、芯片）和外部技术（如手机柔性屏幕），如果涉及外部技术，也需要通过商务合作等方式让供应商进行同步研发，并且技术成熟的时间不能晚于该产品研发的时间。

在预研一代中，技术规划部门需要强力参与甚至主导开发，在过程中需要不断迭代需求，进一步分析关键技术的可实现性，在实现过程中同步完成标准、专利申请。预研一代的关键技术实现也需要规划部门验收，对技术项目的最终实现需要给出成功、风险和失败的结论。预研项目失败的原因多种多样，如竞争对手的标准专利绕不开且不能得到授权，关键工艺不成熟导致无器件可用等，预研项目失败后需要及时评估影响，并快速调整版本目标和需求。

4. 开发一代，快速产品化

开发一代通过项目立项、计划、方案、详设、验证，快速实现产品开发。其中，在进行过程中会更具体、更深入、更完整分析需求，并把需求转换为规格，以规格为驱动设计方案和细节，通过验证来判断需求实现效果。

技术规划部门在过程中的关键作用是识别产品需求并导入规格，在关键环节跟踪规格落地设计的实现和风险，并在验证结论中明确具体需求实现的情况。如果某类需求不能实现，需要提前做好风险措施。

开发一代中的各环节都很重要，最关键的四个要素是价值落地、质量零缺陷、成本达成（研发成本和制造成本）、效率达标（TTM、生产效率、直通率等指标）。

5. 导入一代，快速制造导入和销售导入

导入一代一般指新品刚上市的前三个月，导入一代是可制造性和可维护性结果的体现。为了达到好效果，具体的工作需要提前到研发一代。很多产品销售的第一个月就是高峰，爆款新品还会出现抢购风潮。如果新产品不能实现快速导入，企业不但利润损失巨大，而且还会引起客户反感。几年前小米新手机产量严重不足，几个月都抢不到商品的客户会不得已投奔友商，雷军也被网友骂为"猴王"，在利润大幅度损失的同时还造成核心客户的流失。

针对销售导入会有很多动作，如售前培训、销售铺货、售前话题预热、发布会、开售仪式、网上抢购等，目的就是以较小成本达到较高的关注度。当前的几家主流手机企业在这方面做得比较到位，旗舰机发布会都成了各手机厂家的年度大戏，好的新品营销比投入几十亿元的广告效果还好。

特别提醒，导入一代的基础是高质量，由于急速上量根本没有试错的机会，一旦有重大质量问题，其影响远比销量缓慢爬坡时大得多。三星 Note 7 就是因为质量问题，虽然仅销售 2 个月，但造成的损失高达几百亿美元。

6. 销售一代，尽量赚取更多的利润

销售一代的目的就是尽量延长产品的销售周期，售出更多商品赚取更多利润，并通过高质量的售后服务提高客户满意度。这方面苹果做得比较好，新机苹果每年推出很少，老机通过降价的方式延长销售周期到 3 年，可观的利润和销售策略让苹果一度成了世界利润最高的科技公司。

在销售一代中可以通过销售一年的销量和利润来判断产品需求质量，并作为技术规划部门、预研团队和开发团队的考核依据。如果销量和利润远超过预期，需要总结相关的成功要素并作为好经验传递，如果远未达到预期，需要分析在哪方面出现了重大疏忽。

7. 收编一代：提高客户黏性，寻找新机会点

收编一代包括自身产品的收编，也包括其他公司产品或产业的收编。

为何要做收编一代？其实就是给老产品提供一个体面的退出条件，否则，多年前的产品还需要保留物料和维护技术。苹果公司通过以旧换新的方式收编旧产品，通过一定标准的折价不但让企业赚到更多的钱，而且还能增强客户对苹果的黏性。

另一种收编方式是产业收编，这很可能带来较大的机会点。华为的无线设备能进入欧洲市场的原因是做了兼容设计的刀片基站。以前欧洲的2G、3G、4G升级都需要重新安装新基站，新设备投入、新场地投入和维护费用对运营商有极大的压力。而华为的刀片基站通过算法不用安装基站的同时，只要新插入刀片模块就可以完成升级，为客户节省了设备资金和运维费用。同样，欧洲土地是私人领地，在很多地方无法光纤入户，但通过电话线的新算法（技术改良）可以让通信速率提高到1Gbps，不需要新增线路就拓展了家庭上网业务。通过对老业务收编，为华为在欧洲带来了不小的机会。

三、持续改进

从2018年美国全面打压华为开始至今，华为不仅没有被打垮，而且在2019年和2020年上半年分别实现了19%的持续增长。在2020年，手机业务一度成为世界第一。华为强大的基因是什么？

下文将通过以过程资产为核心的持续改进机制来详细介绍华为强大的秘诀。

1998年，华为引入IBM的IPD流程，持续5年时间，费用高达20亿。任正非到底要解决什么问题？

（一）解读企业运作模型：斜坡推球模型

为了理解过程资产，我们需要分析一下企业运作的模型：斜坡推球模型，如图4-10所示。

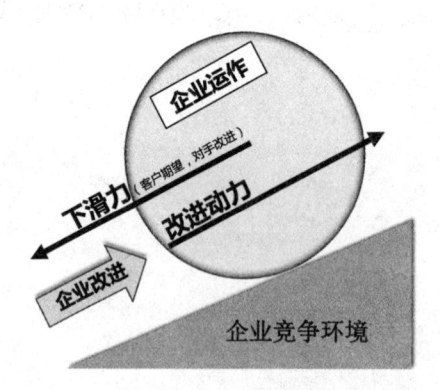

图4-10 企业运作模型

当前企业在极度竞争的环境中，就像在斜坡推动球向上一样，如果改进动力小于下滑力，最终的结果只能是业务下滑、企业倒闭，索尼、贝尔、诺基亚、柯达、北电等多个企业的倒闭和衰落正是这种现象的体现。

抛开国际大环境和企业内部的小环境不讲，企业会面临外部极大的下滑力。下滑力来源主要有两个方面。一是客户对产品的期望越来越高，如果产品的改进小于客户期望增长就会造成业绩下滑。这样的例子太多，最典型的例子就是诺基亚手机从 40% 的占有率三年降低到 6%，最终不得不以 70 亿美元的低价卖给微软公司。二是企业的竞争对手会越来越强大，这需要企业快速进行内部改进来适应竞争对手实力不断增强的难题。同样面对苹果公司的冲击，三星能迅速调整手机战略布局，快速推出安卓版本的智能手机，三星手机业务不仅没有下降反而成了世界第一，相比诺基亚手机业务的萎缩和亏损，三星手机的改进动力明显强于苹果手机竞争所带来的下滑力。

（二）持续改进是伟大企业最关键的因子

IPD 发源于 20 世纪 70 年代的 IBM，支撑 IBM 连续 7 年成为美国排名前四的大公司。但 IBM 的业务从 2012 年最高点后连续多年下滑或停滞不前，2016—2019 年 IBM 的业绩在 800 亿美元上下徘徊，2020 年甚至降低到 700 多亿美元，如图 4-11 所示。当 IBM 的改进动力刚好和企业的下滑力呈抵消的状态，IPD 使 IBM 连续 7 年成为美国排名前四的公司，后来却被一众后起之秀如 FB、亚马逊、谷歌、微软等公司超越，为何 IPD 不能让 IBM 持续成功？

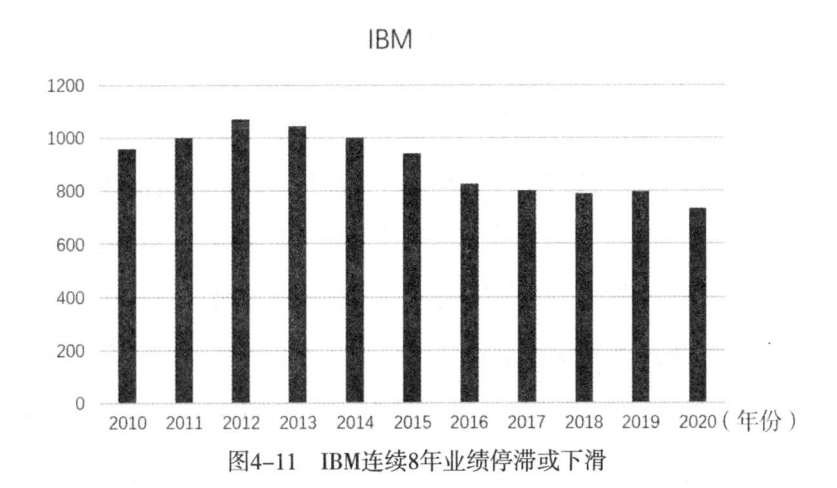

图 4-11　IBM 连续 8 年业绩停滞或下滑

相反，华为公司在引入 IPD 流程后，实现连续 17 年的增长。当前华为的业绩超过了 IBM，说明 IPD 流程不是企业发展趋势的最关键因子。那么，什么是企业发展的最关键因子呢？

企业发展最关键的因子就是持续改进机制。在持续改进机制的推动下，即便当前企业是一个初创小公司也有可能成为一家伟大的公司，因此，持续改进机制才是伟大企业的最关键因子。1987年成立时只有2.1万元启动资金的华为，业绩能持续30多年增长，那么华为的持续改进机制是什么呢？

回到企业运营模型。华为能持续改进的核心在于流程变革和过程资产固化。流程变革是整个改进动力和核心，流程变革以项目运作方式开展，而过程资产是改进的落地点。当流程变革项目运作完成后，过程资产需要像斜坡上的楔子一样阻止业务下滑，这样可以避免改进成果随着项目运作的解散而消失。下一次的流程变革可以在此基础上进一步提升，这样的结果就是内部的能力不断增强，业务持续得到提升，如图4-12所示。

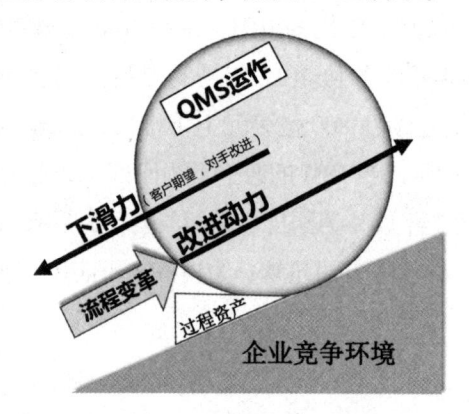

图4-12 华为持续改进模型

正因为华为有持续改进机制，在业务上的持续改进和固化最终表现为业务能力的提升，对于未来业务的不确定性创造了确定的增长能力，最终体现为连续多年华为业务的持续成长曲线。

（三）过程资产的构成和效果

持续改进的固化需要通过过程资产落地，通过过程资产支撑质量管理体系（QMS）（本书第九章介绍）的运作实现企业增长，作为持续改进中最重要的楔子。

过程资产需要构建公司的三大基石，即质量、效率和成本，三者缺一不可，相互制衡。华为的改进活动一般会把质量、效率、成本按照每年的不同重点去关注某一项目的改进。比如，在质量年要求质量全面提升，效率和成本不能下降，而第二年可能是效率年。效率要求大幅度提升而质量和成本不能有所劣化，这样企业可以把三维度的持续改进简化为一维度的持续改进。通过多年持续运作最终实现了质量、效率和成本的大幅度提升。

过程资产在落地过程中会落地到QMS机制中，体现在价值创造过程的持续改进，过程资产包括四部分内容：流程&IT、优秀实践、培训机制和改进机制，如图4-13所示。

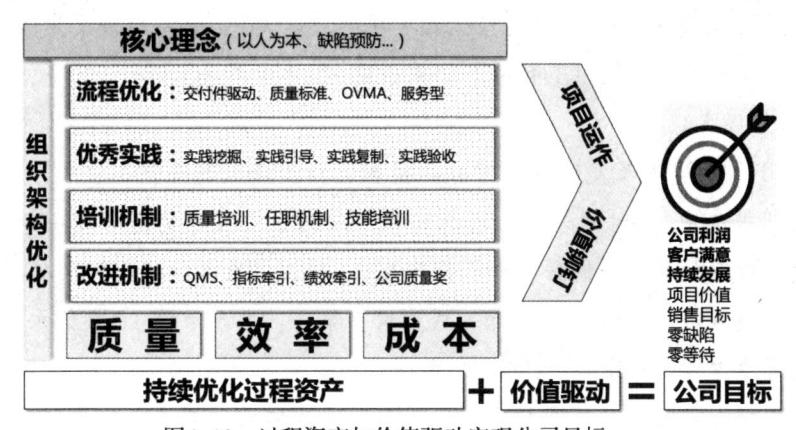

图4-13　过程资产加价值驱动实现公司目标

华为在1999年花5.8亿元引入IPD构建了过程资产最重要的流程部分，自此华为有了流程就可以有持续改进的固化基础。

优秀实践的重要性是解决了业务中How层面的问题，也是2013年华为Discipline流程变革的最重要内容。华为通过Discipline流程变革，优秀实践的大面积推广使业务在2014年后有明显的增长。

过程资产需要和组织匹配，只有流程化组织才能让过程资产达到最高效率。仅有流程改进而组织和职责不匹配会造成流程低效甚至适得其反的效果。因此，流程业务的变化会驱动组织的调整。在华为，业务流程和组织实现高度匹配，关于流程和组织匹配的内容不在这里展开。

组织和过程资产的最终体现是实现公司核心的质量理念。比如，以客户为中心、零缺陷、价值驱动等，仅有过程资产还不能实现企业目标，企业还需要通过价值驱动来最终实现客户满意、利润、持续发展等企业核心经营目标。

过程资产构建了华为的流程化组织和管理基础。在华为，三级部门以上领导每隔三年都会执行轮岗机制。正因为过程资产和流程化组织才让部门领导在流动过程中不会损伤业务，各级领导在轮岗过程中不断挖掘新的潜力；同时，华为也通过部门领导轮岗的形式盘活了组织的活力。

深度思考

为何高管离开华为后鲜有人成功？

2014年年初，刘江峰担任荣耀手机的"老大"，第一年就交出骄人的业绩单，荣耀手机从2013年的1亿美金到2014年增长到24亿美金，业绩增长20倍以上。

2015年清明节发表的一篇辞职报告让刘江峰火遍全网，在长达3600字的辞职报告中，"时间未老，理想还在"暴露了刘江峰的野心。一年后，刘江峰入职贾跃亭旗下的酷派手机担任CEO，提出"五年三个一"的雄心计划，即五年酷派手机销量上1亿部，成为世界第一。酷派市值1000亿元人民币，在其背后撑腰的乐视市值1000亿美金。

理想很丰满，现实很骨感。仅一年时间，酷派亏损几十亿元。酷派手机业务不仅没有起色，还让东家乐视现金流出了问题。贾跃亭逃债到美国，刘江峰也因业绩极差黯然"下课"。赵明在接替刘江峰之后，不仅持续让荣耀辉煌，而且还在2018年使荣耀子品牌销售份额超过小米。

刘江峰的案例暴露了华为核心竞争力：过程资产！构建一流的过程资产才是任正非重金引入IPD的真正目的，过程资产和高管能力二者之间没有直接的关系。一流的过程资产解决了产品的三大基石，即质量、效率和成本。高管仅需聚焦在价值驱动就可以做出极佳的业绩。正因为如此，华为的过程资产可以让一个资质普通的人成就不俗的成绩，让资质出众的人成就更大的事业。

四、零缺陷

谈到零缺陷就不得不谈到克劳斯比,在其四大原则中提道:对于工作表现的唯一标准就是"零缺陷",它意味着满足整个工作过程的全部要求。能否"一次性做对",是衡量是否达到"零缺陷"的标准。

当年克劳斯比处于制造为主的生产时代,因此"一次性做对"具有积极和现实的意义。但当今是以创新为驱动的社会,"一次性做对"就是一个伪命题。

(一)零缺陷就是不犯能力范围内错误

笔者刚进质量部接触到克劳斯比的"零缺陷"时,对它的含义深信不疑。但在质量文化培训课上,一个问题让笔者产生了困惑。当笔者谈到"一次性做对"是"零缺陷"的标准时,被一个刚入职的新员工质疑:"爱迪生发明电灯做了 1000 次试验,难道爱迪生不伟大吗?"

这个问题确实让笔者震撼,既然伟大的爱迪生都无法做到"一次性做对",又何必苛求他人能"一次性做对"?但"零缺陷"又是客户最基本的要求,那么,在创新业中如何重新定义零缺陷?

这个问题一直困扰笔者几年。直到有一天,笔者在准备质量培训材料时,在客厅另一侧,儿子和他的表妹打架的事情让笔者茅塞顿开。

案例

最简单的数学题

"一加一等于多少?"刚上小学的哥哥拉着 3 岁的小妹问。回家当老师的感觉真好,言语间透露出一丝得意。小妹一脸茫然,迫于哥哥的威慑,妹妹在脸上挤出了傻乎乎的笑意。

"一加一等于多少?"哥哥又问了一句。世界上最简单的数学题都答不上来，言语中多了一些不屑。小妹依然茫然和傻笑，生怕冒犯了哥哥，不敢多说一句话。

"一加一等于多少？我命令你必须回答！"居然敢冒犯哥哥的权威，哥哥有点愤怒。小妹依然沉默，但不知道哪个地方错了，笑容变得僵硬。

"笨、笨！"哥哥咆哮着，小妹先是一愣，表情凝固一秒后，哇的一声大哭出来。

即便用枪威胁小妹也不能得到正确答案，"一加一"这个最简单数学题对一个小女孩的难度，一点不比"哥德巴赫猜想"对我们的难度低。

哥哥的能力范围显然远远大于小妹，一个老员工的能力也远远大于新员工。爱迪生之所以伟大，不是"一次性做对"灯泡发明，而是999次试错后又坚持了一次。当面对超出能力范围外的创造发明，"试错法"是解决超出能力范围的最简单，也是最笨的方法，没有他路可寻。

事实证明，我们每一个人都有能力圈，我们仅能做对能力圈内的事。通过以上思考，笔者在脑海中快速闪现零缺陷的释义。

（二）零缺陷落地华为硬件研发效果

笔者在2007年分析光网络网上改板时发现的一个令人震惊的事实，单板改板问题95%以上都是低级错误，有的还连续7次改板错误。

通过对零缺陷的重新释义后，2008年结合成研硬件的重点工作，由此衍生出来的"检视三部曲"和"CAD清零"两大硬件经典优秀实践，在华为的硬件质量发展上掀开辉煌的一页。

通过三次迭代检视评审，让华为硬件每个单板不犯达到公司级能力范围内的错误。基于不犯能力错误来衡量华为硬件的工作标准，成研硬件一次投板成功率上升到90%以上。相比同时期友商的平均3次改板，成研硬件单板投板平均1.1次改板，和友商拉开了明显的差距。

随着两大经典优秀实践的推广，华为硬件能力也从成研传递到光网络、网络。2012年，通过Discipline流程变革把能力传递到整个华为公司，后期再从硬件领域扩散到算法和芯片领域。

五、缺陷预防

莫斯科保卫战是"二战"的转折之战，不可一世的德军止步于莫斯科郊外，从此攻守易位。在莫斯科保卫战期间，每寸土地的争夺都异常惨烈，苏联士兵不惜用生命去谱写胜利篇章。

案例

身后就是莫斯科

莫斯科郊外防守的一个团打退德军的多次进攻后，全团包括伤员仅剩下10多人。在下一次进攻前，团政委对战士做了最后一次动员："我们国家虽然土地辽阔，但我们已经无路可退，我们身后就是莫斯科。"

敌人又一次发动进攻，20辆坦克外加大量步兵。政委身上绑满手榴弹后钻入最靠前的坦克下面和敌人同归于尽，士兵也在政委的感召下顽强抵抗死守不退，在敌方坦克冲到阵地前就拉响手雷同归于尽，最终又一次打退了德军的进攻。

将士们不惜一切代价守住莫斯科防线，最终迎来"二战"的胜利。在产品开发中也有一道"莫斯科防线"，这道防线的后面就是我们的客户。提供零缺陷的产品不仅是对客户的承诺，同时也是捍卫我们的自尊心，企业的"莫斯科防线"一旦被突破后果很严重。

（一）缺陷的代价

我曾经做了一个关于产品软件缺陷纠错成本分析，同样一个缺陷，在客户环节的纠错成本平均高达几万元，而在自检环节的纠错成本仅几元，每多一个环节，缺陷的纠错成本则以10级增长。

软件缺陷平均代价：

自检环节——几元（仅人力成本）；

互检环节——几十元（仅人力成本）；

验证环节——几百元（人力成本、设备环境成本、纠错机会成本）；

导入环节——几千元（人力成本、维护成本、商誉损失）；

客户环节——几万元（人力成本、维护成本、商誉巨大损失）。

相比软件，硬件缺陷纠错成本高很多。研发阶段的硬件改板平均成本为30万美元，大规模芯片缺陷流片损失上亿美元。其中，直接流片成本增加2000万美元，延期4月上市机会成本差不多损失8000万美元；硬件批量整改损失可能上百亿美元，如丰田"刹车门"造成上千万辆汽车被召回；硬件的致命缺陷损失可能高达几百亿美元，如三星Note 7仅上市两个月，由于存在缺陷导致直接和间接的损失高达几百亿美元。

对于规划方面出现的缺陷纠错成本更高，甚至会导致企业失去整个市场。比较典型的案例就是诺基亚失去手机市场，其实最早的拥有互联网功能的智能手机是诺基亚研发出来的，但当时诺基亚高层认为智能手机不会成为未来的主流，因此放弃了手机向智能化的演进规划，这才给了苹果颠覆手机市场的机会。

客户绝不容忍有缺陷的产品，同时，缺陷也对企业造成巨大的损失，因此缺陷预防对企业的生存至关重要。在创新质量体系中缺陷预防包括两种形式：一种是基于客户视角的广义缺陷预防，另一种是基于研发视角的狭义缺陷预防，如图4–14所示。

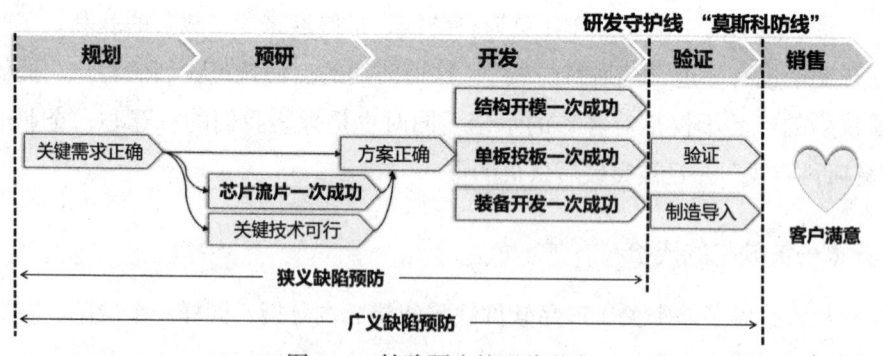

图4–14 缺陷预防的两种形式

（二）广义缺陷预防

广义缺陷预防就是要在客户前构建一条"莫斯科防线"，让客户感知产品零缺陷。将产品交付客户前确保产品在设计、制造零缺陷产品的所有质量保障活动的总和。

当年克劳斯比在华为推行"零缺陷"期间，因为"一次性做对"的标准对验证工作的定位时引起了极大的争议，研发既然能"一次性做对"，那么所有的验证肯定是多余的。其实不然。比如，三星 Note 7 在销售期间爆炸前期有先兆，最早发现爆炸隐患其实是在 Note 7 验证环节，但由于急于先苹果推出旗舰机而隐瞒该隐患，以至在销售后爆发轰动全球的召回事故。

在创新质量体系中，验证活动是必不可少且有极高价值的缺陷预防活动。通过全面、细致的验证，在解决一次性功能缺陷的同时，还可以较为完善地挖掘隐藏较深的可靠性隐患。

广义缺陷预防是给予客户持续的零缺陷产品，即使在设计过程中有缺陷，也需要通过全方位的验证、软件迭代升级、硬件改板、生产线整改等多种方式，确保在交付客户之前改掉功能和性能的一致性和可靠性隐患。

（三）狭义缺陷预防

有广义就有狭义，狭义缺陷预防就是研发在核心交付（如芯片开发、硬件单板、结构开模等）一次性成功的所有质量保障活动的总和。

在硬件产品设计过程中，如果在单板投板前改掉缺陷的成本代价很小，而在硬件单板投出后的纠错成本平均达 30 万美元。因此，能保障芯片设计的一次流片成功、结构一次开模成功、硬件单板一次性投板成功将极大减少纠错成本。同时，拿芯片流片周期 4 个月、硬件改板周期 2 个月、结构修模周期 1 个月来看，减少因设计的等待时间将大幅度缩短研发周期，提前上市让产品有更多的市场机会。

狭义缺陷预防关键是如何一次性设计好，其核心体现在优秀实践和具体的项目管理上。也就是必须解决 How（优秀实践）和 How in detail（项目管理）的诉求，这比流程的 What 层面内容更具有操作性。各个领域要做到一次性设计好，都需要大量的优秀实践承载。"冰糖葫芦"是硬件经典的优秀实践集成模型，其核心的硬件优秀实践大部分集中在硬件投板前。

狭义缺陷预防比广义缺陷预防的范围更窄，仅在产品验证前的设计活动中，但狭义缺陷预防的意义更大。广义缺陷预防重点在产品交付客户前保障零缺陷，而狭义缺陷预防强调关键交付过程中的零缺陷，狭义零缺陷也体现了公司的研发能力。

（四）质量标准——不犯第二次错误

在企业经营过程中，有很多问题总是不能彻底得到解决。因为研发人员总在各自岗位上疲于奔命，老员工踩过的雷新员工又再踩一次。老员工的一些经验没有有效继承，企业能力总是在低空盘旋。

2012年，笔者在华为Discipline流程变革中，为了避免公司级的错误无限循环，在流程变革中采用质量标准的方式，通过有效的Checklist对错误、规格、经验进行继承。基于此目的，笔者和项目成员通过多次研讨，总结出把质量标准分层落地的要求。质量标准的输入包括缺陷措施、经验、组织目标、流程要素和DFX，经过汇总后，要落地到三个质量要求中。这三个质量要求包括阶段要求、活动要求和交付件要求，如图4-15所示。

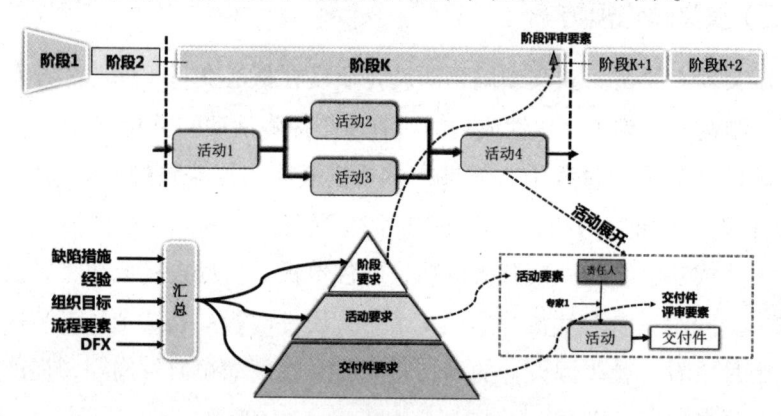

图4-15　质量标准分层落地示意图

1. 阶段质量要求落地 TR/DCP 要素

在阶段入口检查表中检视该活动是否落实，只要没有落地相关要素，就不会启动该活动要求。如芯片项目ADCP会检查：①芯片是否有严重的缺陷？②芯片生产线的自动化验证是否覆盖100%功能验证？③芯片生产良率是否达到规定要求？……只有类似这样的要素落地后才能正式启动ADCP评审程序。

2. 活动质量要求规范关键要素

活动质量要求是针对流程活动的步骤约束。比如：

（1）硬件原理图需要检视三部曲，自检不犯个人能力错误；

（2）互检需要覆盖100%原理图，最终达到小组能力最高水平输出；

（3）专家检视需要电源、安全规范……CAD参与。

3. 交付件质量要求承载设计关键要素

交付件质量要求需要落到具体交付件设计中，在确保设计缺陷不重犯的同时，还需确保产品设计全生命周期功能的完整性。比如，在设计时仅考虑功能达标而不考虑可维护性，会大幅度增加维护成本最终导致产品出现严重亏损，交付件质量要求包含三部分内容。

首先，需包含关键交付件在设计中具体的落地DFX（可制造性、可维护性等）的具体要求，如48V电源表面爬电距离必须超过2.6mm，在硬件PCB设计过程中需要审视是否合规。

其次，需包含以往设计中的缺陷预防措施，如以前出现过基站固定支架被腐蚀引起事故。因此，在设计过程中就需要增加基站固定支架防腐不锈钢材料的质量要求，这样就可以避免支架腐蚀问题再次出现在新产品中。

最后，需要固化专家设计经验。如上拉电阻需要统一编码（编码归一化经验）。

六、简单度量

在大公司中管理聚焦在哪方面？是公司制度、流程、管理能力，还是质量文化？其实这些都不是，管理的核心是上下目标对齐的简单度量。

简单度量的效果远远超过其他的管理措施，为了了解其威力，这里引用一个利用简单度量解决复杂问题的案例。

案例

英国的囚徒

从1788年之后的80年间，英国向澳大利亚移民大量囚徒。私人船主承包运输任务，政府按上船人数付给报酬。为了赚到更多的钱，船主尽量让更多囚徒上船；为了降低成本，船主在途中克扣囚徒的饮食和淡水，对得病的囚徒不管不顾，死了就扔下大海，但酬金一分也不会少。

一段时间后，政府发现囚徒的死亡率高达8%，即使上岸的囚徒也奄奄一息。为此，政府召集船主教导殖民对帝国战略的重要性，希望这种情况能改善，但囚徒的死亡率依旧没有降低。再后，政府对船只进行条件认证，对船主进行上岗考核，但囚徒的死亡率依然是8%。最后，政府派驻官员和医生上船。为了暴利，船主贿赂官员和医生，不配合他们的官员和医生在途中不明不白地坠海身亡。移民的死亡率居高不下使政府一筹莫展。

这时，一个议员提议改变支付酬金方式：按上岸人头数目并根据健康状况付酬金。该提议执行后效果立竿见影，船主主动请医生上船，主动改善船上生活环境，对得病的囚徒及时医治，多一个健康上岸的囚徒就意味着船主多一份酬金。从此，囚徒死亡率降到1%以下。

英国囚徒的案例在大量的管理文章中被引用，基于"上岸"的目标管理远胜于流程、监管、制度和教育宣传等管理措施。基于结果为目标的管理还有很多案例，比如，20世纪欧洲为了治理莱茵河污染，只提了一个达标要求"让大马哈鱼洄游",实现大马哈鱼洄游的结果比监控几十个水质指标都重要。

(一)管理低效的很多原因是指标和目标背离

平庸的领导经常大谈"为了指标忘了目标",本希望员工能有很高觉悟,但目标和指标不一致才是问题的根因,同样也从侧面反映了领导的管理水平较低。目标和指标的背离,不但不能让团队更优秀,而且还会导致本就优秀的团队变得更平庸。

笔者刚进质量部辅导的项目经理是一个"技术控",他很得意的一个简洁化杰作(一个单板研发多投入2人研究就减少一个扣板,单板省400元,每套设备30款单板利润就增加了1万多元),刚结项居然被质量部通报批评。质量部制定很多过程指标来"牵引"团队,使其更优秀。其中的"效率"是按"规模"除以"人力"来计算,开发单板的规模减小较大(少一个扣板)且多投2人导致"效率"远低于下限,因此才被质量部批评。

在过程中经常受困于目标落地,因此会把一些过程的指标当作目标去牵引,看似合理但实际上和目标相去甚远,只有把目标分解为过程指标并保持一致,才是管理中最重要的事情,一定要避免出现像前文所述以效率指标打击优秀方案的情况。

(二)基于目标的管理轻松解决复杂问题

笔者采用简单度量解决过很多问题。一次是用"低级错误改板纳入考评"就解决华为硬件大面积低级错误改板问题,单板一次成功率高达90%。另一次是给硬件平台解决检视效果不好的问题。由于检视是"牺牲自己成就他人"的投入,因此基本上没有人愿意主动投入。笔者给的方案也很简单,本职工作占绩效80%,组织贡献(包括检视评审)占20%,效果也是立竿见影。团队成员在完成好自己本职工作的同时,积极投入检视评审,而且还做出专利、案例等组织贡献。

在项目管理中,笔者经常做质量策划。质量策划的第一项就是制定项目目标,目标分为两项:一项是公司的目标;另一项是挑战目标。比如,某新产品的利润目标（公司目标）是第一年 1000 万元，挑战目标设为 2000 万元，牵引团队向 2000 万元的挑战目标努力。当项目交付并销售后，需要按照目标的完成情况给团队打分。

（三）简单度量才是最佳的管理方法

很多"管理大师"会把一些简单的事情经过推演后变得复杂，将一些个案断章取义并当成通用方法。这些所谓理论害人不浅。

任正非坦言自己"不懂管理"，但能在喝咖啡聊聊天中就管理近 20 万人的华为。任正非真的不懂管理吗？其实，他才是真正的管理大师。

道理很简单，2014—2019 年，任正非为华为每年定下 20% 的增长率目标，实际平均增长率为 24%。以此目标去考核轮值 CEO，轮值 CEO 再分解考核几大产品线，各大产品线再分解给子产品线，子产品线再分解。完成好的升职加薪，完成不好的按 10% 末位淘汰，在这种简单管理的环境下，各级领导都成长很快。

（四）治大国如烹小鲜

"治大国如烹小鲜"是古人的治国理念。意思是说，越简单的管理才是越有效的管理。秦国商鞅变法开始图强，核心的战功考核项只有"人头"。通过"人头"让秦军闻战而喜成为虎狼之师，也能让白起从普通的士兵成长为千古名将。

汉武帝也采纳秦的"人头"方式，虽然名将李广"人头"不够，留下"李广难封"的遗憾，但也让卫青和霍去病有机会成长为千古名将。霍去病的"封狼居胥"成了古代将领的最高追求。

大道至简。管理的核心是把目标细分为指标牵引，简单度量的效果远远超过其他的管理方法。治国如此，治理大公司也是如此。

七、3R原则

我们做事情时，正确的步骤是什么？一般人会采用PDCA循环，而比PDCA更重要的是做事的目标和策略。

"差之毫厘，谬以千里"，清晰地表述了做事时目标方向的重要性，然后才是做事的策略，最后才是PDCA，请看以下案例。

案例

奥运史上最牛的失败者——埃蒙斯

美国射击选手埃蒙斯连续3次站在奥运会决赛场上，而且，连续3次在较大领先优势的情况下因最后一枪失误而丢掉冠军。这些传奇经历让埃蒙斯成为奥运史上最牛的失败者。

在2004年雅典奥运会上，埃蒙斯在倒数第二轮领先3环多，但最后一轮他鬼使神差地把子弹打到了别人的靶子上，把近在咫尺的冠军拱手让人，埃蒙斯居然连铜牌都没有获得。

在2008年北京奥运会上，埃蒙斯在倒数第二轮领先对手将近4环，金牌几乎唾手可得，但最后一轮仅打出了4.4环，与冠军无缘，而埃蒙斯又一次连铜牌都没有获得。

在2012年伦敦奥运会上，埃蒙斯在倒数第二轮领先对手1环多的情况下，最后一枪只打出7.6环，最终只获得了一枚铜牌。

（一）3R原则的步骤

埃蒙斯第一次失利的教训就是首先要瞄准正确的目标靶，第二次和第三次失利的教训就是要用正确方式打靶。做事情就像打靶一样，首先需要对准正确的靶标，其次是按照正确的方式打靶，在正确的时间内完成打靶。

所谓 3R，就是 3 个 Right，即 do Right things，do things Right，at Right time。这就是做事情的步骤，先确定做正确的事情，再确定做事过程中的正确方法和步骤。第三步把方法和步骤做成一个可执行的计划，然后按照计划及时完成工作。

"do Right things"重点关注做事的目标和关键交付，并梳理出关键风险、关键依赖、关键步骤，就像射击比赛一样，首先要确定正确的靶子，其次是瞄准正确的靶心。

"do things Right"就是针对事情的目标、关键交付、关键风险、关键依赖、关键步骤，进一步分解可执行的关键动作和风险措施，通过关键动作和风险措施的执行最终高质量实现目标和关键交付。

"at Right time"可以理解为 PDCA 循环，制订落地的计划和风险措施计划，并按计划高质量交付。

（二）在 3R 原则驱动下取得极佳效果

3R 原则是笔者工作时经常采用的有效步骤，这个有效的步骤能极快地输出高质量的工作成果。笔者在华为做质量管理的 10 多年中，曾向公司的多个团队辅导和推荐简单有效的 3R 做事原则。

2013 年是笔者在华为最辛苦的一年。一方面，笔者担任华为公司 Discipline 流程变革经理。因为这次流程变革是华为颠覆 IPD 的一次重大变革，笔者必须在全公司范围推动流程梳理、变革、汇报；同时，要辅导 6 个硬件版本 40 个单板成功交付。另一方面，笔者一人承担新成立的算法部门质量的工作，不仅要建设算法流程、培训流程，还要建设新部门的 QMS 质量环境。同时，笔者要辅导 26 个算法项目，其中有 17 个是难度极高的芯片算法项目。

面对难度极高、工作量巨大的工作，笔者每周五下午都会花一小时做好周清（清理本周工作），在一个固定模板下迭代分类跟踪本周的工作进展。如果能马上清掉的工作立即着手推动关闭，关闭的工作及时存档。同时，安排好下周的工作目标、输出、措施和计划，并梳理出有风险的事项，同时给出风险措施的具体办法。

在 3R 原则驱动下工作取得了极佳的效果，2013 年 Discipline 顺利结项，并获得华为研发流程最佳年度变革奖，试点的 40 个硬件单板全部 100% 一次性投板成功；同时在华为公司率先构建算法流程，辅导的 17 个芯片算法项目全部一次性成功。而且，新算法部门的业务成熟度一年内从初始级迈上成功级，在信道算法部门所取得的经验也成为 QMS 体系变革的基础。

八、乘法效应——全员改进的理论基石

木桶效应是大家最熟悉的短板管理理念，即木桶定律。一只水桶能装多少水，取决于它最短的那块木板。木桶效应在现实中有非常重要的工作指导意义，让我们在工作改进中更集中于短木板的改进，在特定的情况下能起到立竿见影的效果。

通过对木桶效应的理解，会得出一个长木板的改进和结果无关的结论。假设在一种极端情况下，如果无法改进短木板，那么绩效是否能够通过改进长木板的方式获得增益？我们参考极端的"海豹人"尼克·胡哲的案例来说明。

案例

"海豹人"尼克·胡哲

1982年12月，尼克·胡哲出生于澳大利亚墨尔本市。他是天生的"海豹人"，出生时没有四肢，仅在左侧臀部下长有一个小小的"脚"（也不过长了两个脚指头）。他经历过绝望，尝试过自杀，好在13岁时终于顿悟，开始了自己新的人生。

2001—2003年，尼克·胡哲在澳大利亚布里斯班市的格里菲斯大学就读。2005年，出版DVD《生命更大的目标》，同年被提名为"澳大利亚年度青年"。2008年，以他为题材的电影《我和世界不一样》上映，评分很高。他一手组建起国际性公益组织"没有四肢的生命"，并担任总裁及首席执行官。2010年，出版自传《人生不设限》。2014年，出版《坚强站立：你能战胜欺凌》。2015年，出版《爱情不设限》。

现在的尼克·胡哲身价过亿，还娶了心爱的女孩，一起孕育了4个孩子，完满人生约莫如是。

尼克·胡哲天生残疾的短木板无法得到改善，但通过坚持不懈的努力，

他活出比绝大多数正常人更精彩的人生。在木桶效应理论指导下，过多资源集中在短板也会出现另一种情况，在实际的工作中经常会有困扰。

（一）硬件质量改进的过程

华为硬件质量最初遵循木桶效应，每年都会集中资源针对最短的木板进行专项改进。由于资源集中，当年对短木板的改进效果立竿见影，第二年继续把资源集中在新的短木板，如此往复。经过多年经验积累，笔者发现一个规律：每年硬件问题不但没有减少，反而随着规模扩大呈现出指数增长的趋势，几年前完成的专项改进问题又会重犯，也就是几年前已经结束的改进工作又回归到原点，甚至在 2011 年出现网上烧机上百台的重大事故。

笔者在 2011 年做网络硬件质量 COE 后提出，必须快速提升网络硬件质量，由于硬件问题头绪太多让笔者无从下手，直到一次在部门内部的辩论会上，华为北京研究所质量部的乘法效应的观点让笔者耳目一新。

之后，笔者归纳了乘法效应并作为全面改进的理论基础，在落地网络硬件质量中取得较好的效果。通过整机排查全面体检，改进老旧产品出现的 3000 多个问题，通过流程变革让新产品质量全面提升，两年后，网上整改费用降低 85% 以上，而且杜绝了一级事故发生，彻底改变了网络硬件质量的被动局面。

下面先介绍一下乘法效应。

（二）乘法效应：整体效能等于不可替代关键部分效能乘积

尼克的案例告诉我们，在短木板不能改进的情况下，也可以通过长木板的改进来增加效能。就拿我们身体的健康效能来看，我们每人都有不可替代的多个系统构成，如神经系统、呼吸系统。如果某个系统的效能为零，那么我们总体的效能为零，也就是人效能为零（死去）的时候不是所有系统的效能为零，多数是某一个不可替代的系统效能为零。

那么，拿人体效能来举例，按乘法效应就可得到：

人体效能 = 神经系统 × 呼吸系统 × 消化系统 × 循环系统 ×……

消化系统 = 口腔 × 食管 × 胃 × 肝 × 肠 ×……

企业效能也类似人体的效能,如诺基亚手机从研发能力看,每年可以研发30多种手机;成本控制也是世界一流的,生产能力也非常强,在苹果之前一直有10多年销量第一的纪录。那么,为何在2013年出现几十亿欧元的亏损呢?

根本原因是诺基亚的规划部门出了问题。在苹果刚刚推出的2007年,诺基亚规划部门没有及时跟上手机发展的新趋势,还是沿用数字手机时代的规划方向和节奏,规划部门最终体现为负效能。因此,即便是研发、生产能力为正,最终的效果也为负。这让企业不仅有巨额亏损,还不得不以70亿美元卖给微软。

在人体中,不是所有的组织都是关键,如过多的脂肪;企业中也有类似可有可无的组织妨碍企业的效率。在人体中某些组织是有害的,如肿瘤;在企业中也有类似肿瘤的组织和岗位。对于这些组织和岗位,企业需要从价值流的角度识别并剔除。

(三)乘法效应对比木桶效应

相同点:乘法效应与木桶效应均关注最短木板的改进,而且收益最大;

如系统中不可替代因子:A1、A2、A3,因子效能分别为0.3、0.6、0.8,按乘法效应的效能为:

A效 = A1 × A2 × A3 = 0.3 × 0.6 × 0.8 = 0.144。

(1)只有A1改进0.2:

A效 = (0.3+0.2) × 0.6 × 0.8 = 0.24。

(2)只有A2改进0.2:

A效 = 0.3 × (0.6+0.2) × 0.8 = 0.192。

(3)只有A3改进0.2:

A效 = 0.3 × 0.6 × (0.8+0.2) = 0.18。

通过以上所示,在相同改进幅度下,短木板A1的改进效果最好。由此,乘法效应不会影响对短木板的判断和改进工作的重视。

不同点:乘法效应强调全员提升,木桶效应强调短木板改进;

(4)因子A1、A2、A3如果均改进0.2,那么效能为:

A 效 =（0.3+0.2）×（0.6+0.2）×（0.8+0.2）= 0.4。

乘法效应强调全员改进，但也不排除重点关注短木板改进。也就是说在企业中，不管是短木板组织还是长木板组织，只要改进就会对企业的整体效益有或多或少的改进。

乘法效应比短木板效应还有一个效果，就是减少改进的节拍。

还是上面的例子，按短木板改进方式第一次把 A1 从 0.3 改进到 0.5，即：A 效 = 0.5 × 0.6 × 0.8 = 0.24。

第二次把短木板 A1 从 0.5 改进到 0.7，即：A 效 = 0.7 × 0.6 × 0.8 = 0.336。

第三次把短木板 A2 从 0.6 改进到 0.8，即：A 效 = 0.7 × 0.8 × 0.8 = 0.448。

按木桶效应只集中在短板改进，改进三次节拍后才比乘法效应的一次节拍效果好，基于乘法效应的理论让企业获得的增益更高，更值得推广。

（四）拼板效应，只关注长木板竞争力

当前成功的商业模式中，不仅放弃木桶效应的短板改进，而且还出现只关注长木板改进的拼板效应。通过几家公司长板的互补性拼接达到极佳的效果，如苹果、台积电、富士康三家公司，它们各司其职的拼板方式比面面俱到的做法更成功。

从 2007 年开始，苹果、台积电、富士康三家公司在手机、平板电脑制造中产业配合，经过 10 多年发展，苹果成为世界上市值最高的公司，也是第一个市值突破 3 万亿美元的公司，在 2021 年公司纯利润高达 946 亿美元，利润世界第一；富士康多年都是世界上最大的代工企业，在 2021 年销售额突破 4396 亿元人民币。

同样，在 2017 年，台积电市场占有率为 56%，市值超过英特尔成为第一芯片公司。英特尔公司从芯片设计、芯片加工、芯片封装和芯片测试，做到全芯片端到端且各方面的能力都很强，之前一直是世界芯片霸主。而台积电只发展芯片代加工，但通过持续对代加工的长期积累和投入，台积电的芯片代加工工艺独步全球，竞争力反而超过面面俱到的英特尔。

台积电在很短的时间内超过芯片霸主英特尔，从侧面也说明拼板效应的威力。

九、残棋定律——颠覆与被颠覆

2021 年 8 月 30 日，美国从阿富汗撤军再现"西贡时刻"，长达 20 年的阿富汗战争以美军的撤军落下帷幕。美国居然拿阿富汗没有办法。

在绝对的实力之下弱者也有生存并颠覆强者之道，就如图 4-16 所示一样：红棋仅一兵一帅（白圈内），而黑棋 16 子全在，最终红棋和黑棋都走正确的情况下是和棋。所谓残棋定律，就是在敌我力量悬殊的情况下，只要弱者把握住机会就可以打败强者或能全身而退。

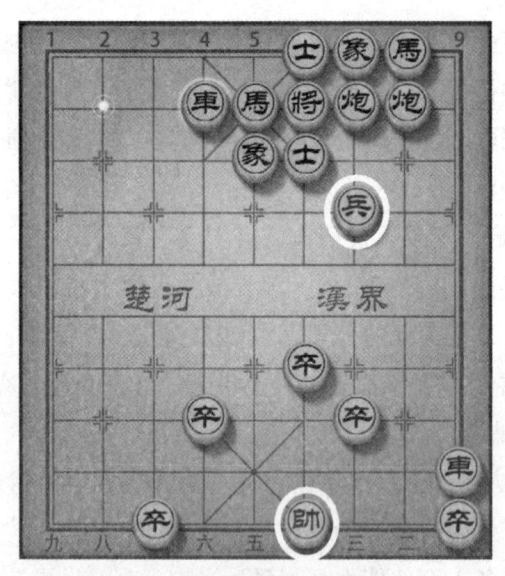

图4-16 单兵单帅一样精彩

残棋定律：从当前局面和自身特点出发，用好每个人，走好每一步，抓住每一次机会，即使没有机会赢也不能被弄死。

在恶劣的竞争环境下，残棋定律关键核心之一首先是生存，留得青山在，不怕没柴烧。其次是抓住机会翻盘获胜，一旦时机成熟就即刻行动。

（一）强弱格局变化无时不在

相比世界极少数的行业垄断大公司，小公司的数量远远多于垄断的大公司。在特定的机会下，小公司也有可能颠覆具有垄断地位的大公司。这样的案例确实很多，最典型的是手机霸主的变化。

20世纪80年代，摩托罗拉通过六西格玛的变革，每年的重要指标以2位数改进，在90年代成了无线通信行业的巨无霸。摩托罗拉的强大甚至到了发射卫星构建地球独立通信的地步，在模拟手机上的地位无人能撼动。90年代中期摩托罗拉达到事业的最高峰，但危机也在此时出现。

芬兰的诺基亚一直以做木材、纸浆的业务为主，由于涉及领域过多，在20世纪90年代中期濒临破产。孤注一掷的诺基亚放弃其他业务豪赌手机业务，在1995年率先推出数字手机并疯狂抢占摩托罗拉的手机份额，到1996年超越摩托罗拉成为世界第一并连续保持10多年。通过手机的颠覆之战，诺基亚从濒临破产的企业成长为行业巨无霸。

成为第一的诺基亚犯了摩托罗拉同样的错误，在2008年苹果刚推出智能手机时没有引起足够重视，最终被当时没有任何手机研发经验的外行苹果颠覆。

（二）小公司更有颠覆动力

推动这种变化的推手是价值漂移和反摩尔定律，而反摩尔定律也从侧面体现了当前技术的贬值速度，正因为当前技术每隔18个月贬值一半，3年时间技术贬值到1/4。原有的业务霸主在技术上没有及时跟上时代的变化，在极短时间内（如诺基亚仅3年）反摩尔定律所带来的技术贬值足够把行业霸主拉下神坛。

没有行业经验的公司在进入新领域后，由于没有以前的顾虑和惯性，反而能针对当前的主流技术推出颠覆性的技术，一旦把握好机会完全可以像苹果一样颠覆当时的行业霸主。

为何大公司很难推出颠覆业务？这和大公司的盈利模式很有关系。在胶卷时代，曾经的霸主柯达也曾占领全球2/3的市场份额，但2012年在数码相机的冲击下柯达最终倒闭。但令人唏嘘的是，柯达居然在20世纪70年代就已经发明数码相机,但数码相机会冲击柯达的胶片业务,所以被柯达束之高阁。同样,在苹果推出之前,是诺基亚发明了智能手机,因为原来数字手机处于高盈利模式,所以智能手机被诺基亚高层否决了。

(三)大公司如何预防黑天鹅事件

之前,中国的手机格局是"中华酷联"四大公司。2010年在刚成立的小米冲击下,联想、酷派、中兴纷纷被颠覆。为何只有华为没有被颠覆而且较之前有巨大的进步,甚至在2020年第二季度成为世界手机市场占比第一?

2012年在小米冲击下,华为感受到巨大的压力,但华为很快拆分出荣耀子品牌全面对标小米,并在营销模式上全面向小米学习。毫不夸张地说,华为的互联网营销思维是向小米学习的。2014年,荣耀销售额从1亿美元增长到24亿美元;2018年,荣耀子品牌的销售份额超过小米。

当颠覆危机来临之际,华为通过快速学习对手,不但没有被小米颠覆,而且以极低的成本学会了互联网营销,为2014年华为手机爆炸式发展奠定了坚实基础。

华为为了避免被"黑天鹅"颠覆,把黑天鹅危机提到公司很高层。为了保持警觉,在总部和研究所的人工湖中养了很多黑天鹅。为了主动预防黑天鹅事件,华为公司还专门成立了"蓝军"部门,较系统性地针对现有华为产品进行颠覆性研究。

图4-17 在华为园区湖中的黑天鹅

推翻任正非决策就是当年"蓝军"的有名案例之一。当时任正非力主撤掉手机业务,"蓝军"研究认为未来业务发展方向是端、管、云,抛弃终端就是抛弃企业发展的未来。最终华为保留了终端,在2020年终端业务超过华为的半壁江山。"蓝军"颠覆的案例还有很多,像成研无线小站也是"蓝军"的案例,通过小站替代传统基站的方式成功拓展近20亿美元的市场。

　　残棋定律是强弱的更替变化,是普遍的规律。弱者通过抓住机会可以变成强者,强者如果不能及时调整战略方向很可能被颠覆。因此,残棋定律重点强调:当强者需要一直保持清醒的头脑,可以通过预判和自我否定的研究方式提前预知未来的发展趋势。在颠覆到来之际,也可以通过学习对手的商业模式快速迎头赶上,这样可以避免被颠覆的命运。

第五章
创新质量体系——流程与IT

对流程的重新认识源于2008年笔者在成研对华为硬件流程的优化。当年为了解决硬件的质量和效率问题，成研通过流程IPD-HCMM定制的方式，率先在TR2前启动硬件准备阶段，率先把优秀实践纳入流程，成研硬件版本的价值、质量、效率、成本得到飞跃式的提升。

笔者的职务变动为光网络硬件COE后，成研硬件成功的经验就成了光网络硬件流程。笔者的职务在提升为网络硬件COE后，再将光网络硬件的流程复制到IP、接入网和企业网。2012年笔者作为华为单板硬件Discipline流程变革经理后，开始了公司流程架构探索之路，并通过Discipline变革把成研硬件成功经验传递到公司各领域。

本章将讲解流程到底是什么、流程的本质是什么、软件和IPD流程的发展历史、Discipline流程架构等。

一、软件开发模式发展简史

软件开发模式经历过个人时代、瀑布时代、CMMI 成熟度时代和敏捷时代，从最初的小作坊研发模式走向拥抱变化持续迭代开发的研发模式，美国引领了整个软件研发模式的发展，软件模式的发展大大推动了软件产业的发展。

（一）软件开发模式的演变

1946 年，人类发明了计算机，最初的软件规模极小，只需要几个专业高手就可以完成编程，这个阶段就是软件的个人时代。有一个误区需要澄清，可能有人会认为没有配合的个人编程质量会很差。实际上刚好相反，个人时代的软件质量取决于软件开发者的能力。顶级黑客也是采用个人编程模式，微软在初创时比尔·盖茨靠个人编程完成 Basic 程序编程，为计算机普及做出了极大贡献。

但随着计算机的规模扩大，难度不断增加，显然几个人不能完成软件开发，多人的软件开发就需要通过定义过程来配合。20 世纪 70 年代初出现 RAD（Rap Application Development，快速应用开发）软件瀑布开发模型，核心是测试驱动软件开发。典型过程为需求分析、概要设计、详细设计、软件编码、单元测试、集成测试、系统测试和验收测试，由于开发模型像大写的 V，因此 RAD 模型也被称为 V 模型。

V 模型第一次完整定义了软件开发的所有活动，也让软件开发细化到模块按要求编写代码并验证。通过分工，V 模型大大降低了软件编程和验证的难度，因此，即便是印度高中毕业生通过短期培训后也可按要求交付软件代码，V 模型也是 20 世纪最重要的软件开发模型。

随着企业规模的不断扩大，对企业的组织能力也有相应的约束和要求，为了更好地规范大规模软件交付质量，1986年在软件开发过程中，在V模型的基础上，还对企业的成熟度进一步规范和约束，CMMI成熟度评估就成为软件企业的标配入口条件。

2001年，21位软件大咖齐聚美国雪鸟度假胜地，本想讨论出一个面向未来软件的开发模式，但由于意见不合没有达成模式上的共识，只达成了4个意识上的共识，这就是敏捷宣言。敏捷宣言的诞生很大程度上突破了软件在瀑布模式下的思维禁锢，为后续软件研发过程的探索和发展奠定了基础。

在之后基于敏捷宣言发展出多个软件敏捷开发模式，所有模式均遵循迭代开发和持续集成两大优秀实践，这种小步快跑的迭代开发让软件开发更具活力。软件开发模式发展历程如图5-1所示。

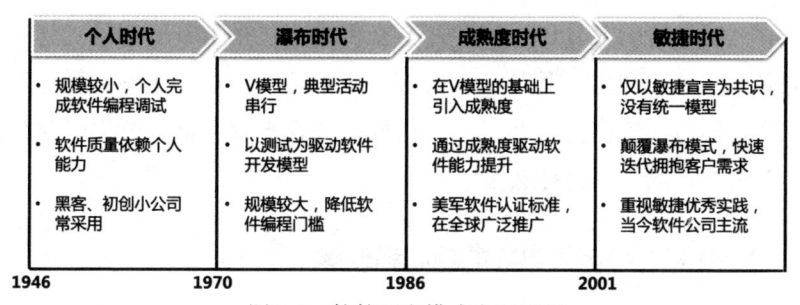

个人时代	瀑布时代	成熟度时代	敏捷时代
• 规模较小，个人完成软件编程调试 • 软件质量依赖个人能力 • 黑客、初创小公司常采用	• V模型，典型活动串行 • 以测试为驱动软件开发模型 • 规模较大，降低软件编程门槛	• 在V模型的基础上引入成熟度 • 通过成熟度驱动软件能力提升 • 美军软件认证标准，在全球广泛推广	• 仅以敏捷宣言为共识，没有统一模型 • 颠覆瀑布模式，快速迭代拥抱客户需求 • 重视敏捷优秀实践，当今软件公司主流
1946	1970	1986	2001

图5-1 软件开发模式发展历程

（二）华为软件开发的演进

华为在引入IPD的同时，也引入了CMMI模式。结合IPD和CMMI模式，华为软件最初遵循IPD-CCM开发模式，采用的是V模型瀑布开发模式。IPD-CMM集成在IPD流程中作为子领域流程交付，配合系统、硬件、测试、装备、制造等集成产品开发。

2009年华为引入软件敏捷。最初的软件变革是项目级软件敏捷，也就是替代原有的IPD-CMM开发流程。受软件敏捷的冲击，华为原有的IPD架构受到挑战，软件敏捷也是触发华为Discipline流程变革的重要因素之一。

后续华为软件开发陆续演进到版本级敏捷和产品级敏捷，结合硬件的流程变革，为华为拓展了多个业务场景。基于创新场景的业务模式在本书的第八章中有详细介绍。

二、IPD流程发展历史

IPD（Integrated Product Development，集成产品开发），是IBM根据PACE（Product And Cycle-time Excellence，产品及周期优化法）理论在实践的基础上提炼出的流程理念。

随着IPD在华为的成功，中国掀起了IPD学习的热潮，但鲜有公司学习成功。有一家公司引入IPD，而研发只有20多人，按IPD的矩阵式管理的方式分为多个角色，研发工程师一人扮演多个角色，造成了研发工程师不知道该干什么。还有一家研究所花了一个亿构建IPD流程，结果效果极差，最终放弃。那么IPD的核心是什么？

（一）IPD和蓝色巨人IBM的崛起和衰落

软件在发展过程中通过V模型解决了多人协同开发的问题，但如果一个系统涉及上千人开发，那么采用哪一种开发模式能让商业成功？

这件事就是IBM在20世纪70年代投资大型计算机开发项目，这也是世界上第一个由企业投入上千人开发的巨型项目，这个项目能否成功也将决定IBM的未来。为此IBM第一次按照IPD的研发模式投入软硬件开发。这个项目让IBM获得了巨大的商业成功，在大型计算机领域一骑绝尘，IBM也成了"蓝色巨人"。到90年代前后，IBM发展到最高峰，连续7年时间在《财富》杂志500强中排名第4（当年的《财富》杂志只排名美国企业）。

20世纪90年代最高峰之后IBM陷入发展困境，商业天才郭士纳成为IBM的CEO，扭转了IBM的破败颓势，当年IBM标志性的事件是IBM的深蓝计算机打败人类国际象棋第一高手卡斯帕罗夫。

进入21世纪，以软硬件起家的IBM突然发现自己不会研发硬件了。当时主宰软硬件开发的是Wintel〔微软和英特尔（Intel）联盟〕时代，微软和

Intel 公司拿走了软硬件开发产业链利润的 95%。IBM 为了对抗 Wintel 联盟，也组织过 POWER PC 联盟试图破局，但以惨败告终。

面对每年亏损的 PC 业务和笔记本业务，最好的应对方式就是整体打包销售。刚好联想希望进入 PC 业务的国际市场，因此后续的联想收购 IBM 的 PC 和笔记本业务也成了顺理成章的事情。当前 IBM 的业务基本剥离了硬件开发，IPD 也随着业务的变化为 IBM 所摒弃。失去硬件开发能力的 IBM 逐步失去了主业务发展方向，也为 IBM 的持续衰退留下了伏笔。

在 2013 年美国中情局的一个 6 亿美元的项目招标中，IBM 和亚马逊进行了激烈竞争。最终中情局选择了后起之秀亚马逊构建云计算系统。这一标志性事件让 IBM 从此失去了大型计算机系统的优势，这也是亚马逊的云计算崛起的标志性事件。失去硬件研发优势和大型计算机平台优势的 IBM 前景堪忧，2012 年 IBM 销售超过 1000 亿，此后连续 4 年稳定在 800 亿美元左右，到了 2021 年下降到 700 亿美元。蓝色巨人因 IPD 而崛起，也因 IPD 不能支撑未来的业务而停止发展，IBM 的发展历史令人唏嘘。

（二）华为的 IPD 发展历史

相对于 IBM 的衰落，IBM 的"学生"华为却大放异彩，不仅业绩超过"老师"IBM，而且超强的研发能力让美国不得不用国家力量全力打压华为。

华为早期的崛起有很大的偶然因素，如果当年没有被骗 200 万元也不会逼迫人到中年的任正非创立华为，为了生存，偶然进入了通信业务。华为第一个标志性的成功产品 C&C08，开发主管由天才开发工程师李一男担任；华为成功的另一个原因是当年通信业的巨大利润，相比国外同类的产品价格不到一半的情况下也有非常优厚的利润。

前期华为的成功是不能持续的，如果没有先进的流程制度，重要产品开发不能每次指望有像李一男这样的牛人支撑，而通信业的竞争加剧也不会让利润持续丰厚。任总在 1997 年带着对未来的不确定访问了美国。这次的访问对任正非来说相当震撼，在参观 IBM 时 IPD 的开发流程引起任正非的极大兴趣。他极力想把 IPD 引入华为，在 IBM 给华为报价后任正非连砍价的举动都没有。这也让当年 IBM 的总裁郭士纳很感动，决定派专家全力帮助华为构建

IPD 流程。

从 1999 年耗资 5.8 亿（相当于当年利润的一半）开始引入 IPD，2001 年 IPD 流程开始试点，到 2003 年 IPD 3.0 版本的发布，宣告华为成功引入了 IPD。

IPD 的成功引入对华为发展来说是里程碑的重要标志，解决了华为的研发工作基础。华为从小作坊开发向规模集团军开发模式演进，为后期华为的持续改进奠定了坚实基础。后期华为持续改进的过程，主要是基于 IPD 流程的持续改进。

（三）IPD 流程介绍

IPD 是基于投资管理产品开发的研发模型，有很多资料介绍 IPD 流程（在这里不详细讲解），最典型的架构示意图如图 5-2 所示。

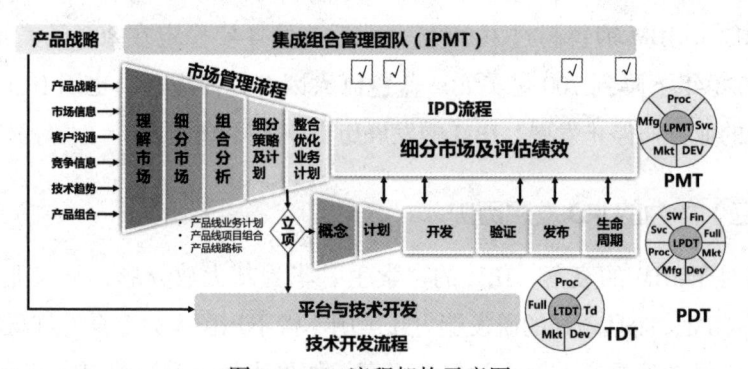

图5-2　IPD流程架构示意图

IPD 要素可以归纳为"2-3-4-5-6-7-8"，具体详见表 5-1。

表5-1　IPD要素

IPD要素表	
2 种评审机制	DCP、TR
3 大业务流程	市场管理流程(MMP)、产品开发流程(PDP)、技术开发流程(TDP)
4 大组织机构	IPMT、PDT、LMT、TDT
5 个决策评审点	Charter、CDCP、PDCP、ADCP、EOL-DCP
6 个阶段	概念、计划、开发、验证、发布、生命周期
7 个技术评审点	TR1、TR2、TR3、TR4、TR4A、TR5、TR6
8 个方法论	客户需求分析、投资组合分析、衡量标准、跨部门团队、结构化流程、项目和管道管理、异步开发及CBB、版本配置与设计变更

IPD 最核心的只有两大要素：一个是投资管理；另一个就是异步集成。如果符合这两个要素就是一个不错的 IPD 流程，因此企业的 IPD 流程构建是一项比较简单的工作。而其他矩阵管理、四大组织、三大流程等都不是关键要素。对比华为业务增长的案例，IPD 在业务流程中只有一定的借鉴意义而非真正的成功要素，能定义出本业务最佳价值流的流程才是真正意义上的好流程。

（四）IPD 流程存在明显的不足

笔者在华为做了 10 年流程变革优化工作。2015—2019 年笔者一直在华为 IPD 流程质量部工作，对 IPD 流程的认知程度超过大部分同行，笔者想从自己的认知角度谈论一下 IPD 流程的不足。

IPD 作为 20 世纪 70 年代的流程，希望构建一个完美、通用的模型，在普通的开发过程中基本上可以套用并能够实现产品的开发。但在当今创新场景更丰富、客户要求更高、开发周期更短的环境下，IPD 存在较为明显的缺陷。

1. 管理和决策评审太多，实质上是形式大于内容

5 个决策评审点和 7 个技术评审点看起来很完美，甚至很多公司以为有了这几个 DCP 和 TR 就算是 IPD 了。虽然项目可以定制和裁剪部分决策评审，但定制和裁剪难以把握分寸，过长决策链已经不再适应当今快速变化的市场。

2. 瀑布式开发很难适应客户的快速需求

拿以前正常 IPD 项目 12~17 个月的开发周期来参与现在的竞争，可能会失去很多机会，因为通过漫长开发后的产品难以覆盖 12~17 个月后客户的新需求。如华为有一个项目需要投标阿里的数据中心，其中的 95% 满足客户的需求，5% 需要新开发，如果在中标后仍需要 1 个月时间开发，而通常的 charter 开发平均需要 3 个月时间。

3. 当今研发的场景很多，IPD 难以覆盖各模型的特点

比如，按照华为最难的开发方式，芯片的规划可能需要提前 5 年，加上芯片、软件、硬件、制造由于交付周期的不同，按照 IPD 概念、计划、开

发、验证和发布这几个阶段来开发会出现严重的周期过长、相互等待的问题。另一些纯软件和纯硬件的产品开发也不需要冗余的流程控制，不仅在开发，还有一些孵化类模型、成熟产品的自运营模型和客户联合开发模式、外包模型等现有的 IPD 架构均不能较好地覆盖其开发场景。

4.大公司产品线太长，IPD 流程一刀切造成产品开发的不适配

这也是 IPD 最大的弊端，不管什么产品、什么特性都按一个流程模式开发，一般万能的流程或方法论在局部来看是最低效的，拿华为公司来说，基于通信产品构建的 IPD 很难同时适配手机、PC 和云计算业务的产品开发，不仅没有帮助产品研发，甚至是产品失败的重要问题。为何华为旗舰手机开发在 Discipline 流程变革前研发周期长达 15 个月？就是因为冗余的流程架构决定了超长的产品研发周期。

三、流程的本质是服务

2018年笔者在华为申请退休后，一天华为《管报》主编左飞老师找到笔者，希望我把多年流程变革的经验发表在《管报》上，在离开华为前为公司流程变革做出贡献。于是，笔者把多年的流程变革经验总结成《浅谈流程变革的思路》，在华为《管报》上发表。

在文章中绕不开的问题就是何为流程？流程的本质又是什么？虽然有很多有关质量管理的书籍中都有关于流程的定义，但笔者始终觉得以往的流程定义没有讲清楚流程的精髓和本质，也没有讲清楚流程和组织的关系。为了让大家更好地理解流程的定义和本质，先参考中国新公司注册流程的演变案例。

案例

中国新公司注册流程

20世纪80年代中国开放私人注册公司，政府各行政部门对新公司资质进行审批，企业申请流程烦琐，新公司的注册往往要耗时一年半载。

随着中国政府改革开放的深入，政府部分的职能也从管控型向服务型转变，注册公司也非常快捷，一系列改革让民众对政府的满意度提高。笔者曾亲身体验注册新公司——2019年从华为退休后在成都注册新公司，到政府窗口办理只去过2次，耗时仅一周。其间整个过程政府工作人员热情而专业，除了公章没有多花一分钱。

同样的公司注册流程前后差距如此之大，不仅效率提升几十倍，而且避免了官僚主义和贪污腐败，不得不让人深思流程到底是什么？流程的本质是什么？

（一）流程的定义和本质

中国新公司注册仅是流程的缩影，那么该如何理解流程？

20世纪80年代的中国公司注册流程在于管控，让公司注册的业务流围绕管控机关批准的方式进行，少一个公章都不能注册成功，如果多一个管控点也会增加一个公章，类似这样的流程可称为管控流程。但从流程效率和客户的体验而言，明显当前政府的服务型的流程才是我们所需要的流程，服务才是流程应有的方式和本质。鉴于此，我们不得不对流程进行重新定义。

流程定义：通过界定和约束业务过程中的基本要素（活动、模板、规范、工具、IT电子流等），让组织通过基本要素服务于价值流动过程，让价值在流动过程中得到路径短、高质量和低成本的支撑。流程的本质是服务而非管控。

（二）解读服务型流程

既然流程的本质是服务，那么我们如何去解读？

1. 流程服务于价值创造过程

流程需要落地在价值创新过程的增值业务上，流程对公司、政府都有极其重要的意义和作用。华为通过引入IPD流程规范了华为的业务，通过IPD定义出完整的研发过程价值流，为华为的后续发展奠定了坚实基础。

2. 流程定义范围是过程资产

流程在定义价值流鉴定出价值流程活动，需要通过界定和约束业务过程中的基本要素（活动、模板、规范、工具、IT电子流等）来规范流程活动。比如，定义软件流程有代码检视活动，同时需规范软件代码质量需要的检视活动，在检视活动中通过检视列表（checklist）避免重犯以前的错误。通过对价值流程过程的基本要素定义，让价值活动过程在控制的范围内规范运作。流程包括的基本要素就是过程资产，如果新增事故，可以通过增加在检视活动中checklist的内容就能避免新的事故再犯。

3. 组织需要和流程适配才能高效

组织是通过流程的基本要素才能服务于价值流动过程的，因此，在定义流程的同时还需辨别组织和流程的适配关系。第一角色是否有所适配，技能是否满足流程要求；第二角色的职责是否适配其组织职责要求。

在服务型流程中要求的组织也是服务型的，只有这样才能得到一个高效的业务流程。

四、构建流程化服务型组织

从流程定义可知，组织需要通过流程的基本要素服务于业务，说明了组织和流程之间的紧密关系，如何才能让组织和流程最佳适配？

在中国，绝大部分公司的流程和组织不匹配，华为曾经有一段极为痛苦的探索过程。这里结合华为的组织和流程、业务的探索过程，来介绍组织和流程如何匹配。

（一）业务和流程的博弈

华为引入 IPD 之初，质量部作为流程责任人（Owner）强化推动流程落地。华为业务部门的强势总能把技术问题归咎为流程问题。一次笔者组织网上事故的质量回溯，一个低级设计错误造成较大的网上事故，因为多轮的检视评审漏过导致客户投诉，这显然是因为业务检视评审执行不到位。但业务团队居然说还是流程问题，并要求质量部梳理一个检视流程，以防止检视专家不认真的问题发生。

类似这样的案例还有很多，由于信息的不对称，业务部门总能挑出流程中的"纰漏"攻击质量部门。因此，出现严重质量问题，多数情况下质量部成了专业"背锅侠"，最少也是挨五十大板（业务和质量同责），造成质量部人人自危。而业务团队很少审视业务问题，2012 年以前华为每年都会冒出多个网上一级事故。

2011 年笔者推动"J 网烧机"的公司级质量问题回溯，在 6 级质量专家王晓的配合下很快找到原因。问题其实很简单，一个安规问题造成网上每年大面积烧机，最低级的安规爬电问题居然能"过五关斩六将"到网上大面积引起事故，在铁证面前业务团队终于意识到自身的错误。以烧机质量问题回溯为契机，笔者趁热打铁推动 IP、光网络、接入网和企业网四大产品线硬件质量排查，经过3个月排查并整改某些质量隐患，网络产品线从此再无硬件类的一级事故。

（二）强业务驱动让流程割裂

早期华为都是以产品线为核心，按最初流程为业务服务思路，由SPDT通过业务强势打通从规划、研发、制造、销售、财务到维护的流程，SPDT按子公司方式运作。由于SPDT的业务边界不是很清晰，中间地带业务由不同SPDT重复开发，造成极大的资源浪费。在客户端，不同SPDT的不同解决方案也让客户感到困惑。

产品线各自为政造成华为流程和业务的碎片化，公司级流程优化形同虚设，严重阻碍了业务的进一步发展。2012年前，无线和终端的流程明显比网络流程有效性低，最终也体现在终端和无线的业务较差的结果上。

拿硬件流程来说，2008年梳理的成研硬件流程取得极佳效果，但只能拉齐光网络在成研的SPDT，即微波和MSTP，在2009年才勉强拉齐整个光网络。2011年后，通过网络硬件质量COE拉齐光网络、IP、接入网和企业网。2012年在Discipline流程变革推广后，才真正拉齐华为硬件流程。

（三）华为流程顶层重构

质量部做流程Owner从实践看效果不佳，各产品线以业务为驱动强势集成流程落地的效果也不理想。经过多年的探索，组织和流程适配都无法达到理想的效果，严重影响了华为的业务。如何让组织和流程配合才理想呢？

华为高层也意识到组织与流程存在的问题。在一次公司级战略研讨会上，徐直军提出"两大一小"主流程架构。所谓主流程就是从客户的需求到客户的满意端到端价值流，由此构建出IPD、LTC和ITR三大主流程。后续为了强化Marketing对市场的引导，增加了MTL流程。

通过梳理公司运作所需的执行类流程、使能类流程和支撑类流程（见图5-3），以流程为运作基础定义组织，就可以让组织和流程得到较高的适配度。

第五章 创新质量体系——流程与IT

执行类
- 1.0 集成产品开发（IPD）
- 2.0 市场到线索（MTL）
- 3.0 从线索到回款（LTC）
- 4.0 问题到解决（ITR）

→ **执行类流程**：价值创造过程，端到端定义，从客户需求到客户满意所需的业务活动（What to do）

使能类
- 5.0 开发战略到执行
- 6.0 管理客户关系
- 7.0 服务交付
- 8.0 供应链
- 9.0 采购
- 14.0 管理伙伴及联盟关系
- 15.0 管理资本运作（机密流程）

→ **使能类流程**：响应执行流程需求，支撑执行类流程价值实现

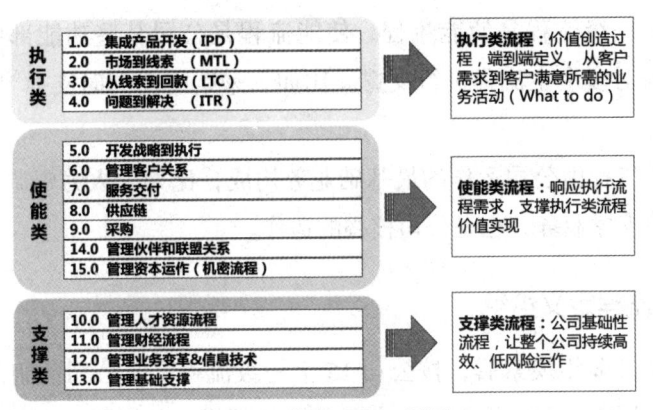

支撑类
- 10.0 管理人才资源流程
- 11.0 管理财经流程
- 12.0 管理业务变革&信息技术
- 13.0 管理基础支撑

→ **支撑类流程**：公司基础性流程，让整个公司持续高效、低风险运作

图5-3　华为流程L1视图

（四）华为一级流程逻辑关系

公司以客户为中心，从客户的需求到客户的满意提供产品和服务，只有这样，才能够得到合理的利润。因此，公司最核心的主流程是以客户需求为起点、以客户满意为终点端到端全栈式流程。

主流有3条路径：第一条路径是产品研发的IPD，也就是产品集成开发流程，客户有需求但公司没有产品，需要通过研发后才能满足客户需求；第二条路径是客户有需求，公司有现成的产品可销售，由于客户需求需要前期由Marketing引导和培养，因此第二条路径会分解为MTL（Marketing To Leads）从市场到线索、LTC（Lead To Cash）从线索到汇款；第三条路径就是客户有问题后快速解决问题的流程，也就是ITR（Issue To Resolution）从问题到解决（见图5-4）。

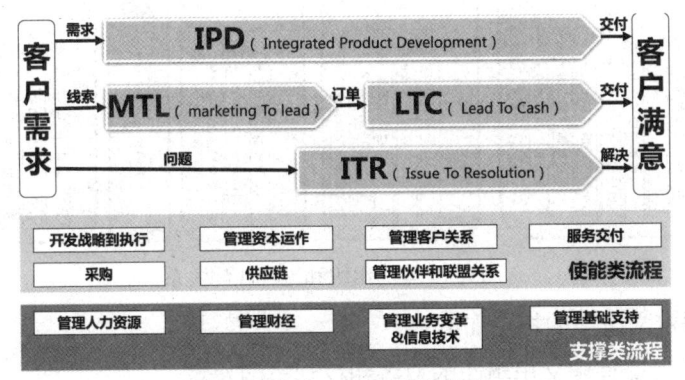

图5-4　华为一级流程关系图

另一类一级流程是使能流程，使能流程是公司某些功能部门的日常工作，同时需对多个主流程进行支撑。比如，采购需要同时支撑 IPD、LTC 和 ITR 主流程。

支撑类流程由公司运作的最基础业务构成，比如，人力资源和财经是公司最基础的支撑业务，也是公司核心的运作。

（五）流程定义组织

华为经过多年摸索后，按公司 15 个一级流程定义公司的组织结构，公司支撑类流程定义财经管理、人力资源管理部门，各部门对应的支撑类流程作为部门的业务流程。

四大主流程分别对应图 5-5 所示的组织，主流程和组织端到端匹配，一级部门总裁作为流程 Owner，同时对业务和流程质量负责，也就是如果该组织的流程出现问题也是一级部门总裁所需要改进的问题。而一级部门的质量部作为专业团队协助部门总裁的流程适配与改进，协助流程落地；同时协助业务成功，流程最终需要支撑部门的业务目标达成，达到业务卓越运营的效果为目标。同样，使能类流程集中在运作与交付总裁管理下，核心是通过领域的流程优化和运作支撑主流程的业务取得成功。

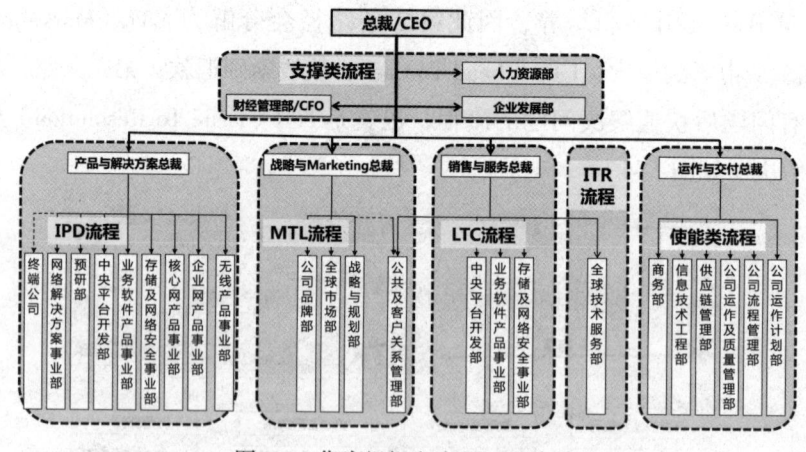

图5-5　华为组织和流程匹配关系

流程定义组织的特点如下：

1.通过流程定义出组织的业务和权利范围

通过流程确定组织的业务范围，相关角色的职责，相关责任人所适配的权力，角色通过流程要素支撑到领域业务，最终支撑价值创造过程。

2. 部门总裁同时作为业务和流程的第一责任人

这样可以避免业务和流程责任分开的原因，为业务和流程所涉及的问题相互推诿、扯皮的无效工作，能让质量部门和业务团队各司其职，确保最终的业务成功。

3. 最大限度降低部门墙的作用

相比公司以功能型部门的结构，流程型组织快速集成端到端业务部门到同一个大部门下统一协调管理，可极大避免跨部门协调、问题推诿、职责不清、争利抢功等事情发生，能大幅度减少管理成本。

4. 流程化组织为干部流动奠定基础

各角色的业务活动均被流程所规范和定义，因此，新到岗的干部可以在质量部的支撑下快速进入角色，关键角色突然离岗对业务的影响也会降到最低。华为的流程型组织让干部可实现每年 10% 淘汰机制有效落地、中层干部每 3 年轮岗而不伤及业务。

（六）IPD 质量角色 & 职责

华为近一半人员的工作是研发，作为业务支撑，IPD 是华为最核心的流程。图 5-6 对 IPD 流程关键角色的解读可以让大家充分理解如何构建流程化组织。

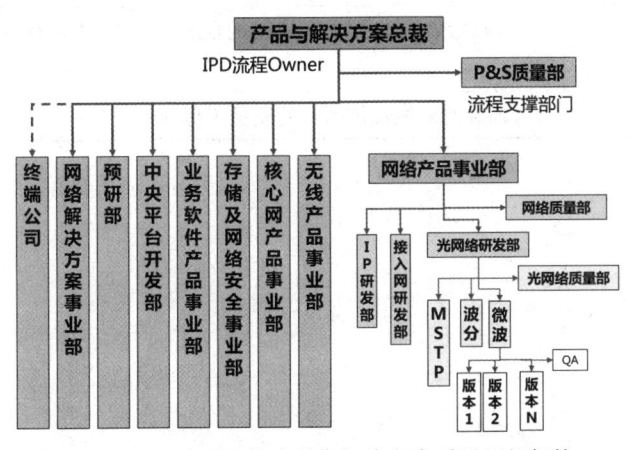

图5-6　IPD流程组织产品与解决方案质量组织架构

IPD所对应的流程化服务型组织就是产品与解决方案部，在华为近一半的员工为开发人员，产品与解决方案部也是华为最大、最重要的组织，也是华为核心竞争力所在。各层级的质量部门通过专业技能，支撑对应部门流程的运作和业务成功。表5-2为角色与对应的工作职责。

表5-2 角色与对应的工作职责

角色	工作职责
IPD owner	由产品与解决方案总裁担任，负责整个研发团队质量及IPD流程建设与落地效果
P&S质量部	协助产品与解决方案总裁，是IPD流程覆盖所有流程的构建、变革、审计等工作具体操作部门，支撑IPD流程覆盖所有业务的质量提升
IPD流程质量部	是P&S质量部最核心部门，承担P&S质量部的IPD流程建设、构建、变革、能力提升、审计、质量改进等工作
产品线流程Owner	由产品线研发部长担任，负责定制IPD流程在该产品线落地应用
产品线质量部	协助产品线研发部长工作，确保IPD定制流程落地，确保产品线质量提升
Discipline流程Owner	由某部门负责，如芯片Discipline流程Owner由海思高级主管担任
P&S COE	在某领域（如软件）或大域（如大硬件）公司级流程质量专家，所负责领域的问题分析、流程改进、审计、流程辅导、优秀实践挖掘、能力输出、流程变革方案等工作
产品线COE	在某领域或大域负责产品线的质量专家，如果该领域是公司的Discipline
QA	负责辅导产品线具体项目的质量工程师

五、华为Discipline流程介绍

从华为在2013年后爆炸式增长和IBM在2013年的衰败来看，华为的Discipline流程变革起了关键作用。本节重点介绍华为Discipline流程各要素的架构和逻辑关系。

（一）Discipline流程架构介绍

相较IPD封闭式的架构，Discipline作为开放式流程架构更具灵活性，也更容易基于业务场景进行拓展演进。在华为Discipline流程中，不但完全兼容原有的IPD流程（产品瀑布开发process就是原有的IPD架构），而且还可以演进出新的业务场景，针对场景的流程架构是Discipline流程和IPD流程之间的最大区别。

1.Process 基于场景的主流程

Discipline包括开发场景（Process）、领域流程（Discipline）和产品线流程定制几大部分的内容。Process会细分为多个业务场景，如纯软件、纯硬件、软硬件等产品场景。场景是一个开放式的主流程，新增加一种场景只需要新增一个Process即可，这样就避免了所有开发场景"一刀切"的情形发生。比如，纯软件的流程就非常简单高效，没有必要像软硬件场景一样有很多决策评审点和技术评审点，如图5-7所示。

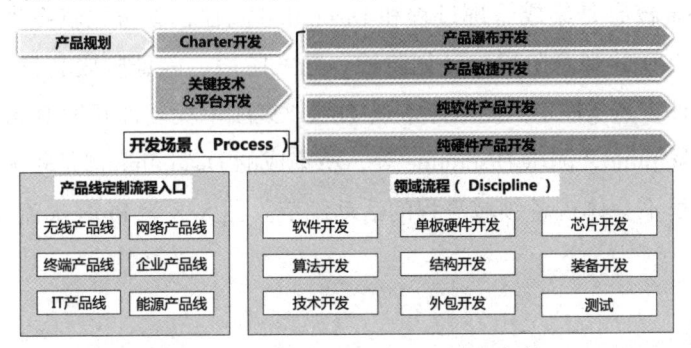

图5-7 华为IPD流程L2的Discipline架构

2.Discipline 可快速集成的子流程

Discipline 作为领域流程重点是指导某领域的研发，比如，单板硬件开发 Discipline 的研发可以在产品瀑布开发、产品敏捷开发和纯硬件产品开发中调用，只要涉及单板硬件开发的业务均可快速集成。因此，硬件开发人员只需熟悉单板硬件 Discipline 流程即可，而没有必要对整个流程架构进行理解，通过这种方式也可以让领域流程专家进一步优化局部流程。

3.共用主流程以流程模块方式嵌入

在主流程中，有些流程是共用的，包括产品规划流程、技术开发流程和 Charter 开发流程。也就是不管哪个场景，都需要有这三个共用的流程模块。这样，流程便可以从原来的开发流程拓展到规划和预研，比 IPD 流程的跨度更大，而且在一个流程视图中相关流程的逻辑关系很清晰。

4.定制入口让产品线灵活适配

在公司推荐的架构上定制流程，既能保障公司的流程架构变化不受控制，又能确保产品线对业务流程的深化细分。比如，终端流程可以增加客户体验流程活动，客户体验对手机开发很重要。同样，能源产品线也可以根据本身以硬件开发为主来制定更为简洁的流程；云计算也可以定制纯软件流程快速迭代交付。

华为手机周期改进一半最重要的因素就是终端产品线对产品流程进行了个性化定制，这样就可以在保持终端产品个性化的同时实现流程的最优化。

（二）Process 流程设计

Process 核心是集成管理过程和 Discipline 流程，参考比较熟悉的 IPD 架构，根据 IPD 的观念阶段、计划阶段、开发阶段、验证阶段和发布阶段中，集成决策评审点 XDCP，技术评审点 TRX，集成单板硬件开发 Discipline、软件开发 Discipline、测试 Discipline 等，所集成的 Discipline 都是较大颗粒流程阶段，这里不会体现各领域流程的活动细节。图 5-8 为 Process 流程 L3 集成示意图。

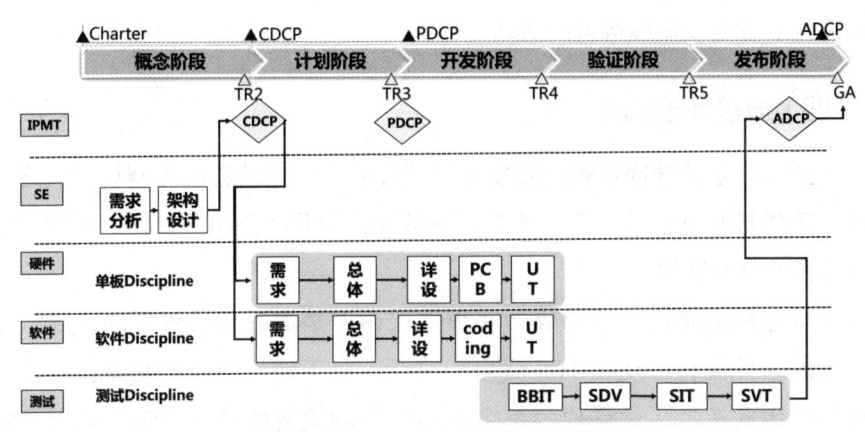

图5-8　Process流程L3集成示意图

最终，Process需要体现端到端完整的开发流程，也就是某场景下从项目立项到项目结项的所有流程的集成交付。

（三）Discipline 流程设计

Discipline 作为某领域的流程需要完整定义从需求开始到最终的领域交付的开发过程，如图 5-9 所示，单板硬件 Discipline 在 L3 下建设单板硬件阶段、开发活动，在开发活动下详细构建 L4 流程，交付件所需的参考模板为 L5。

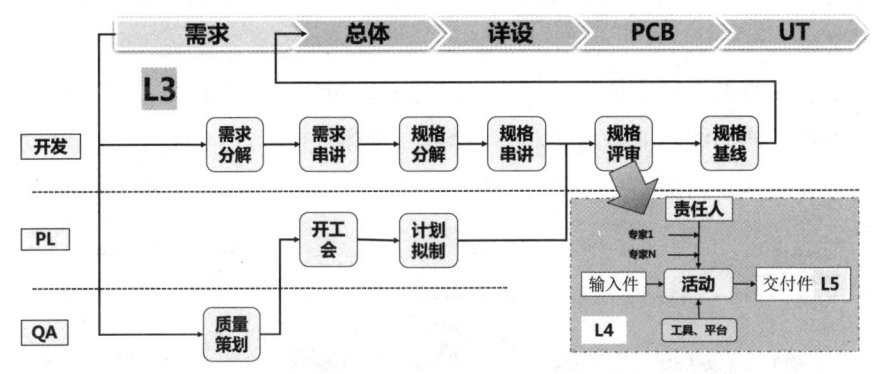

图5-9　Discipline流程L3、L4、L5示意图

其中的 L4 活动需要构建输入、输出、责任人、配合专家（可多个）、工具、平台，同时需要在【活动描述】中详细描述活动整个过程的步骤，在【质量要求】中详细描述该活动必须执行的动作。原则上，一个新员工在 L4

活动指导下可完成流程所需的活动交付。

（四）流程分层管理

大公司业务场景特别多，就拿华为硬件来看，包括软硬芯制场景、终端场景、IT攒机开发场景、能源纯硬件场景等，因此在公司级流程的基础上需要做流程的分层管理。

成研光网络硬件业务的成功在很大层面上是流程分层管理的成功。早期华为的硬件流程必须在TR2后启动执行，由于硬件的周期明显比软件周期更长，因此造成了硬件成为整个版本交付的关键路径。当年在光网络质量部长李燕总的支撑下，成研硬件率先对华为IPD-HCMM（华为硬件流程）进行定制，在IPD流程的TR2前定义了硬件准备阶段。由于硬件提前介入前期的关键需求分析、关键方案准备和关键技术准备，因此，2008年后成研硬件再也不是版本的关键路径，也为后期MSTP的成功奠定了坚实基础。

后续在Discipline流程变革过程中，产品线的流程定制成为公司流程规范运作的一部分。产品线流程Owner针对自身产品线特点，对流程定制拥有极大的权利，同时，也必须对定制后的流程有效性负责。在公司级的流程接口中专门留有各产品线流程的接口，因此，产品线定制的流程是公司级流程的一部分。

定制流程的责任主体设施所在产品线的质量部，核心还是在公司流程的框架下适配产品线的业务场景和行业特点。定制过程可参考图5-10，活动及其内容如表5-3所示。

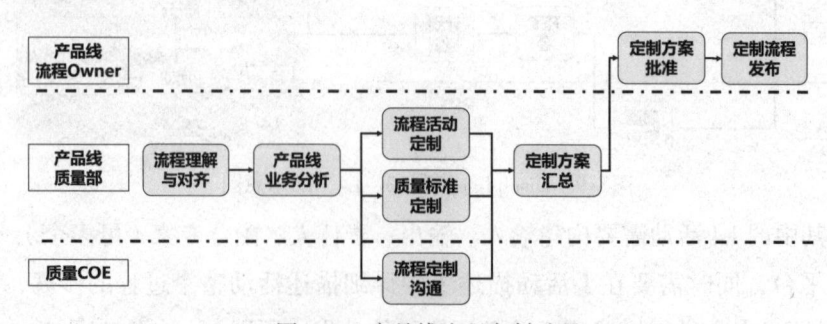

图5-10 产品线流程定制过程

表5-3 活动及内容

活动	活动内容
流程理解与对齐	充分理解流程是产品线流程定制的基础，首先从整个流程框架的协同角度理解各子领域流程之间的交付、要求和协同配合关系
产品线业务分析	定制流程的核心是适配产品线独特的业务场景，针对当前流程和产品线适配中存在的痛点、业界的优秀实践、能力要素、行业规范（如汽车安全规范）等
流程活动定制	定制L3/L4/L5各级流程，完善相关流程图、流程活动、优秀实践、交付件、流程描述、要求、支撑平台、参考文档等流程要素
流程标准定制	定制和维护产品线级别的质量标准
流程定制沟通	产品线质量部可以两种方式定制流程：一是自己完成定制后让公司级COE作为专家评审；二是直接邀请公司级COE来指导流程定制。定制沟通过程COE需要从两个角度思考：一是定制流程的合规性；二是业务场景的有效性。对于不合规的定制流程COE可以否决并要求修改合规后才落地
定制方案汇总	产品线质量部把定级的流程方案和修改未发布的流程汇总，对其影响进行分析，如果涉及影响较大的局部还需有局部试点的效果评估
定制方案批准	最终的方案还需在产品线管理例会上向产品线管理团队汇报。产品线管理团队评审通过后可以正式发布
定制流程发布	根据定制方案批准结论让公司流程管理部门修改所涉及的定制流程，产品线后续可按定制流程运作，也可以按公司推荐的流程运作。后续公司审计，如果有不符合公司流程的内容，按定制流程审计

通过流程定制，华为在公司级流程框架不会腐化的同时，也保留了各产品线针对自身业务场景的灵活性。较为明显的就是终端定义了自己的流程后，根据手机开大的过程适配了更适合手机的流程活动，为2014年手机业务的腾飞奠定了流程基础。

第六章
创新质量体系——优秀实践

中国的崛起之谜为何让所有诺贝尔经济学奖获得者无法解释？对实践的重视才是中国的崛起之谜。

质量本是实践科学，如标准化、丰田TPS、六西格玛等都源于实践。实践解决问题更具体、效果更好。如只学理论而不下水永远也不会游泳，不学理论在水中折腾却有可能学会游泳。

在创新质量体系中，优秀实践解决How（如何做）层面的问题，对具体交付的指导意义远高于第一层理念，比第二层流程更有通用性和可复制性，并能够以极快的速度复制，效果立竿见影，是研发成功的最关键要素。

本章将详细介绍优秀实践的特点，核心优秀实践，同时介绍软件和硬件开发的典型实践模型。

一、实践的力量，中国崛起之谜

前面章节中曾提到中国崛起之谜成为世纪之谜，但从中国发展最快的40年来分析，重视实践的挖掘和复制才是中国发展最原始的动力。

谈到中国改革开放就避不开邓小平。物产丰富的天府之国养育了巴蜀人独特的文化和思维方式，在四川流行"不论黄猫黑猫抓住老鼠就是好猫"的民间谚语，也有在未知领域中"摸着石头过河"的探索方法论。这体现了四川人不拘泥形式而注重实践效果的独特思维方式，同时也影响了邓小平的治国理念。

中国改革开放始于1978年召开的十一届三中全会。会议中重要的一点就是确定"实践是检验真理的唯一标准"，第一次把实践提高到国家战略的高度。十一届三中全会还提到"坚持经济建设、坚持改革开放"，但如何去改革开放，如何做好经济建设在当时也是需要探索的。

（一）家庭联产承包释放了8亿人活力

国家改革开放大战略却是从安徽的小岗村开始的，当年中国有约10亿人口，其中约有8亿人口是农民，在集体大锅饭模式下低效地劳作，小岗村就是当时中国农村的缩影。

在集体制下磨洋工、吃大锅饭，收成较低不能养活一家人，每年春天小岗村村民要外出逃荒才能勉强度日。为了改变现状，1978年冬天，小岗村18户签了一个"大包干"生死状。这一次"冒死"的行为为中国的改革开放留下了惊艳的一笔。1979年，调动个人积极性后的小岗村迎来了历史上一次最大的丰收，一年的收成超过前五年的总和。

小岗村"大包干"事件最终惊动了中央，在当年争论"姓资还是姓社"的问题时，邓小平提出了经营权的理念，从而避免了这次争论。也就是土地所有权属于国家，经营权可以灵活的方式，小岗村的联产承包方式得以在全国推广。

仅一个"大包干"实践的推广就释放了8亿农村人口活力，农村富余劳动力大量涌入沿海城市，如深圳、珠海。在江苏、浙江富余劳动力进入乡镇企业成就了工业辉煌。农民工涌入城市，也让一座座高楼拔地而起，一条条公路纵横连接，富余劳动力也让中国进入了发展快车道。

（二）深圳探索城市管理之路

在中国第一批沿海开放14个城市中，深圳的探索最为成功。

1979年3月5日，国务院批复同意广东省宝安县改设为深圳市。2021年深圳GDP突破了3万亿，在全国排名第三，同时超过韩国首尔排名世界第十。

深圳从一个小渔村发展成为世界顶级城市仅用了40年（见图6-1），改革开放勇于探索成就了深圳。敲响了土地拍卖"第一槌"、发行新中国第一张股票、建立第一个出口工业区……从1979年到1984年，短短5年间，仅深圳蛇口一隅就创造24项"全国第一"。深圳建市40年来，共创造了1000多项"全国第一"。

图6-1　深圳从小渔村发展成世界大都市仅用了40年

2021年7月27日，国家发展改革委发出《关于推广借鉴深圳经济特区创新举措和经验做法的通知》，推广党的十八大以来深圳经济特区的创新举措和经验做法，鼓励各地结合实际学习借鉴。同时要求深圳经济特区积极主动作为，进一步发挥引领示范作用，协助支持各地做好推广借鉴相关工作。

改革会面临巨大的不确定性，因此中国的做法是在部分城市先行探索，取得理想效果后才逐步推行。即便有错误也可以让试错的代价最小，如果成功，总结成实践经验后效果成倍增长。

相比中国的实践试点推广方式，其他国家在推行全面改革中就出现不可逆转的巨大错误。1985年戈尔巴乔夫在苏联推行政治改革，在没有试点的情况下全面推广，最终导致苏联解体。1992年俄罗斯引入西方的"休克疗法"，仅4个月，俄罗斯物价上涨65倍，多数人一生的积蓄化为乌有；同时出现几个垄断国家经济的寡头，俄罗斯GDP缩水一半，经济崩盘。

中国早期改革开放也有不成熟的做法，比如，早期为了激活企业搞"厂长承包制"。由于厂长权力过于集中，为了个人利益竭泽而渔，最终因效果不佳，厂长承包制被及时叫停。

（三）中国崛起之道在于实践探索和推广

中国注重实践和毛泽东所倡导的"实事求是"、邓小平所提倡的"实践是检验真理的唯一标准"一脉相承，注重实践的效果并大面积推广是中国特色。

早在反围剿时期，毛泽东提出了游击战"敌进我退、敌驻我扰、敌疲我打、敌退我追"十六字方针，并快速推广。抗战时期在敌后广泛建立根据地开展游击战，成为以弱胜强的经典战术。

质量体系是实践科学，国家管理同样也是实践科学，从成功的实践中来，归纳总结后再推广到更多实践中去，像家庭联产承包责任制、深圳城市化管理实践探索。在中国还有很多例子。2017年江苏政府部门推广"只跑一次"政府便民服务，把政府职能从管控型转化为服务型，由于效果极佳"只跑一次"迅速在全国推广。

(四)重视实践效果的"猫论"

以前总把实践和理论对立开来,总是认为理论比实践更高,理论应该指导实践,而成功的背后总想推导出背后的理论。因此,诺贝尔经济学家在分析中国取得成功时认为没有背后的经济理论所支持,殊不知,中国基于实践的挖掘推广过程相当简单、有效,如果非要用一个理论去包装,就叫重视实践效果的"猫论"吧。

二、优秀实践的特征

就像中国的家庭联产承包责任制快速复制并释放占中国人口 80% 的农民的活力一样,通过复制优秀实践而不用提炼理论的方式更快速、效果更好。

日本川村通过对幸岛猴群行为的研究,1964 年写了一篇文章发表在 *Science* 上,震惊了世界。这篇文章也是被引用次数最多的有关动物行为的文章之一,文章讲述了猴子通过复制实践获得最佳解决方案的案例。

案例

日本猴子洗红薯的故事

日本南方的幸岛保护区生活了一群猕猴,在冬天由于食物紧缺,需要通过人工投食避免猴群被饿死。

给猴群投的食是刚从地里面挖出来带泥土的红薯。猴群在冬天的生存问题得到了解决,但另一个问题出现了:如何快速去掉红薯上的泥土吃到一个干净的红薯?这对每只猴子来说都很关键。

针对如何快速去泥土的问题,猴子们也想了很多方法。有的猴子通过用牙齿啃掉红薯皮的方式去掉泥土,但每次还没有吃到红薯却啃了满嘴的泥;有的猴子用爪子挠红薯上的泥土,但无论多久都无法挠干净;有的猴子把红薯按在石头上磨,猴子始终没找到万全之策。

一天,一只一岁半的少年雌猴—默(Imo)偶然间把带泥的红薯放在海水中淘洗,随后吃到了一个干净的红薯。一默洗红薯的技能最先在经常一起玩耍的小猴中传递,这个技能逐步通过小猴传递给小猴的妈妈们。终于有一天,这个洗红薯的技能被猴群的绝大多数猴子掌握。

从此,每年冬天幸岛多了一道独特的风景线,一群猕猴齐刷刷地在冰冷的海水中淘洗红薯。

（一）优秀实践的特征

人和动物通过优秀实践学习可以快速掌握最佳技能，通过复制实践同样是人和动物的共同学习方式。既然优秀实践可以传递最佳技能，那么，什么是优秀实践？在这里通过分析猴子洗红薯的案例来诠释优秀实践。

1. 来自实践并得到有效证明的局部最佳

猴子淘洗红薯的动作是偶然探索所得，并且有最佳的效果，这不需要懂得理论分析，其实理论分析在这里是得不出最佳动作的。设想一下，如果猴子们精通质量方法，通过 QCC、六西格玛或者鱼骨图去优化用牙去皮的过程，最多能做到"左三圈右三圈"的去皮动作，猴子们永远也做不出淘洗红薯的动作。

2. 优秀实践是解决特定场景问题，不能夸大应用

假设猴子们吃带泥的香蕉，只需要去除香蕉皮即可，不必在冰冷的海水中淘洗。也就是说优秀实践只能解决特定场景下的问题，这个很重要。"休克疗法"在 20 世纪 80 年代的智利较为成功，但 90 年代俄罗斯复制后导致经济崩溃。

日本"失去的三十年"也是这个原因，重要的原因就是日本在信息产业中沿用制造业的成功经验。这不仅没有促进创造业的发展，反而还严重阻碍创造业的发展。虽然日本在 20 世纪 80 年代比中国起步早得多，而且受高等教育的人口比例也比中国大得多，但在 IT 大潮中日本至今没有涌现一个世界级 IT 公司，而中国涌现出华为、大疆、比亚迪这样以创新为核心的大公司。

3. 优秀实践具有简单易学的 DNA

把红薯放在海水中淘洗，大小猴子都会。有好成果未必就可以被成功复制，世界上最难复制的两家科技公司，一家是乔布斯的苹果，另一家就是任正非的华为。乔布斯的苹果难以复制的原因是世界只有一个乔布斯，而任正非的华为难以复制的原因，是绝大多数老板没有达到任正非的思想境界，因此复制效果都会大打折扣。

4. 优秀实践最大的亮点就是谁复制谁受益

大小猴子都争相复制淘洗动作，其目的是快速吃到一个干净的红薯。复

制并受益也是一个排他条件，可以杜绝大量无效实践。笔者在成研 MSTP 上取得了极好成果，很多业务团队的部门领导亲自邀请笔者过去讲课。以前每次到深圳出差的行程都安排得非常满，业务团队的目的就是通过复制优秀实践让团队的能力快速提升。

（二）优秀实践让华为硬件质量独步天下

华为从 2006 年开始就重视优秀实践的挖掘。笔者在 2006 年输出了《整机排查优秀实践》，获得第一批 PSST 基本的优秀实践，《整机排查优秀实践》在 OSN 6800 的成功复制让 OSN 6800 V1R1 创造了华为 4 个第一基础满分版本。后续在网络全面排查老旧产品，为硬件质量快速提升立下汗马功劳。

除了整机排查，后续挖掘的日清管理、有效评估、需求串讲、方案串讲、检视"三部曲"、出 CAD 清零、质量策划被硬件能力中心评为经典优秀实践。在新员工的培养上，需求串讲、方案串讲、检视"三部曲"、出 CAD 清零、整机排查 5 个优秀实践成为新员工培训内容。华为硬件新员工基本上都是大学刚毕业，通过培训，新员工可独立开发 10K 中等规模的硬件单板，均可做到一次投板成功。

我们在公司级硬件质量流程变革过程中，按变革项目每年都有 70 万元外籍顾问预算。华为的硬件流程变革没有花一分钱，这不是我们自吹，而是华为的硬件质量独步世界，还没有一个外籍顾问能指导华为的硬件质量。外界总觉得华为的质量较为领先。

华为硬件质量领先于世界在于对优秀实践的探索和推广，在全公司范围挖掘优秀实践的同时，通过快速复制优秀实践把局部最佳方法传递到全公司。

华为挖掘硬件优秀实践过程中，很关注复制后是否收益，这个需要复制团队判断后才决定，并不会给予所有优秀实践奖励。

三、有效性评估

核心理念"3R 原则"确定了做事步骤，做事的第一步就是要做正确的事情（do Right things）。没有正确的第一步，做再多的事情都等于零。

在华为，研发不怕压力山大，也不怕加班加点，最怕在压力山大、加班加点的情况下所开发的项目在过程中被裁掉。

案例

痛苦到麻木就不再痛苦了

一次，笔者去某研究所支撑 Q 网，中午和一个开发老员工一起吃工作餐。他在华为工作超过两年，但还在底层做硬件开发，职级和工资都没有上升，这在 Q 网爆炸发展的年代非常少见。

笔者问他缘由，他就开始大倒苦水，说是这两年绩效特别差造成的。再问，过程说起来很悲摧：他两年共开发了 5 块单板，天天起早贪黑加班加点赶进度。由于产品规划出了问题，5 个单板在开发过程中全部被裁掉，唯一差别是单板每次被裁掉的阶段不同而已。以至于两年间他没有一个能结项的单板，因此每年年度考评都非常靠后。

笔者忍不住问："这么多单板被裁掉，兄弟痛苦不？"他耷拉下脑袋无奈叹了口气："每次被裁都很痛苦，经过几轮痛苦变得麻木，已经感受不到痛苦了！"

（一）为何会产生低效研发

当年光网络研发的低效单板（没发货和发货量极小）比例超过 50%，这还不算在研发过程中被裁掉的单板数量。2007 年光网络发文称要改进硬件单板有效性，并在 2008 落地。

经分析，产生低效单板的典型原因有以下几种：

● 价值不被客户认可，这个最常见。价值不高的单板和产品即便再便宜客户也不愿意购买。就好比性能手机一样，200元一部也没有年轻人会购买。

● 解决方案成本太高，造成单板局部亏损。有些项目为了赶时间上市，功能不强的单板选用通用性解决方案（CPU系统外加FPGA），但单板本身的价值不高，客户不愿意负担较高的价格，卖得越多就赔得越多。

● 盈利窗口期太短，有些单板虽然上市可以盈利，但很快会被未来的技术替代。如SDH在2007年前后还有一定的盈利窗口期，但未来的SDH技术会被IP替代，盈利窗口期太短很可能收不回研发投入。

● 版本规划不好，开发功能相近的单板太多。比如，某产品分别开发了2、4、6、10、12端口的功能单板，但真正销量好的是4端口和12端口单板，其他的三类端口单板很少有客户购买。

（二）有效评估步骤

版本有效评估需要在需求&方案阶段建立有效的评估机制，通过多维度对版本进行有效性审视，结合DCP评审活动对有效性进行审批，对硬件改板项目需要独立的审批机制，只有通过审批机制的单板或版本才能进入研发阶段，见图6-2。

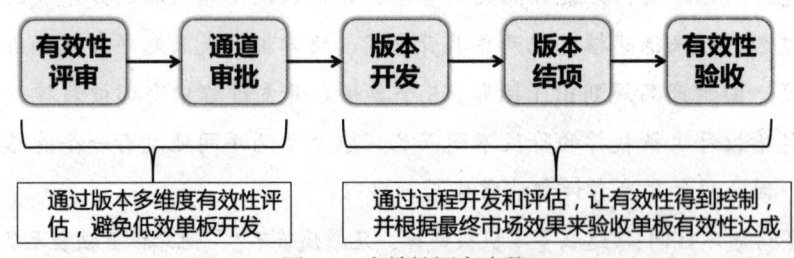

有效性评审 → 通道审批 → 版本开发 → 版本结项 → 有效性验收

通过版本多维度有效性评估，避免低效单板开发

通过过程开发和评估，让有效性得到控制，并根据最终市场效果来验收单板有效性达成

图6-2 有效性评审步骤

在这个过程中严格控制研发流程，需及时避免没有通过审批的版本进入开发阶段，在版本上市后进行有效性验收，最终衡量版本的市场结果及版本实际的有效性。

> **深度思考**
>
> *有效性越高越好吗？*
>
> 在单板、芯片等开发过程中，不可避免有一些冒险项目。在设计有效性

指标中，当年制定的标准是80%左右的单板有效，太低就会浪费研发资源，如果太高，比如，目标高于90%会有什么结果？

当年也思考过这个问题。市场是千变万化的，一个版本从立项到上市用时一年左右，等一年后的市场需求和机会点可能已经出现较大的变化；客户也存在一些特殊的需求，未必在立项之初就能意识到。如果仅仅是为了追求过高的效率，势必会把"有效性低"的单板裁掉，等上市的时候因为产品功能缺失而失去重大市场机会。因此，有效率并不是越高越好，有一个大致的比例即可，成研硬件推荐的有效率为80%即可。这样可以避免因为裁掉过多单板而失去市场造成损失。

（三）有效性评估维度

2008年，成研的硬件质量部门和硬件部门共同承担单板有效性的TOP工作，鉴于典型低效单板的经验，结合版本在TR2前的需求分析过程，制定了针对性的六维评估动作。

六维评估就是从六个维度分析和评价单板的有效性，即通过需求价值、方案实现、成本分析、盈利分析、维护策略和替代升级六个维度来看即将开发的单板或项目（见图6-3），六维评估思路同样也适用于软件、芯片等项目。

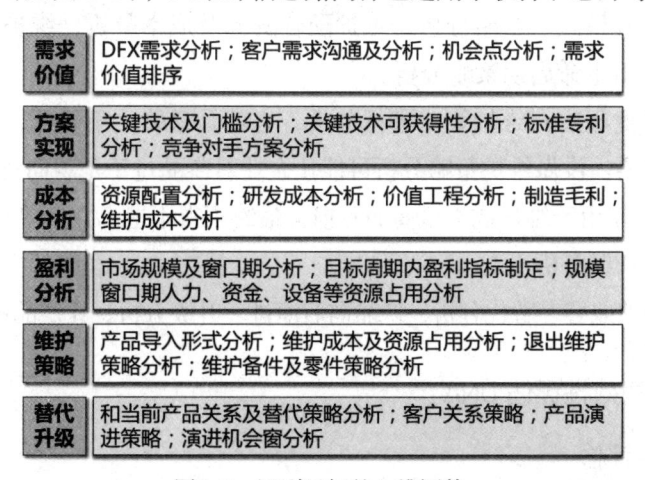

需求价值	DFX需求分析；客户需求沟通及分析；机会点分析；需求价值排序
方案实现	关键技术及门槛分析；关键技术可获得性分析；标准专利分析；竞争对手方案分析
成本分析	资源配置分析；研发成本分析；价值工程分析；制造毛利；维护成本分析
盈利分析	市场规模及窗口期分析；目标周期内盈利指标制定；规模窗口期人力、资金、设备等资源占用分析
维护策略	产品导入形式分析；维护成本及资源占用分析；退出维护策略分析；维护备件及零件策略分析
替代升级	和当前产品关系及替代策略分析；客户关系策略；产品演进策略；演进机会窗分析

图6-3 识别目标的六维评估

1. 需求价值分析

通过客户的需求、市场趋势、竞争对手对比分析、市场机会点分析等手段，评估所涉及的版本、硬件单板、芯片等的价值是否具有竞争性，如果没有竞争性，需要进一步阐述是否有特殊或紧急需求，比如，针对特殊客户的特殊需求的紧急配合开发。

2. 方案实现分析

针对价值需求所需的技术准备度和可获得性分析，涉及的标准专利分析，竞争对手（如果竞争对手已经有同类产品）方案优势对比分析，并描述涉及的实现方案和备选方案，同时对比正选方案和备选方案。

3. 成本分析

批量产品毛利分析、研发成本分析、维护方案及成本分析，如果涉及新生产线还需对新生产线投入进行分析和生产线兼容性进行分析（要考虑生产线的柔性化设计，尽量避免一个单板或版本建立一个生产线）

4. 盈利分析

在产品的生命周期内，对盈利机会窗分析、机会窗的竞品优势对比分析，整个产品生命周期投入产出比预估计，生命周期盈利分析很重要，像终端手机产品营销窗口期可能不到一年，因此在很短周期内能否实现端到端盈利对产品很重要。

5. 维护策略分析

产品维修模式、策略分析，维护配合资源及成本分析，维护备件策略分析，产品推出生命周期策略分析。

很多企业很少对维护策略进行分析，也就是只管生不管死，让企业后期维护成本大增。没做维护策略分析可能让企业对产品过于乐观而盲目投入，像ofo和摩拜单车由于维护成本过高而亏损，最终不得不退出共享单车领域。

6. 替代升级分析

产品向前兼容、替代分析，产品向后演进、升级分析，让产品更有连续性。

（四）有效性评估DNA

1. 六维评估

从六个维度对版本、芯片、硬件等进行评估，通过评估后才允许开发。

2. 有效性验收

最终的产品有效性需要验收，分析低效的原因并持续改进，有效性离目标较远的研发团队需要体现在问责、绩效考核等管理活动中。

四、需求&规格串讲

在具体的开发中，有效性评估是确定打哪个靶子，而需求 & 规格串讲是确定靶心，均属于 3R 原则核心理念 "do Ringht things" 的落地。

在价值驱动的核心理念中，我们知道需求来源于外部和内部。外部需求包括四个小类，即客户沟通、对手分析、机会点、准入；内部需求包括盈利、关键技术、资源配置和 DFX（design for X，如可制造性、可安装性、可维护性、可靠性、易用性等）。

"差之毫厘，谬以千里。"需求来源于多个领域，比如，外部需求主要从销售、Marketing 和维护中来；内部需求多数来自管理部门和研发部门，需求就需要从不同的角色中传递、分析、整合和归纳，如何在不同角色间无误地传递需求是把握产品目标的关键。

> **深度思考**
>
> #### 文字能正确传递信息吗？
>
> 文字是人类文明出现的主要标志，通过文字记录的古代书籍，我们能够知道几千年前发生过的重大事件，也能让我们欣赏到古代诗歌的美妙。通过文字也可承载需求信息，在很长一段时间内，需求和规格都以文本方式承载。
>
> 文字也会产生歧义，甚至产生相反的意思。"衣服有多少穿多少"放在不同的语境中意思就会完全不同：如果是夏天的语境，"衣服有多少穿多少"的意思就是"衣服穿得很少"；在冬天的语境下就是"衣服穿得很多"的意思。
>
> 其实很多时候文字不能快速、准确地传递信息，根据每个人的喜好、修养、能力不同对同样的文字也会有不同的理解。同一本《红楼梦》，也是

"仁者见仁，智者见智"，从这一点也说明了文字传递信息的有限性。

正因为文字不能快速、准确地传递信息，因此，以前基于文字描述的需求评审需要有更好的方式，来实现各个角色对每一条需求完全一致的有效传递。这种方式就是串讲。何为串讲？就是答辩式评审，在传递信息时有主讲人和周围专家通过答辩的形式，在会上通过质疑、澄清、沟通等手段，最终让每个人对每一条需求的理解完全一致。

（一）需求&规格串讲步骤

需求&规格串讲分为三步，第一步是需求确认，第二步是需求串讲，第三步为规格反串讲，如图6-4所示。

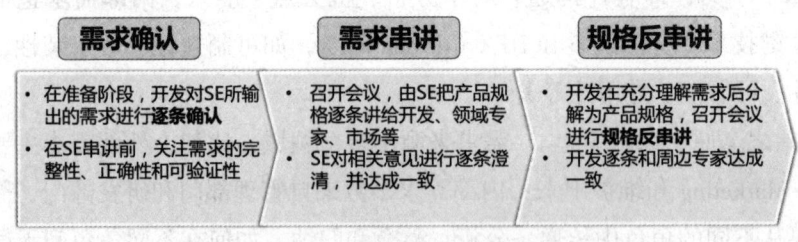

需求确认	需求串讲	规格反串讲
• 在准备阶段，开发对SE所输出的需求进行**逐条确认** • 在SE串讲前，关注需求的完整性、正确性和可验证性	• 召开会议，由SE把产品规格逐条讲给开发、领域专家、市场等 • SE对相关意见进行逐条澄清，并达成一致	• 开发在充分理解需求后分解为产品规格，召开会议进行**规格反串讲** • 开发逐条和周边专家达成一致

图6-4 需求&规格串讲步骤

1. 需求确认

系统工程师（SE）在串讲前，需要把需求逐条和该需求的提出人进行单独确认，确保需求的理解和提出人一致，同时需要确保对该需求的描述无歧义。

需求确认是进行需求串讲前的准备活动，首先要避免在串讲会上因为质量不高使串讲的效率低下；其次，在串讲会上 SE 需要保障需求的完整性，只有完整的需求才能映射出研发项目的最终目标。如果需求不完整，后期的需求变更过程中新引入的需求可能冲击原有需求的合理性。

2. 需求串讲

完成串讲准备后召集市场、Marketing、开发、维护、测试等领域专家召开串讲会议，在串讲会上 SE 逐条把需求的理解向在座的各领域专家详细讲解，各领域专家可以通过及时质疑、补充描述等方式与 SE 互动，如果对该需求的理解不一致需要及时让 SE 澄清，同时记录该需求所存在的问题。

需求逐条串讲完后各领域专家还可以质疑整个需求的完整性，可能涉及补充新的需求。等需求答辩完成后，会上需要给出该需求是否答辩过关的结论。如果不过关，还需 SE 调整后再一次组织串讲，直到该需求答辩过关为止。

答辩过关后，SE 需要记录专家所提的遗留问题，完善需求材料，并组织相关领域评审。通过评审后的需求作为该项目的原始需求归档，并作为规格分解的来源。

3. 规格反串讲

归档后的需求作为输入，研发人员逐条对需求进一步分解成规格，同时，需要确保规格的完整性、可实现性、可跟踪性、可测试性，并对规格描述无歧义。分解完规格和 SE 核对无误后，研发人员组织规格反串讲会议，涉及的各领域专家和需求串讲会议相同。

研发人员对规格逐条讲解答辩，形式和需求串讲相同，目的是各领域专家对每条规格的理解完全一致。答辩完成的规格按专家意见修改，最终通过文档评审基线，作为后续设计的依据，也作为测试验证的评判标准。

（二）需求 & 规划串讲 DNA

1. 需求确认

SE 逐条和需求提出者确认需求描述的正确性，确保每条需求的质量。

2. 答辩式评审

通过需求和规格的串讲（答辩式评审）方式确保各领域专家的需求认知的一致性，让需求和规格实现真实传递。

五、硬件方案串讲

硬件方案是从规格到原理图的桥梁，开发过程中落地到《硬件概要设计方案和硬件详细设计方案》中。一般在硬件研发中会裁剪《硬件概要设计方案》减少交付件数量。硬件方案在设计过程中存在较多的问题。

SE 不清楚需求和规格是否无偏差落实到设计方案中；开发人员对关键技术掌握不彻底，导致关键设计出现偏差；软件开发人员对硬件无法全方面地理解，导致后期软件配合硬件出现脱节；硬件开发人员对单板的信号完整性没有一个综合的展现，很多细节容易出错；测试人员不了解开发方案，导致后期测试效率低下；专家不了解评审方案，导致后期检视评审质量较差。

那么如何才能完整地了解硬件的方案？用哲学家的思维方式去做开发。

著名的哲学三问："我是谁？我从哪里来？我要去哪里？"哲学家通过这简单三问就可基本了解一个人的一生走向和人生观。

方案是需求和最终设计的桥梁，笔者所辅导的开发人员，不管是新员工还是老员工，都需要明确三个问题："设计的输入是什么？过程是如何处理的？输出到哪里去？"明确这三件事再做底层设计，不仅让开发人员及时纠正方案的错误，而且在头脑中有正确方案后让开发效率极高、返工率极低，创造出不可思议的奇迹。

笔者在华为唯一负责软件、硬件、测试所有研发领域的版本就是在成研的 MSTP+，因为这个基础版本使老产品 MSTP 重获新生，延续老产品的生命并持续多年，成为华为最赚钱的产品。硬件部门在人力严重缺乏的情况下，7 人开发了 8 块板。其中一个新员工开发规模达 20Kpin 网络的双槽位单板，远远超过前期的最大规模；另一个新员工一人开发了 2 块单板，这群刚入职的新员工创造了连老员工都难以企及的成绩，被赞为"新员工中的战斗机"，让新员工创造奇迹的就是方案串讲。

（一）硬件串讲核心按信号流向讲出硬件 DNA

硬件（单板、模块、芯片）DNA，就是一个硬件和其他硬件的区别，就是完整描述出"输入、处理和输出"实现方案（见图 6-5）。如果硬件的输入、输出完全相同，而处理方式不同，那么就是完全端到端可替代的硬件。比如，在华为中的降成本单板用海思芯片替代 FPGA 逻辑芯片的单板，从客户端来看，这两个单板从外部完全相同，实质是两种类型的单板。

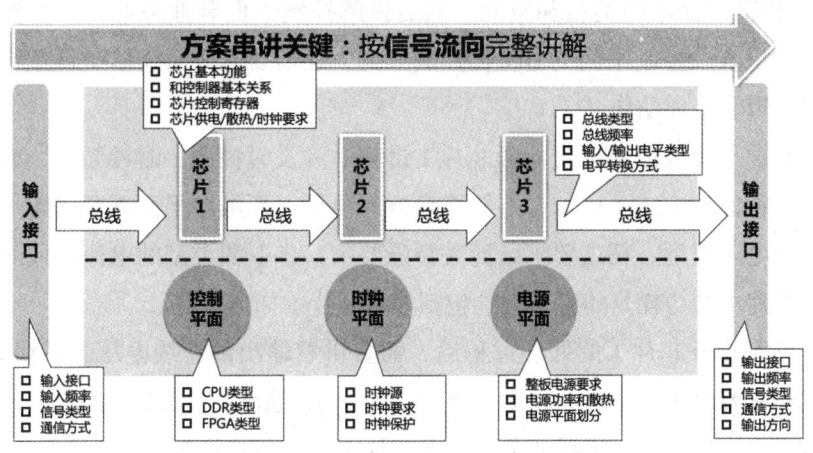

图6-5　硬件DNA完整体现硬件方案

1.串讲方式

根据单板复杂度可采用两种模式：一次综合性串讲；复杂单板完成多次专项串讲。串讲过程采用答辩式评审，开发人员先完整描述，后进行专家提问。串讲中完全体现单板 DNA，包括电源、控制、时钟三大平面内容。

方案串讲通过答辩方式，由硬件开发工程师在会上完整讲解方案，各领域专家作为评委对方案进行提问，硬件开发工程师需要及时澄清专家的疑问。如果方案答辩不通过，需要更新方案后再次组织答辩，直到答辩通过为止。可以避免后续《硬件详细设计方案》和原理图因为方案错误造成的反复修改。

方案串讲输出问题、风险、改进措施和改进计划。

2.从硬件的输入开讲

在简单介绍单板的功能后，开发讲解硬件 DNA 从输入开讲，要讲清楚输入，需要讲解输入接口从哪种类型的端子进来的？是哪个端口 pin 管件？信号类型有哪些？分别的输入类型是什么？如果涉及通信需要讲解该通信的方式。

3.结合三大平面讲解处理和内部总线

处理这部分的讲解是串讲最核心也最难的部分，从输入进入后，按信号的处理顺序首先讲解业务芯片1，讲解业务芯片1的功能和实现方案。同时，在讲解过程中需要讲解控制平面、时钟平面和电源平面。

处理1如果涉及控制平面，要讲解控制平面的实现方案，包括CPU系统、FPGA，存储的类型和空间。然后讲解控制平面和业务芯片1的控制方式，如果涉及控制平面的BIT位控制方式，还需要打开每位BIT详细讲解其控制逻辑和实现动作。

时钟平面也需要配合业务芯片1讲解，涉及时钟源、时钟频率、时钟精度、时钟保护方式（比如，心跳重启方式）等。而电源平面需要讲解业务芯片1的电源类型、精度要求，滤波特殊要求、各电源类型的电流，同时了解业务芯片1的功耗具体有多大，包括业务芯片1如何散热。

讲完业务芯片1的处理过程后，需要讲解输出的总线电压、总线频率、总线特殊要求（如果有，比如，差分线要求）、输出/输入电压类型、电压转换方式等，这样通过总线业务从业务芯片1到业务芯片2。

同理，讲解业务芯片2至业务芯片N，这样就讲解了整个芯片从输入到输出的全部过程。

4.讲解硬件输出

硬件的输出类似硬件的输入，需讲清楚输出到哪种类型的接线端子，具体到哪个端口pin管件？输出信号类型有哪些？输出信号的类型是什么？如果涉及通信需要讲解该通信的方式。

（二）硬件方案串讲DNA

1.完整信号

要求开发准备好完整的单板信号处理过程，包括输入、处理、输出过程和过程中的相关控制、时钟、电源的配合。

2.答辩评审

开发人员针对方案进行答辩式评审，专家可以深入细节以便判断开发是否掌握了方案,当方案出现重大问题可以评审不通过。

3. 一举四得

方案问题迅速被发现,避免后期大规模返工;通过串讲让开发人员掌握完整方案,提高后期开发速度;通过串讲,有助于专家提高检视效率和质量;测试人员通过串讲完整了解方案,提高测试用例质量和测试效率。

六、检视"三部曲"

落地范围：硬件开发、芯片开发、逻辑代码开发、软件代码等多个领域均可采用，通过自检、互检和封闭检视，让研发交付趋于零缺陷，是华为十大硬件经典优秀实践之一，也是落地新员工硬件 MINI 培训的优秀实践。

实践核心：关键交付件做到零缺陷落地，分三层检视，实现个人、小组和公司三个层次能力内不犯错误。

案例

检视"三部曲"背后的故事

2006 年笔者进质量部没多久，一天在长途波分实验室工作时，背后有人突然拍了我一下。笔者回头看，是一个小伙，有点面熟，但又叫不出名字。

"我叫小张，和你在主导科技一起干过。"笔者这才想起，进华为前笔者等华为入职通知，暂时在西南交大主导科技待了 3 个月。笔者和小张在一个项目组，笔者做硬件开发，小张 9 月考上西南交大研究生，进项目做算法。10 月后笔者去了华为，因此和小张有一个月的工作交集。

小张加入长途波分项目组时项目已经过了 TR4，有一个紧急开发的单板项目很受重视，项目经理"乔帮主"也很重视，亲自把关键电路给了小张。开发比较顺利，原理图专家检视都很投入，也符合检视问题质量所规定的收敛要求。2 月后，单板总算投板。

但后来单板上不了电，经检查，一个芯片电源接到地线了，为了赶进度，小张匆匆改后投板。但回来还是上不了电，再查，这次发现的错误是芯片的地线连到电源了。原来是"乔帮主"不小心把给小张的电路图上的一个芯片的电源和地线标注反了。

笔者组织相关专家回溯这两次低级改板错误，当问到各检查专家为何这么多轮检视都没有发现这样的低级错误，一个专家委屈地说："专家应该检视专家级问题,像这样的基本连接必须由研发人员自己保证。"

最终这个重要的单板从版本中裁掉,对产品的业务拓展影响很大。由于连续两次低级错误改板无果而终,小张也最终因考评为"D"被末位淘汰,离开了华为。

(一)谁才是交付件最好的专家?

这件事对笔者的影响极大,让笔者思考到底谁是交付件最好的专家。从笔者多年从事开发的经验来看,那个专家所说的"基本连接必须由研发人员自己保证"是对的。

以前华为硬件开发为了赶时间,原理图刚出初稿就让各路专家检视评审。原理图质量极差,检视问题很多,根据检视收敛的要求,还会多花几轮专家检视时间。

检视对项目组的资源冲击都很大,每块单板原理图平均检视5轮,平均每轮10个专家每人投入半天时间,仅一个单板的原理图检视投入就需要花费25人天,但最终效果也不好。笔者接手的OSN 6800版本开发36个单板有35个改板,都是低级错误引起的。

能想出检视"三部曲"和笔者的经历有很大关系。笔者第一个开发的产品就是通过手绘原理图和PCB的方式,因此对画PCB前的原理图认真检查,确保100%正确后才开始手绘PCB。笔者后续用电脑辅助设计后更是如虎添翼,但开发过程都沿用第一个单板的做法,原理图输出后会花上一天时间全覆盖式检查,确保原理图100%零缺陷。进华为前搞了8年研发,近20个硬件单板全是一次性成功,在华为Sonet产品线工作2年也设计了3块单板,都是一次性投板成功。

其实每个研发人员都比检视专家更有资格做好自己交付的检视,没有任何专家比研发人员自己投入的时间更长,也没有人比自己更懂方案,更没有人对研发结果承受更多的责任,研发人员自己才是最好的检视专家,这不仅是检视交付质量问题,还涉及自尊心的问题。

(二)首次落地检视"三部曲"

2007年年初,成研陆续来人接手MSTP产品,笔者调回成研工作,因此

MSTP 的版本也由笔者来引导。接手硬件版本的曾山是项目组长（PL），曾山悟性特别高，第一个落地检视"三部曲"的版本就是曾山的版本，第一次落地自检、互检和封闭检视。经三天的自检，原理图交付都能达到不犯一个低级错误。检视"三部曲"把原来平均每个原理图 5 轮的专家检视降低到 3 轮，而且系列硬件的投板次数从原来的 2.5 次降低到 1.1 次，从质量效率和成本上都有较大的改进。

封闭检视需要封闭检视会议室，当年在光网络硬件质量工程师（HQA）组把过道的一个会议室安装了 15 台电脑做成封闭检视会议室，光网络硬件开发通过封闭检视来推高产品的质量。由于每个单板都要做几轮的检视，因此封闭会议室的预定每天分为上午、下午和晚上三场，平均每场可以安排 2 个单板同时检视。周六和周日都预定满了。但好景不长，新上任的光网络产品线总裁看中了这个会议室，改成了总裁办公室。对质量的不重视，后期出了令人震惊的"40G 光模块事件"，仅一个光模块的损失就超过一台丰田车，也被公司高层定性为华为的"丰田门"事件。

2007 年年底，笔者回成都后找领导谈到建封闭检视会议室。成研领导很重视，马上派一个秘书和一个 IT 配合笔者建设，同样也是 15 台电脑。虽然同样面对会议室资源紧张的情况，但成研领导对质量的支持落地到实际的动作上。成研封闭检视室的建设为成研的硬件质量奠定了坚实的基础，为后期成研硬件全面推广检视"三部曲"提供了物质条件保障。

（三）检视"三部曲"的步骤

看优秀实践的名称就知道是三步，其实过程非常简单，重点是如何做到关键交付件零缺陷。零缺陷，就是不犯能力内的错误，从个人、团队和组织能力三层分别迭代让关键交付件趋近零缺陷的优秀实践（见图 6-6）。

实践的核心是零缺陷落地，笔者在 2007 年年底做了光网络网上改板原因的分析，95% 是低级错误。

1. 自检的核心是实现个人零缺陷交付

这个说起来容易做起来难，每个人都有惰性，这样的严格要求让很多开发人员不习惯。做好自检需要从 3 个方面着手。

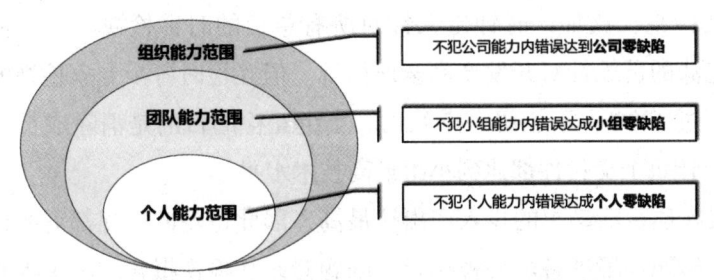

图6-6　检视"三部曲"分层趋近组织能力交付

第一是思想层面的，也就是核心价值，让开发人员打消不能犯错的顾虑，让开发认真做到自己能力内的错不犯就好；笔者在培训的时候还会给大家讲一些低级错误的案例，围绕他们的工作再讨论，强调犯能力内的错误是态度问题，将严重打击个人的自尊心。

第二是在开发完成后需要自己合理安排后续的时间，结合检查工具、缺陷预防表单进行100%全覆盖自检。这个很重要，自检将避免95%的低级错误。只有自我宣称完成了自检环节才能进入下一轮小组互检。

第三是管理应用层面的，以前的检视工作是对项目组资源冲击最大的投入，但多轮检视后还有低级错误改板，因此，在成研数据平台有一项自检考核规定，如果在专家检视环节发现低级错误，会立即取消检视活动打回重新自检，同时作为考评"黑事件"记录。不犯低级错误也是对小组和行业专家的尊重。在笔者配合成研数据平台的几年中，从没有因为低级错误被打回而使考评发生"黑事件"。这说明网上改板已经避免了95%的低级错误。

2.互检的核心消除开发的"个性"

华为的规模从2002年2万人发展到2012年15万人。这个时期华为的研发部门就像新兵训练营，大量熟练的员工抽调到华为的销售、维护、测试、平台研究等其他部门。待在项目超过一年的都是老员工，项目组通常80%的人是刚进华为的新员工，好多还是大学刚毕业没有任何经验的"小白"。新员工进来后配一个导师就开始干活，但进度和质量都没有因为是新手而降低。

虽然自检可以不犯个人能力错误，但新员工能力本来较弱，因此新员工遗留的问题就非常多，最好的方法就是互检。互检分为两种：一种是某领域专家专项检视，比如，时钟专家针对所有单板的时钟检视。另一种就是时间较为充沛的员工针对开发产品全面检视。但互检时各个专家检视的覆盖叠加必须超过100%，不能留一点死角。小组互检的目的是消除成员交付件的"个性"，让每个交付件都达到小组最高技术水平。

检视在质量活动中的投入产出比最高，因此每轮的检视都需要提前做检视计划、检视环境准备、检视执行、问题修改和检视报告。为了提高互检和专家检视的质量，还需要统计专家提出的有效问题并汇总。在成研的数据平台，每轮单板检视提出有效问题数量排名前三位的专家都会立刻得到荣誉券（价值20元）或电影票的奖励。在年度考评中，提出有效问题数量排名前三位的专家都会得到年度好考评的倾斜。在同等条件下的考评边际审视中，直接拿有效检视问题汇总来评判，检视有效问题多的说明对组织贡献大，因此考评会排在前面。

3. 外部专家封闭检视逼迫专家拿出真功夫

只有通过自检和互检的交付件才启动外部专家封闭检视，因为请的专家级别比较高，通常一个硬件单板原理图只能协调到一次外部专家检视。

以前为了节省时间，在互检环节就邀请专家过来检视，结果专家本身事情很多，由于互检环节的问题特别多，专家经常草草交付几个检视问题交差了事。为了逼迫专家拿出真功夫，通过互检后达到小组最高能力的交付件才给专家封闭检视。专家封闭检视必须在封闭检视会议室中进行，进门后手机统一保管。

由于网络和工作断开，专家们干不了其他工作；由于交付件质量非常高，专家很难再发现问题，但检视半天如果不提问题也很难交差，专家就必须拿出真功夫才能发现一个问题。这个问题已经超出了小组的能力范围，也就是逼迫专家拿出专业技能保障单板的质量。

4. 结果考核

不犯低级错误最终也需要通过考评来体现，考评的标准都会在项目立项的时候公示明确。只有这样，检视"三部曲"的真正精髓才能有效落地。

华为落地检视"三部曲"的团队在考核时都很犯难，因为大部分单板都是一次性开发成功，很难从交付结果上拉开考评差距。也有因为芯片自身缺陷造成的改板问题，因为是能力以外的问题造成的，因此，其改板的结果也不会因此打击到研发人员。

少数人因为犯了能力内的低级错误造成改板，考评结果不言而喻，基本上就承包了项目团队考评C和D的指标。其实这个结果让项目成员也很服气，因为平均多改一次板仅成本就增加36万美元，让产品推迟两个月上市，甚至会因为多次改板让项目失败。如果缺陷流到网上，造成的全球召回让企业损失更大。因此，每增加一次改板的成本和机会成本之和差不多要50万美元。

（四）检视"三部曲"DNA

1.零缺陷落地

一定要给团队讲清楚零缺陷的意义，只有统一了思想才能真正把零缺陷分层落地到位。

2.顺序检视

先自检达到个人最高能力范围，再互检消除"个性"达到小组最高能力范围，最后通过专家检视达到部门能力范围，这个检视投入小，效率极高，而且质量非常高，可以避免占比95%因低级错误影响到客户的问题。

3.标准落地

在自检和互检过程中会落地质量标准，避免以前的错误重复在当前的开发中发生。

4.考评闭环

最终的结果体现在考评上，如果出了问题首先需要分析是否为能力内的错误。对专家多给予鼓励，以激励专家的投入。

七、CAD清零

在涉及硬件单板和芯片开发的过程中，平均每多一次硬件单板投板，硬件的成本增加 36 万元，产品推迟 2 个月上市，加上市场机会成本每多一次硬件开发平均增加 50 万美元。而芯片影响比硬件单板更大，如果大规模芯片生产，每多流片一次，仅直接的流片成本增加 1000 万美元以上，交付推迟 4 个月以上，如果因芯片缺陷而旗舰手机推迟上市 4 个月，总损失就会超过 1 亿美元。因此，基于一次性投板成功和流片成功的狭义缺陷预防意义非常重大。

硬件单板投板前的清零工作非常有效，以下以硬件单板为例讲解 CAD 清零活动，芯片类产品基本和硬件单板相同。

（一）为何要在 CAD 前做缺陷预防？

图 6-7 为单板硬件狭义缺陷预防活动图。

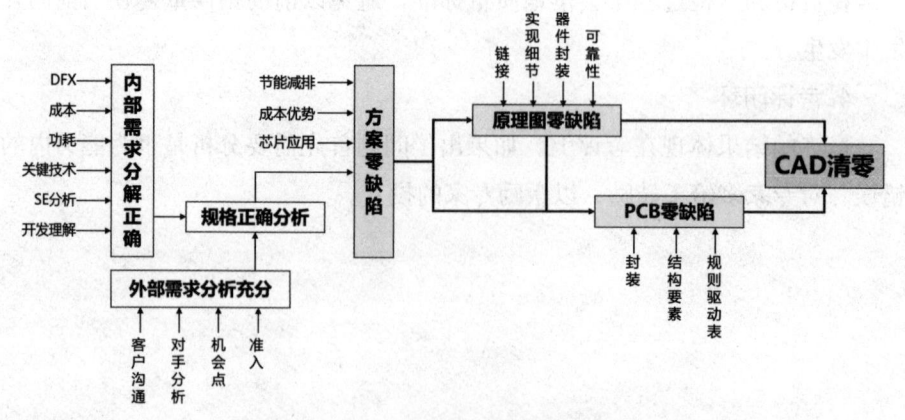

图6-7　单板硬件狭义缺陷预防活动图

硬件单板一次性投板成功从活动来看，需求和规格需要正确分析和分解，方案需要实现零缺陷，方案支撑的原理图和PCB需要达到零缺陷，在投板之前，需要通过CAD清零活动让上述交付件零缺陷交付。

为何要在投板前做CAD清零活动？有两个原因让CAD清零在狭义缺陷预防中的价值最高：一个是代价最小，CAD前修改的代价很小，如调整连接错误基本无代价，而硬件单板投板后因连接错误的改板，即使不包含市场机会成本的损失，仅研发成本就增加了30多万美元；另一个是在CAD之前设计所需文档最全面，硬件单板所有需求、规格、方案（《硬件单板概要设计方案》《硬件单板详细设计方案》）、原理图和PCB都已经输出，当下做狭义缺陷预防能做得最到位。

达成狭义缺陷预防意义重大，不仅让研发成本大幅度降低，而且会让产品提前上市增加竞争力，较友商赢得更高的市场关注度，甚至因为硬件具备快速设计能力能形成流水线的研发模式，赢得需要快速交付的市场空间。

（二）六维清零

从硬件单板开发来看，CAD清零活动价值极大，最关键的是如何做到清零，具体如图6-8所示。

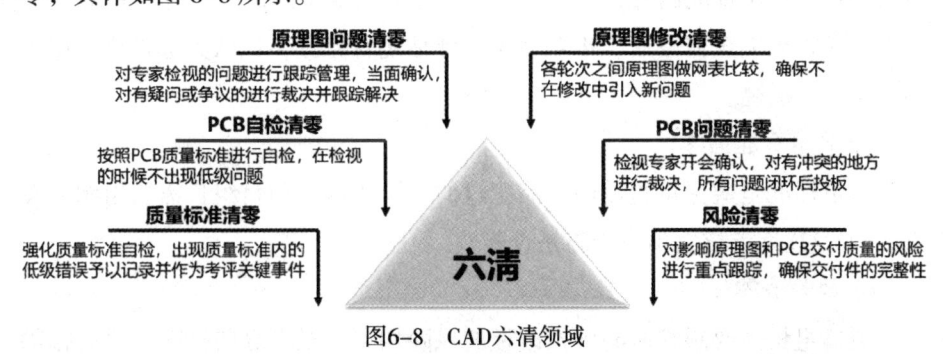

图6-8 CAD六清领域

一般在出CAD前一周就开始做清零活动，包括6个维度全面清零工作，具体为原理图修改清零、PCB自检清零、PCB问题清零、质量标准清零、原理图问题清零、风险清零。

1. 原理图问题清零

在投板前，把前期所有涉及的原理图问题逐一修改，每个修改后的原理图需经过所提出问题专家修改确认，最终在投板前把所有涉及原理图完全修改确认。

2. 原理图修改清零

把第一次进入 CAD 的原理图进行基线，修改原理图后需要和基线原理图的网表进行自动比较，确认网表比较差异点是否正确。网表比较差异点确认正确后，重新绘制基线原理图，并将基线的原理图作为下一次修改检查的基准。

通过进入 CAD 后的网表比较，可以避免原理图改错或漏改的情况发生。

3. PCB 自检清零

完成 PCB 设计后，需要仔细检查 PCB 的设计是否存在问题，是否符合规则驱动表的要求，是否满足工艺要求（比如，陶瓷电容不能布局在板边处），并同时全部确认 PCB 阶段的质量标准，避免重犯以前 PCB 造成的质量问题。完成的质量标准自检还需经过项目组长进一步确认。

4. PCB 问题清零

PCB 自检完成修改后，项目组长组织专家进行 PCB 评审，PCB 评审一般会组织多轮，至少有一轮是所有领域专家参与的。封闭检视，CAD 需要根据专家的意见在所提问题专家的指导下修改并得到专家的认可。所有 PCB 专家所提问题得到完全修改后，由项目组长评估是否充分，如认为非常充分就可不用再组织检视。

5. 质量标准清零

质量标准是避免重犯以前产品犯过的设计错误，项目组长需要组织开发人员和 CAD 逐条核实预防措施是否落地。

6. 风险清零

项目组长需要跟踪所有涉及改板的风险均要在投板之前排除，没有排除不能投板。

（三）出 CAD 清零 DNA

1. 质量标准

应用质量标准全面清零问题隐患，避免问题重犯。

2.全面清零

通过6个维度实现CAD清零，实现开发不犯低级错误。

3.回溯问责

在出CAD后，一旦发现由于低级问题或风险造成的改板，启动回溯机制并对相关责任人进行问责。

八、整机排查

落地范围：硬件整机级全面检查，整机排查优秀实践是华为第一批公司级优秀实践，华为硬件经典优秀实践之一，落地 NG 波分 OSN 6800 V1R1 快速收敛硬件缺陷，让基础版本打破华为四项满分纪录版本。落地网络 46 套老旧产品排查，快速稳定设备，之后再无网络产品线，无一级硬件事故发生。

实践核心：是广义缺陷预防核心质量活动之一，确保整机交付客户前达成零缺陷。通过组织各领域专家对整机进行试装、实物检视、关键交付件工程检视等动作，汇总所有问题之后给出最佳改进方案，一次性改进所有硬件整机问题。

（一）整机排查背后的逻辑关系

整机排查为何能立竿见影，其实背后有很简单的逻辑关系。硬件产品的功能不仅需要满足客户的需求，而且在安规、电磁兼容性（EMC）、散热、防护、生产等领域都要满足。但各领域在设计过程中不能相互协同配合，同样看待一个产品，各领域专家之间就好比盲人摸象（见图 6-9），对产品的认知仅限于本领域，因此不能有较好的协同配合关系。这会造成较大的领域配合问题，甚至会有冲突。

图6-9 产品开发过程中各领域专家认知像盲人摸象

笔者遇到过一个真实案例，为了解决散热问题，热设计专家在屏蔽罩上开了小孔，这样散热问题得以解决，但 EMC 测试过程中 EMI（辐射）测试始终不能过关，EMC 专家把屏蔽罩的小孔封死，EMC 总算过了关，但散热又过不了。最终 EMC 和热设计对屏蔽罩是否开孔提交到产品线决策那里。

硬件产品原理图、PCB 都没有问题，但工艺、制造也会带来新的问题。如图 6-10 所示，工艺、生产出现 4 个致命问题，可能引起客户使用设备过程中因短路产生烧机故障。

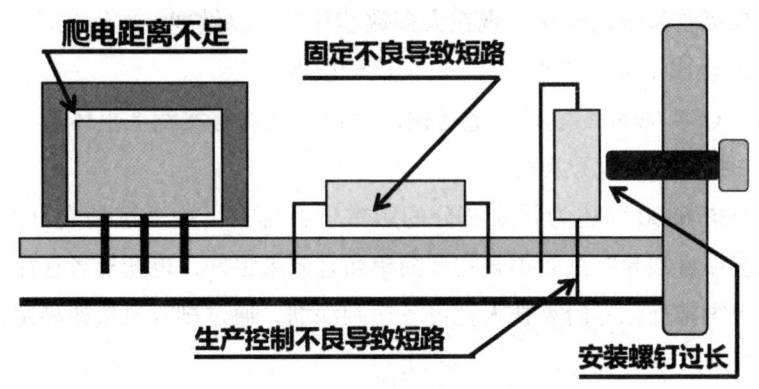

图6-10 配电板工艺&生产引入致命隐患案例

整机排查的逻辑就是通过各领域专家进行协同实物检视和试装，发现单板、模块、电缆、结构等因为装配、工艺、生产等的配合问题，针对问题各领域专家协同给出综合解决方案，彻底解决各领域的隐患。

整机排查作为硬件设备广义缺陷预防最重要的活动，填补了实物检视和领域专家协同的空白。在交付客户前发现并改进所有隐患，避免了很多因为质量问题影响品牌形象的情况，同时把客户端的质量纠错成本降到最低。

（二）实践挖掘过程

笔者进华为前在希望森兰变频器公司（简称"希望公司"）开发变频器，输入 380 伏，整流后 500 多伏。每次新产品联机调测都非常小心，因为有错产品可能造成短路爆炸，甚至会触电身亡，必须全方位缜密排查，确保万无一失才敢上电调测。

2004 年笔者调换部门到 SONET 产品，根据在希望公司的习惯笔者对产品进行排查，发现存在48伏会短路的致命缺陷并上报，由于涉及背板改动产品线没有被接纳。没过多久，产品在美国客户端烧了背板，产品线这才重视笔者的意见，由笔者全权负责提升产品的可靠性。过程很轻松，笔者以产品线的名义邀请公司级专家排查3天，一次性就稳定三套SONET产品。

2006年笔者调到质量部，中途接手OSN 6800 V1R1硬件已经投板，一接手就感到压力山大，36个单板有35个要改板。和硬件经理说了SONET的排查方案后得到支持，复制整机排查过程也相当顺利，35个单板均一次改板成功（当年看起来很成功，现在大多数芯片都可以做到一次性成功），最终OSN 6800也成了华为"四个第一"的满分版本。

基于OSN 6800的效果，笔者输出整机排查优秀实践上报体系，最后被评为第一批公司级优秀实践。

除OSN 6800外还为长途波分的版本进行排查，这个也是满分的版本。成研微波项目领导陶洪明得知实践简单而且效果很好，也让笔者在深圳为微波项目组织排查，专门委托人把设备送到深圳，通过排查也快速稳定微波项目基础版本。

（三）整机排查实践步骤

整机排查过程非常简单，只需走三步即可。

1. 排查准备

排查责任人首先需要确定排查范围，针对范围大小制订排查计划，同时确定各领域专家要求和人数，协调好专家资源，协调好环境的同时准备好排查物料。由于整机排查都会协调高级专家参与，因此需要把排查目标、排查范围、专家领域正式发文，确保各高级专家对工作的重视和投入。

2. 现场排查

排查责任人组织好现场排查检视会议，花很短的时间先向各位专家介绍排查目标、排查重要性。之后进入排查环节，各领域专家可以对整机、单板、模块以及过程交付件进行详细排查，详细记录所发现的问题，针对问题给出初步的解决方案。完成排查后，排查责任人组织专家一起会诊所发现的问题，并协同各领域专家针对每个问题给出综合解决方案。

记录得出综合解决方案的问题，提交问题单让每个问题进入问题跟踪系统。

3. 排查关闭

根据问题跟踪系统对相关交付件进行修改、回归测试，解决问题，专家确认后结束该问题单。

当所有问题都回归且无新引入问题后，排查责任人发布排查通报，知会产品线、各领域专家及其部门领导，根据效果申请相关的奖励。确认各领域所有问题归零后，排查责任人代表部门写感谢信，抄送到各领域专家、各级领导。

笔者组织过很多次排查，其实本部门领导并不知道各领域专家投入的详情。通过感谢信的方式让各领域专家的付出得到及时认可很重要，很多专家参与笔者的排查工作都取得不错的绩效，也更让专家全心投入下一次的工作。

整机排查的好处：

（1）集中高效：在某产品相比公关，发现问题效率提高 20 倍；

（2）高改板成功率：经过整机排查后的单板改板成功率高达 100%；

（3）提前稳定：新产品提前发现问题，避免网上问题爆发。

（四）整机排查——DNA

（1）实物检视：各领域专家通过实物检视，有利于专家发现问题，对结构、装备、安规等配合问题更加直观。

（2）联合检视：实物检视过程、问题确认、问题更改，各专家通过联合作战避免问题修改片面造成问题遗留。

（3）提前预防：整机排查核心是在客户发现问题之前发现问题并修改，确保客户的零缺陷感知。

九、日清管理优秀实践

20世纪80年代，海尔因生产冰箱而崛起，在海尔成功的管理经验中，重要的一点就是"日事日毕，日清日高"。华为在硬件实践探索过程中借鉴了海尔的日清思路，探索了行之有效的项目管理实践，落地效果立竿见影。

日清管理实践建立在以人为本的基础上，基于计划强牵、风险强控的管理实践，落地过程根据情况分为个人日清管理和白板日清管理，也是华为经典硬件优秀实践之一。

（一）日清实践管理原则

项目大计划就是每人每日的工作积分，计划执行和风险控制不能及时完成会造成工作切换，效率损失20%～40%。风险会严重冲击资源，在资源不能支撑的情况下，风险会转换为问题，严重情况下会导致项目失败。

管理的最高境界就是服务，日清实践落地的前提是以人为本，管理者通过调配资源的形式，服务于项目具体事务以实现计划强执行、风险强管控。日清实践构建在信任的原则之上，在实践之前必须构建良好的人文工作环境，也就是必须先遵从五条原则才能够有效落地。

1. 信任原则

日清基础就是信任。研发汇报内容真实可靠，管理人员信任研发，研发的求助能得到管理的及时帮助。

2. 自我管理原则

作为独立的研发和项目管理者，能通过计划进行自我管理和风险监控。

3. 计划强牵原则

在无特殊情况下，要求计划无条件执行。

4. 延时求助原则

员工在努力工作的情况下，出现延迟只有两种情况：一种是计划太紧，资源严重不足；另一种是遇到超出能力的问题，这两种情况都需要管理者通过资源调配帮助员工执行计划。

5. 延迟通报与风险求助升级原则

延迟1天：自我通报并努力执行计划；延迟2天：项目经理（PL）协助执行计划；延迟4天：通报PM协助；延迟6天以上：上升到研发部长层面并协助。

（二）邮件日清管理

在华为硬件的开发过程中，一个项目都有多个单板开发，一般情况下，每个硬件工程师都是独立开发一块单板，项目管理者需要及时知道每个单板的开发状况。

为了执行好日清，项目经理会把计划的关键交付件时间作为开发的输入，基于关键交付件的时间，由工程师进一步分解为自己的落地计划，根据每日的PDCA循环高质量落实计划。管理团队基于信任的原则让开发部门自我管理，但必须有一个前提，就是工程师研发的状态显性化，也就是项目管理者对研发员工的工作了如指掌，并及时响应员工在工作中遇到的困难和风险。

邮件日清采用"5+5"日清：开发人员每天早上上班后，日清5分钟，填写相关内容，包括今天工作进展、困难和风险，同时安排明天的工作计划。项目经理审核5分钟，并配合员工及时解决困难与风险，具体的形式参考图6-11。

```
发件人：XXX
收件人：XXX、XXX
标题：XX项目日清进展，当前进展可控

一、当日工作描述
1. 与张三、李四讨论时序，并分析确认测试波形
2. PCB调线，出CAD清零活动

二、明日工作计划
1. 调线
2. 小逻辑代码检视

三、困难与风险
PCB调线后对进度有2天影响，建议走PCB板加快流程提前回板
```

图6-11　邮件日清典型样例

如果开发人员认为交付在绝对控制下，仅需邮件标题发送"OK"即可，"OK"在邮件日清中是"一切尽在掌握中"的宣称，这样，项目经理可以把更多的资源和精力放在有风险的开发上。

通过邮件日清管理的形式，由硬件工程师执行具体的计划和管控风险，由项目经理及时响应开发所需的资源和协助风险解决，这样项目经理投入很小的管理成本就可掌控整个项目。

（三）白板日清站会管理

"白板日清站会"是基于项目组工作相互依赖，耦合比较严重的工作或某一个需要跨团队配合的阶段。在硬件项目中，在测试阶段需要多个单板联合配合，且测试过程中会发现某些缺陷严重会影响到项目进度，这个时候做版本日清站会的效果比较好。

1. 白板布局详解

白板日清围绕的核心是一块可写可擦的白板，目的是便于多人现场沟通，在管理项目时能让项目的进度、风险和风险措施计划均显性化，因此，要达到这个目的需要让白板的布局有相当强的逻辑关系。

白板的布局分为三部分：第一部分为进度条，位于白板的顶端，其中包括里程碑点和当前进度点，主要目的是对当前项目进展进度显性化；当前进度用带颜色的进度磁铁显示进度所处阶段位置和状态，当前进度为绿色表示项目进展顺利无延时；黄色表示当前进度有3天内的延时，红色表示有3天以上的进度延时。具体布局参考图6-12。

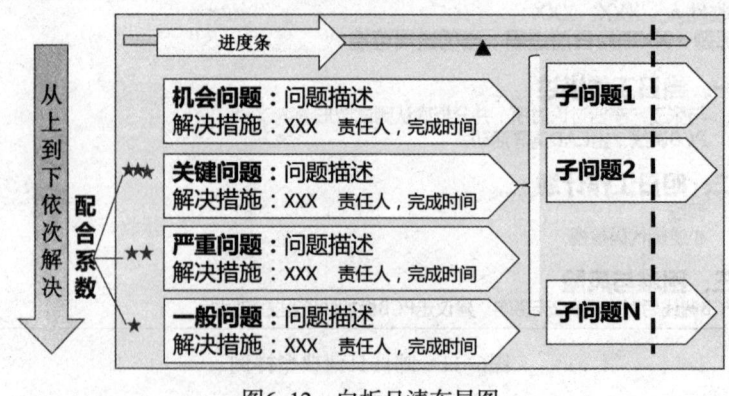

图6-12　白板日清布局图

第二部分为主问题区。主问题包括主问题描述、主问题解决措施和配合系数，主问题区占下面区域的 2/3 左右，白板日清管理主要是围绕主问题进行清零管理。主问题分为机会问题、关键问题、严重问题和一般问题四种，日清最先解决相对容易的机会问题，日清的核心在于"清"，再按照关键、严重、一般的顺序依次分配资源。

第三部分区域是子问题区。当某个主问题特别复杂时，就需要分解成多个子问题分别描述与跟踪，这样就可以把复杂的问题分解成几个简单的小问题，再针对小问题进行跟踪解决，最终解决复杂的主问题。

2. 版本日清站会要点

白板日清站会一定要讲究高效，站会有一个主持人，在华为都是除了主管的底层员工轮流组织，这样也是为培养后备干部做准备。要开好日清站会，需要关注以下要点。

要点 1：与会不要超过 20 分钟，各与会人员在开会前更新状态；

要点 2：开会后逐个介绍问题，对单点解决的机会问题立即分配资源；

要点 3：其他问题根据重要性分配系数，星级越高优先权越高；

要点 4：在分配资源时，确定责任人、措施、配合人和完成时间；

要点 5：对难度较大的 TOP 问题，分解子问题并分配资源；

要点 6：预期未完成的遗留问题，每逾期 2 天增加一星，最高到 3 星。

在大型项目中，可采用日双清的形式推动大项目进展，也就是早上由项目组长（PL）引导各小组进行小组内的日清，晚上由项目经理（PM）组织各 PL 进行日清管理。在华为最大的数据中心基础项目（规模 7000 人月）就采用的是日双清管理方式。

（四）白板日清优秀实践 DNA

白板日清优秀实践形式非常简单，基本上是一学就会，日清管理在所有的项目中均可使用，而且效率能立刻提高 30% 以上。

1. 计划强牵

在没有特殊情况下，计划必须高质量地严格执行；对于已经宣称的内容一定是高质量无风险地完成。

2. 状态显性

日清通过邮件、白板等形式每日跟踪计划、状态、风险等情况，让项目状态一目了然。

3. 风险求助

进度延迟较大或风险较大的问题，开发人员需要针对风险问题向各级管理求助，各级管理需及时服务开发人员。

4. 风险升级

若求助得到响应后风险问题依旧存在，每延时 2 天，求助风险增加一级。

十、硬件"冰糖葫芦"模型

"冰糖葫芦"模型包括 7 个硬件优秀实践,加上质量策划实践(将在项目管理中重点介绍)就是华为单板硬件八大经典优秀实践。

网络产品线的硬件 MINI 培训,新员工上岗前必须演练"需求串讲""方案串讲""检视'三部曲'""CAD 清零""整机排查",3 天的演练让硬件小组成员同步掌握原理图、电路逻辑,多数小组能把培训的控制电路一次性上电成功。更为可贵的是,新员工上岗后都能独立开发 10Kpin 左右的单板并一次性投板成功。

针对华为的开发特点,从立项到整机交付涉及多个关键交付件,其中的 6 个实践是支撑做好关键活动的优秀实践,另一个"日清管理"优秀实践是如何管理项目计划和风险,贯穿整个开发过程的实践。7 个优秀实践就像有 6 个果子的冰糖葫芦(见图 6-13)。

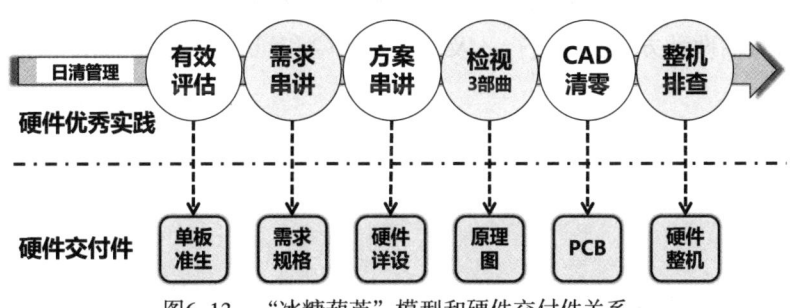

图 6-13 "冰糖葫芦"模型和硬件交付件关系

华为硬件通过"冰糖葫芦"模型,逐步从成研传递出去,再通过 Discipline 流程变革传递到整个公司,让硬件研发能力提升极快,可应用于运营商场景、企业业务场景、IT 场景、终端场景等多个业务开发中。

从 3R 原则解读,3R 原则是我们做事情的关键步骤。"冰糖葫芦"模型也是基于 3R 原则来布局硬件优秀实践。

创新质量体系

在 3R 原则中，首先需要"do Right things"（做正确的事情）。硬件经典优秀实践中有两个实践对应"做正确的事情"。"有效评估"通过六维评估来看单板是否值得立项开发，这样可以避免低价值、重复性单板开发，同时会审视维护、关键技术等是否合理；"需求 & 规格串讲"通过需求确认、需求串讲和规格反串讲最终确定单板靶心，避免需求 & 规格理解不一致。

确定正确事情后，需要"do things Ringht"（正确的方法）做好硬件交付，落地在方案、原理图、PCB 和整机上。"方案串讲"在做《硬件详细设计方案》和原理图之前按信号的流向结合电源、时钟和控制三大平面讲解信号流向，确保方案的完整性和关键细节的正确性，有了正确的方案再做后续的开发工作既快又好；"检视'三部曲'"通过三层迭代检视，让原理图实现组织能力内的错误不犯，实现零缺陷的交付要求；"CAD 清零"通过六清活动，确保投板前硬件设计零缺陷交付，这个也是狭义缺陷预防中价值最高的活动，"CAD 清零"的思路可以借鉴到芯片开发、结构开模等定稿设计中，这样可以避免芯片多次缺陷流片和结构多次缺陷开模上；"整机排查"的核心是整机级的实物检视，在交付到客户前通过专家协同和问题会诊发现硬件问题并关闭。

"日清管理"通过计划强牵，同步风险强控形式，实现"at Ringt time"及时高质量交付。仅"日清管理"项目组的效率可提高 30%，通过邮件日清和白板日清两种方式灵活进行，及时清理风险和问题，保障计划严格执行。

十一、软件快速迭代实践

当今软件普遍采用敏捷开发模式,针对敏捷的方法在这里不做介绍。敏捷最重要的内容之一是迭代开发,迭代占据敏捷开发的绝大多数工作量,因此,一个好的敏捷开发过程在迭代过程中也是较为高效和高质量的过程。

笔者曾经把硬件的开发理念和方法应用在敏捷迭代中,把基础版本软件开发的效率上限从 1000 代码行 / 人月提高到 2600 行 / 人月,上线后没有发现软件问题,客户对软件质量非常满意。

(一)软件快速迭代关键要素

软件快速迭代模式包含需求串讲、方案串讲、代码检视"三部曲"和日清管理(见图 6-14)。需求和方案需要由一个《Story 简单文档》承载,一般有 2 页左右。《Story 简单文档》作为 Story 的核心交付件,内容包含 Story 需求、输入、输出、流程图和检视点。

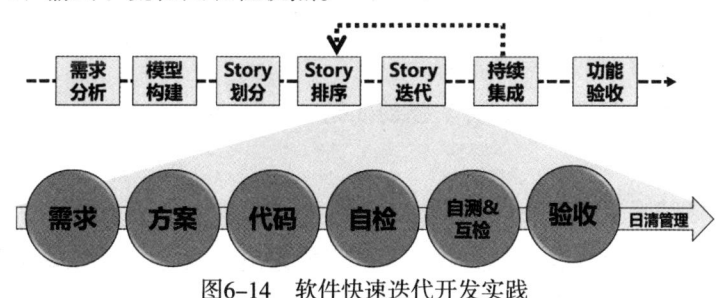

图6-14 软件快速迭代开发实践

1. 以《Story 简单文档》承载需求和方案

《Story 简单文档》先输出 Story 需求,并通过需求串讲、需求反串讲的形式,让需求的提出者、Story 开发者、验收专家等通过串讲达成共识。在需求完全理解的基础上,Story 开发者按《Story 简单文档》模板输出,明确四个部分内容。

(1)输入输出寄存器：明确寄存器格式、要求，如果涉及 BIT 位控制，需要详细描述 BIT 位功能。输出寄存器形式同输入寄存器。

(2)功能流程图：把 Story 从输入到输出流动过程用流程图体现清晰。

(3)测试点：把调测和验证中预埋的测试点标准清晰，并简单描述其作用和测试方式。

(4)完成方案后，进行方案串讲确保方案正确并可实现。

2. 根据《Story 简单文档》编写代码，并自检、自测和互检

开发者头脑中有正确的方案，编写代码的速度极快。在完成代码后，需完成自检、互检、自测和问题修改。

(1)完成代码输出后，需要抽出固定的时间连续完成自检，确保每行代码不犯能力范围内的错误。

(2)在完成自检后，让专家进行互检，同步开发自测，通过检测点迅速找到问题所在。

(3)把专家检视和自测问题汇总确认，并完成修改自测通过。

(4)让后端的测试专家验收，通过后集成到软件系统中。

3. 开发过程日清管理

按照日清管理优秀实践管理 Story 计划，确保计划执行和风险排除。

(二)软件快速迭代优秀实践模型优点

1. 开发过程交付轻载且高效

过程以需求驱动方案、方案驱动代码、代码驱动测试验收，快速交付迭代功能。

2. 按零缺陷要求实现交付

通过串讲、检视和测试验收，要求不能犯组织能力内的错误，即实现零缺陷交付。

3.《Story 简单文档》可以实现 Story 信息传递

采用此方法之前，出现联调不同 Story 问题需要多个 Story 开发人员共同参与，通过《Story 简单文档》后只需要一个文档即可快速掌握其他开发的功能，可快速解决问题。

第七章
创新质量体系——项目管理

做过多年项目管理和质量的人都很困惑,现代质量发展至今有很多质量理念、方法论,但应用到具体开发项目中很困惑,不知道如何才能真正做好具体的项目。之前,朱兰为落地质量推行了著名的"朱兰三部曲",基于质量计划、质量控制和质量改进,朱兰"三部曲"用在项目管理中感觉离项目太远无法针对性支撑项目,而用在体系变革中又感觉太散无从下手,最多是借鉴一些思路而已。

在创新质量体系中基于项目管理的方法论,就是针对当前项目如何通过策划、计划控制、项目考核让研发产品达到卓越交付,也就是必须能实现在具体项目中做好实实在在的落地问题,也是质量体系必须面对并解决"How in detail"问题。

一、项目管理难点和核心

当今研发项目管理为何难？从创新质量体系中质量的模型来看，项目管理需要解决价值、可靠性（狭义的质量）、效率和成本四大维度的问题，也就是在资源有限的情况下尽量做出具有竞争力的产品。

在当今社会的激烈竞争下，产品的研发能力决定公司未来的走向，也是基于此原因，项目管理就好像在跳钢管舞，不仅需要在有限的空间内跳舞，而且要能获得观众的认可。

（一）项目管理难点

项目管理过程中会面临四大难点。

1. 可靠性要求特别高，极难平衡效率和成本

可靠性本身就是非常难做到但必须做到，不然会因为客户抛弃而失去产品竞争力。效率和成本也是产品开发必须考虑的问题，不仅考虑研发效率，而且还要考虑维护效率、生产效率等因素；而成本包括研发成本、批量制造成本，特别是批量产品毛利率将影响最终是否盈利。

2. 资源受限

受成本因素的限制，受到人力、物力、环境和财力等多方面的资源限制，各公司都在竞争状态下走马研发项目，根本不会在万事俱备只欠东风的情况下才立项重点项目。

在华为经常有资源奇缺的项目，笔者刚做质量管理时辅导过两个项目，一是OSN 6800项目，70%刚入职的新员工开发36个单板的大系统；二是长途波分项目，90%新员工开发9块单板版本，但项目交付不会因为产品难度大、员工没经验而降低要求。

3.进度压力大

没有进度压力的项目只存在于神话中,愚公移山可以通过子子孙孙无穷尽来做移山的项目,现实中绝对没有这样的项目。

现实情况是,推迟交付产品就意味着失去极大的市场空间,像苹果手机本该9月上市如果推迟到12月,不仅对公司的形象影响巨大,还可能让一款手机从爆款变成滞销手机。

4.风险难控

风险难控的原因是风险来源于计划之外,如果不能及时清理风险,会和计划任务同时扰动项目,让项目成员不停地切换工作界面,每次切换会让效率损失30%。这也是日清管理要以"清"为核心的原因。

笔者深度参与的上百个项目极少有一帆风顺的,过程中总会出现各式各样的风险。风险会严重冲击项目组少得可怜的资源,如果控制不好,风险就会转成严重问题,甚至会导致项目最终失败。

(二)风险三维度——危害度、发生概率和解决成本

首先是危害度。例如,汽车的刹车失灵和车锁失效的危害度是不一样的,刹车失灵会引起重大的安全事故,而车锁失效只需要维修车锁而已,不会有人身危险。

其次是发生概率。能大幅度降低风险发生概率,也默认为解决了风险。比如,飞机如果单引擎就能保障安全,灾难事故发生概率为一万分之一,那么双引擎飞机同时失效引起灾难事故的概率就降低到一亿分之一,风险发生概率降低了万分之一。

最后是解决风险的成本。例如,一家公司为了设计在飞机上用的高质量咖啡壶,即便飞机坠毁,咖啡壶还可以完好无损。咖啡壶显然过度设计了,因为飞机坠毁后不会有人关注咖啡壶是不是完好的。

在项目管理中不可避免风险的识别和管理,我们需要正确认识风险的三维度才能更好管理风险。

（三）项目管理核心：计划要死，风险（措施）要活

项目管理模型是笔者在华为成研培训时为了更好地让开发人员掌握构建的质量模型，经常提到计划和风险是项目管理的两大要素。项目就像一头难以控制的蛮牛，如果不加以管理，蛮牛漫无目的地游走，不会按照既定的方向和节奏前进。

1. 项目要坚决按计划执行

为了让蛮牛按既定的方向和节奏前进，就必须在牛鼻子上拴一根绳子。这个绳子必须拉直。华为最初引入 IPD 项目时，项目出现半个月的延迟就会变更申请计划，再出现延时就再申请。即便是这样不可思议的调整，还是很少有项目按计划零偏差结项。

计划制订好就不要再动，如果出现偏差就应该全力想办法追回计划。我在带长途波分 L 版本项目的过程中，TR4 严格按照流程要求判断，最终因硬件没有达成要求没让项目过 TR4，为此开发代表还到质量部申辩。后期通过整机排查协助产品快速稳定质量，在 TR4A 点的时候就追回计划，最终该版本研发综合得分为满分。

2. 风险（措施）要活，通过调整抵消风险对项目带来的后拉力

计划跟不上变化，计划之外的风险对项目有严重的后拉作用，风险产生的后拉力会严重阻碍蛮牛的前进。

如果要保持原有计划的执行，为了抵消风险给项目带来的后拉力，根据物理的力学可知，就需要在原来计划前拉力的基础上加大前拉力，这个向前拉力就是针对风险制定的风险管理措施，通过动态灵活调整让后拉力被抵消，让项目按照原有的方向和节奏前进，最终让项目零偏差交付。

二、项目管理步骤

2008年华为硬件项目管理有两种路线：一种由中硬科技（简称"中硬"）牵头，在日本质量专家指导下引入日本精益细化硬件过程的精益模式，通过把硬件开发过程细分上百个原子级活动，然后按精益的方法详细测量每个活动的耗时并消除浪费；另一种就是成研硬件以项目策划为驱动，复制优秀实践重点落地关键活动有效性的模式。

两个模式的思路完全相反，日本专家提倡尽量细化各个活动，最终实现过程的精准；而笔者所在的成研通过优秀实践做到关键交付件的有效性。

精益成功的前提是过程可重复，通过细化汽车制造过程以消除浪费，丰田汽车生产线可以实现极为精准的生产节奏。但在产品研发中没有一个是重复的项目，每个研发项目的难度、规模、进度、人员数量、人员素质、风险等都不相同，因此，对创新类的项目更需要关注关键活动的有效性而非精准度。

项目管理分为四步：质量策划、项目计划、过程管理和项目考核，如图7-1所示。

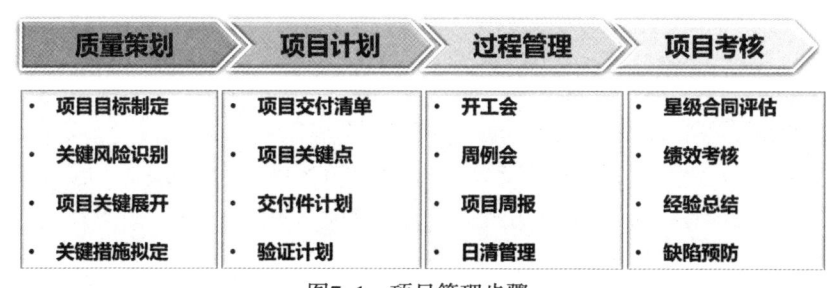

质量策划	项目计划	过程管理	项目考核
· 项目目标制定	· 项目交付清单	· 开工会	· 星级合同评估
· 关键风险识别	· 项目关键点	· 周例会	· 绩效考核
· 项目关键展开	· 交付件计划	· 项目周报	· 经验总结
· 关键措施拟定	· 验证计划	· 日清管理	· 缺陷预防

图7-1　项目管理步骤

1. 质量策划

作为项目的龙头，需要根据项目特点制定项目目标，同时需要识别项目关键风险，通过项目现状和目标进行项目关键展开，最终制定出项目关键措施，项目关键措施包括优秀实践选择。

2.项目计划

根据策划的关键措施，结合项目交付制订项目计划，项目计划需要明确交付清单、项目关键点，然后根据交付清单和项目关键点细化出交付件计划和验证计划。

3.过程管理

项目过程管理除了日清外，还需要有项目开工会、周例会、周报、日清管理等，项目经理通过项目管理，及时管控计划和风险，避免项目失控。

4.项目考核

对项目考核一定是对项目目标最终的验收，也是对项目最终目标是否实现的闭环验收。针对项目目标达成较好的团队需要在绩效中体现，如果项目目标达成较差，也应分析具体原因，绩效考核能反馈到具体的责任人。

项目如果达成较好，需要审视是否有优秀实践可挖掘；如果出现产品客户端故障，也需要总结相应的案例，分析管理和技术根因并得出质量标准，以避免重犯错误。

三、项目质量策划

关于质量策划，我国与国外有较大区别。朱兰著名的质量"三部曲"——质量策划（也译为质量计划）、质量控制和质量改进，质量策划和质量计划在国外没有区分，但在中国质量策划和质量计划是两个意思，策划更多体现在战略上，而计划更多体现在具体的执行事务上，策划是计划的纲领。

说到策划中国才是鼻祖，只不过中国的策划主要应用于军事和国家大政方针上。如《孙子兵法》中的"庙算""夫未战而庙算胜者，得算多也；未战而庙算不胜者，得算少也"；汉初三杰的张良也擅长"运筹帷幄"之道；最经典的策划是诸葛亮的《隆中对》，未出茅庐而知三分天下。

（一）向诸葛亮学策划

刘备事业转折点从《隆中对》开始，诸葛亮也凭借《隆中对》的超人预见性而封神，具体如图7-2所示。

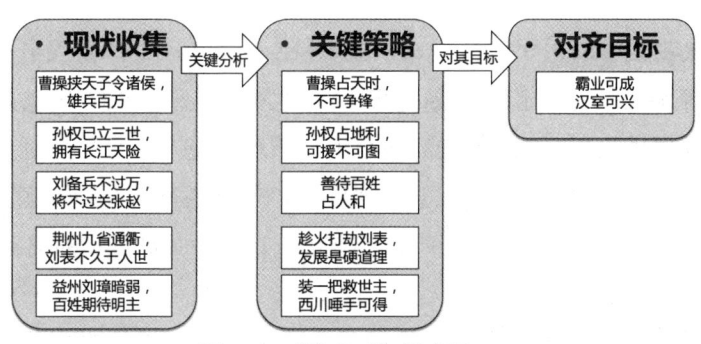

图7-2 《隆中对》策略图

诸葛亮在《隆中对》中能清晰分析时局并给出具体的方案。首先诸葛亮从5个方面分析了刘备的关键现状，分别是天时、地利、人和，另两个是发展的机会点，分别是刘表和刘璋；其次诸葛亮要拟定刘备的目标，刘备有

"汉室可兴"成就霸业的雄心，急需一个可行的方案；针对关键现状，诸葛亮分别给出了5个可实施战略措施，这些措施让刘备茅塞顿开。后期按诸葛亮的策略实施，让刘备从一个县长成了蜀国之君。

借鉴诸葛亮《隆中对》的思路，策划的本质就是针对关键现状，达到核心目标的关键措施的拟定过程。

（二）项目质量策划步骤

策划的第一步是现状收集，第二步是目标拟定，第三步是关键分析展开，第四步是关键措施拟定（见图7-3）。项目质量策划由质量专家主导会议，会前由质量专家给出初稿并和项目经理达成一致，在策划会议上通过项目组"头脑风暴"完成策划内容。

现状收集	目标拟定	关键分析展开	关键措施拟定
·进度 ·风险 ·机会点 ·版本现状 ·团队现状 ·优秀实践 ·历史缺陷	·项目目标 ·进度目标 ·阶段目标 ·质量目标	·关键技术 ·团队特点 ·计划&风险 ·质量&效率	·实践选择 ·团队阵型 ·风险措施

图7-3 项目质量策划步骤

1. 现状收集

现状收集可以采用多种形式，由质量专家和PM汇总立项申请报告、关键需求等项目信息，初步判断进度、关键技术风险、人力信息、历史缺陷等，召开质量策划会议，由PM在会上介绍版本基本信息、关键目标等，初步展示已经识别的关键技术信息、风险等。然后通过"头脑风暴"收集新风险和新的关键信息，通过白板综合各类信息，作为关键分析的基础。

2. 目标拟定

做策划的第一步是先拟定目标，目标不同其关键策略也是不同的。比如，企业网中标阿里的数据中心，按标书要求急需开发2个硬件单板且1个月后交付，这种"逆天"的进度和正常硬件开发项目是不一样的。目标包括项目目标、进度目标、质量目标和阶段目标。

项目目标拟定好后需要落地到《项目开发任务书》的项目目标中，并需要得到管理团队的批准，项目目标最终达成效果作为考核项目团队绩效的依据。

3.关键分析展开

针对关键技术、团队特点、计划&风险、质量&效率展开分析项目关键特点和风险，并针对每个项目制定初步措施。

4.关键措施拟定

根据关键分析展开，将优秀实践、团队阵形、关键技术执行措施、关键风险措施进行汇总，确定具体的完成时间、责任人。

四、项目过程管理

项目管理的核心是对项目计划和风险的管理,但具体到执行层面是管人和管事。项目管理从项目申请,到最终的项目评估结束,项目经理通过有效的管理活动让项目计划得到有效执行,风险能得到及时管理和排除,同时协调周边资源协助项目最终成功,如图7-4所示。

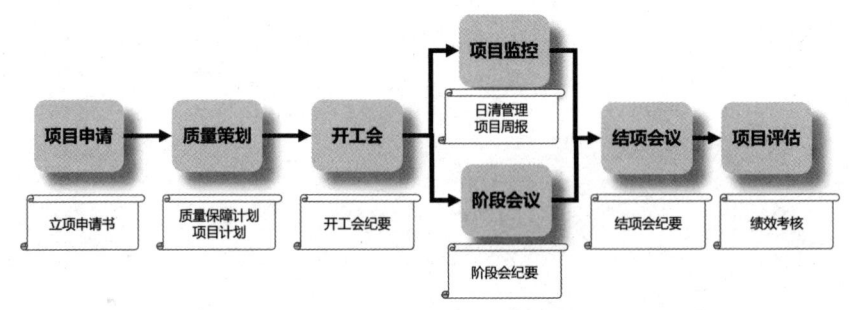

图7-4 项目管理活动流程图

不同公司有不同的项目管理制度,在这里只提供一些常规的项目管理操作指导供大家参考。

(一)项目申请管理

项目申请管理包括在申请前和申请成功的一些常规管理动作,包括项目初始任命、项目编码申请、配置项设置和项目成员任命等活动。

1.项目初始任命

根据公司发展需要,在较为明确的商业价值下经过和公司高层沟通后,在产品线会上确定项目经理、核心成员的人事任命。会下由项目经理细化核心成员,并通过正式邮件知会各核心成员,抄送各利益相关方。

2.项目编码申请

项目立项评审通过管理团队决策通过后,产品经理向产品管理委员会主任申请项目编码。

3.配置项设置

项目立项申请批准后，需要配置经理按公司的配置库规范建立项目开发库、基线库和发布库。配置经理通过权限设置产品经理为配置库责任人，产品经理拥有对库人员增加、读取、写入、删除等管理权限。

4.项目成员任命

项目经理完成《项目设计任务书》中的项目成员任命内容，并在开工会前确认各领域的角色任命，正式公示项目成员任命。

（二）项目计划管理

一个好的项目交付首先要有一个好的项目计划，制订项目计划在项目质量策划之后，根据项目质量策划的重要措施体现在计划中。

1.项目交付范围

QA 牵头输出《质量保障计划》，其中的 CI list（配置项清单）需要和产品经理达成共识后作为项目交付内容。

2.项目预算

项目经理根据项目需求、关键技术、项目目标、可行性分析报告和 CI list，并根据以前项目的经验给出项目的人力需求（"角色 + 人月"）预算、研发费用预算和设备预算，项目预算需通过财经部门的审核。

3.项目计划制订

由 QA 制订《质量保障计划》，其中的 CI list 确定了项目交付件及涉及配置管理范围，产品经理根据 CI list、项目目标、项目预算等，综合项目成员能力等因素，输出项目可落地的《项目主计划》，该计划需要得到周边领域相应的资源承诺，如果资源不能得到保障，需要上升到产品管理团队协调资源。如果在产品管理委员会上不能得到资源承诺，需要修改项目目标并重新制订《项目主计划》。

4.领域计划制订

各领域组长（软件、硬件、结构等）根据《项目主计划》细分各领域计划，各领域细分计划需要高质量支撑《项目主计划》落地，并确保各领域的交付件并在项目中高质量执行交付。

5. 计划日清执行

根据项目大小和特点,灵活组织日清管理形式,可采用邮件日清、白板日清,大型项目可采用日双清管理形式(上班后由领域组长组织各自领域日清,下班前项目经理组织各领域组长进行项目日清)。

(三)项目管理会议运作

项目管理运作的核心是开好几个管理会议,跟踪项目计划和风险,通过周报让项目状态显性化达到广而告之的目的。

1. 开工会

开工会是项目正式运作的主要标志,开工会目的是明确目标和分工、明确项目运作机制、识别新风险、鼓舞士气。开工会由项目经理主持,介绍项目背景、计划、目标、项目成员及分工、关键技术及准备度、关键策略和关键风险,同时在会上得到各周边团队的资源投入承诺,在会上识别新风险及其风险措施,解答各成员的困惑。开工会会议纪要需记录相关的资源承诺、议题、风险及措施,开工会上提出的风险作为项目管理例会上的初始风险开始管理。

2. 项目周例会

在开工会后,由项目经理例行运作周例会,重点关注遗留问题情况、计划执行情况和当前新风险识别和措施拟定。周例会后的周报需要反馈当前项目的进度、风险、资源求助等问题。周例会后正式发送周报广而告之。

3. 阶段会议

阶段会议可以选择性召开,重点是鼓励士气,总结当前的不足和做得好的经验,下一阶段的重要工作和关注点,同时识别并及时释放项目闲置资源。

4. 结项会议

项目正式结项后召开项目结项会议,会上重点讲解项目目标达成情况,总结好的经验并分析项目不足和未来的改进点,安排人力总结优秀实践、案例等。项目结项后项目经理释放所有项目资源,配置管理员收回项目成员配置库权限,避免由于权限管理不当造成文件错误修改或公司技术泄密等问题。

五、项目绩效考核

一个项目从立项到结项，由于大小不同，跨度从 3 个月到 18 个月不等，管理团队基于项目的实际情况，给予项目经理、项目成员、周边领域专家较为客观合理的绩效考核，可以激发项目团队努力达成项目目标，最终实现公司的盈利和业务拓展。反之，可能因为绩效管理不合理让项目团队怠惰或积极性受打击，最终影响项目的效果和团队气氛。

考核分为公司对项目经理的考核和项目经理对成员的考核两种形式，绩效考核权是项目经理重要的权力之一，如果没有对项目成员的绩效考核权，项目经理很难对项目成员进行有效管理。

（一）研发过程中的绩效考核

项目在研发过程中很难准确判断项目的效果，只能根据项目过程中的一些关键交付质量结果、计划偏差率等从侧面来判断项目的情况。重点关注过程中的关键交付质量、项目计划执行、项目质量和风险管控，以及早期生产和早期发货的遗留问题解决情况。

从项目策划制定的目标角度来看，过程中的绩效考核是一个缺省项考核，当前无法考核到利润等指标，已经完成的部分可以作为该项目过程中的重要参考。但如果缺省项中存在问题需要纳入考核中，如芯片产品在 TDCP 之后出现低级问题流片就可以落入考核中。

（二）合同评估考核

项目合同评估考核是对项目最终的绩效考核，重点考核对象是项目经理。为了让大家清楚合同评估如何考核，这里介绍一个虚拟的芯片项目。

一个虚拟芯片 A 项目结项后一年，按计划结项后一年的毛利润目标是

400万元，挑战目标是800万元，最终实现是1050万元，达成挑战目标。

毛利率得分 = 权重 ×1.2=36

其他考核项目得分详见表7-1。

表7-1 考核项目分数

类别	考核项目	权重	项目目标	卓略目标	责任人	达成情况	得分
价值	毛利润（1年）	30	400万元	800万元	SE	毛利润1050万元，达成挑战目标	36
	销售额	15	900万元	1800万元	SE	销售额2230万元，达成挑战目标	18
质量	严重缺陷	20	0	0	PM	没有出现严重缺陷	24
	缺陷流片次数	15	0	0	PM	研发过程中出现一次缺陷流片	0
	量产直通率	10	85%	90%	制造	85%，达成目标	10
	批次返回	10	0	0	制造	0批次返回	12
进度	结项进度偏差率	10	+5%	0	PM	零偏差	12
	流片进度偏差率	5	+5%	0	PM	偏差3%	11
成本	研发成本	3	+10%	0	PM	零偏差	3
	批量制造毛利率	15	60%	75%	PM	70%	12.5
规范	流程执行符合度	8	80分	90分	PM	流程符合度70分	4
合计		141					142.5
星级合同		项目得分=（142.5/141）×100=101，达成五星级合同（100~110）					

项目得分为142.5分，总得分除以总权重之后乘上100就是项目最终的得分101。

星级合同的判定，项目每项都达成目标为满分项目，满分为100分。如果项目都达成挑战目标，那么，项目得分为120分。

以项目目标满分为基础，把项目合同分为6个等级。

六星合同：110~120 分

五星合同：100~110 分

四星合同：90~100 分

三星合同：70~90 分

二星合同：40~70 分

一星合同：40 分以下

设计六星合同的目的是让项目组挑战超越公司目标达成战略目标，对六星合同的关键角色和成员公司需要给予及时奖励，建议为项目设立奖励方式，会六星合同关键角色的绩效考核都上升一级。对三星以下的合同需要分析项目差的原因，并总结相关的案例或措施，避免后续项目重犯。

在华为，最初以五星合同为最高得分，但无线部门设计后期成熟度提高后，绝大多数版本都可以达成五星级合同，为了更合理，无线部门设计了六星合同规格。

六、版本级质量策划

笔者在华为辅导过 50 多个项目中，对"MSTP+"的记忆尤为深刻，项目的惨烈过程至今都难以忘却。同时，"MSTP+"也是大大超越竞争对手的版本，之后 MSTP 连续三年给华为贡献近一半的利润，创造了奇迹。

（一）项目背景

笔者随老产品 MSTP 从深圳迁回成研，MSTP 是 SDH 技术，产业趋势会为 IP 技术所取代，老旧的 MSTP 产品遭遇前所未有的生存危机。但 SDH 有很大的网络存量，如果直接升级到 IP 业务，运营商也会承受很大的成本压力。如果能兼容 SDH 和 IP 技术，同时让运营商从 SDH 平滑升级到 IP，产品一定有相当大的市场空间。

"MSTP+"在这样的背景下立项，"MSTP+"基础版本需要开发 9 个单板，一共需要 9 个人开发，但现在只有 2 个老员工和 2 个新员工。作为项目的 HQA，笔者有遇事越挑战越兴奋的性格，因此遇到超高难度的版本立刻兴奋起来。

（二）现状收集

1. 技术现状

MSTP 第一次实现全以太网新架构，在业界第一个实现传送向 IP 平稳演进的版本；硬件开发运用多数的新芯片和新技术；在 OS 第一次实现双槽位单板功耗 120W；无论工程和关键点都是非常大的挑战。

2. 人力现状

版本开发 9 块单板，版本规划投入 9 个开发；前期只有一个新 PL、一个老员工和 2 个新员工，其余由人力部门招工填补；TR2 仅到位 4 人，到位率仅44%；新员工承担繁重的工作缺少学习时间，而项目需要同步开展；老员工开发单板的同时做多个新员工的导师，导师工作负担较大。

3.进度现状

项目周期为52周，远低于2008年基础版本61周的目标下限；回板一月后需要到欧洲重要的客户测试，TR5后对外批量发货，上市时间（time to market，TTM）被进一步压缩到35周，由于公司高层给德国电信做了承诺，因此必须按承诺的时间高质量交付。

4.其他风险

CAD、工程人员紧张；新需求变动大，部分单板入CAD后规格存在较大变更的风险。

5.现状总结

需求不稳，队伍不整，进度紧迫，技术全新。

（三）项目目标制定

项目虽然非常具有挑战性，但在目标制定上没有降低要求。目标还是按价值、质量、效率（按进度来衡量）和成本四个维度，细化目标中制定了达标目标和战略目标，目标最终作为项目组的绩效考核牵引指标，通过比重来衡量细分目标的重要性，具体如表7-2所示。

表7-2 目标类型衡量

目标类型	目标细化名称	比重	达标目标	卓略目标	责任人
价值目标	一年目标销售	20	100%	150%	项目经理
	一年目标利润达成	50	100%	150%	项目经理
质量目标	上市后遗留问题	30	0	0	开发
	一次单板归档率	10	80%	100%	开发
	规格变更率	10	5%	0	SE
	逻辑发布次数	2	2	1	开发
进度目标	规格进度偏差率	5	5%	0	SE
	TR5进度偏差率	20	5%	0	项目经理
	GA进度偏差率	10	5%	0	项目经理
成本目标	批量毛利率达成	20	100%	120%	项目经理
	研发成本达成	5	105%	90%	项目经理

（四）关键展开

1. 关键技术问题

"MSTP+"设计跨度大，第一次在 MSTP 上设计 PTN 架构，项目组的新员工多，甚至对基本的技术都了解不多。

2. 对应措施

（1）针对系统复杂、需求不稳定、关键技术难度大的困难，增加需求规格确认、关键技术串讲活动，最大限度地确保 SE 输出规格稳定和关键技术可实现性。

（2）针对新员工对技术不熟悉的情况，增加了硬件需求规格反串讲活动，确保新员工对规格有正确理解。

（3）针对新员工开发技能薄弱的情况，增加详设串讲活动，通过新员工对单板方案答辩式串讲提前发现方案存在的问题，避免后期发现的反复。

3. 计划 & 风险问题

开发进度较紧，实际开发跨度只有 112 天，低于基础版本开发的下限，而且项目初期硬件人力缺口非常大。TR2 硬件人员到位率为 44%。除了开发人员是老员工外，其他 5 个都是刚入职未转正的新员工。

4. 对应措施

（1）通过详细分析人力和关键技术，通过共用方式减少 1 个扣板开发。

（2）质量会诊：PL 和 QA 共同制订项目计划，并通过 HQA 集中评审的方式完善策划，确保项目计划的可执行性，硬件计划根据单板特性个性化制订。

（3）跟随战术：制订新员工进度较老员工慢一周的开发计划，在实际开发过程中学习，从而减少老员工的引导开销，让老员工抽时间投入精力在关键交付件质量把控上。

（4）日清：根据具体活动的完成时间指导新员工开发，使新员工知道具体的输出和要求，并通过日清方式强调计划执行、全过程强化风险控制，通过风险调配过程资源。

5. 质量 & 效率问题

开发进度紧，新员工又多，硬件开发计划效率又大大超过上限，如何在这种局面下保证质量？

（1）以赛代练的培训方案：HQA、PL在培训基本知识后，由新员工通过具体的开发过程进一步学习，项目组提供一个学习和答疑平台，HQA建立QA辅导专栏。

（2）质量标准：新员工通过学习硬件质量标准，快速掌握硬件关注要点，PL通过答疑的方式来固化，并采用质量标准进行交付件初稿自检。

（3）强化检视：在项目组执行检视"三部曲"，并在PCB阶段强化自检和互检，对新员工开发的单板强化集中检视，最大限度保障出CAD前的原理图质量。

（4）白板日清：执行白板日清方式确保需求第一时间得到响应，提高现场管理效率。

（五）措施拟定＆优秀实践选择

1. 人员布局方案

根据TR2的人力现状，规划出版本中需要重点开发的5个单板，两名老员工各承担一个难度极高的单板，新员工小欧承担另一个难度极高的单板，另一个新员工小王一人承担两个单板的开发，后续补充人力承担剩下的单板开发。

2. 跟随战术

老员工开发的单板计划比新员工提前一周完成，新员工采用跟随战术在过程中学习，这样可以节省导师指导的开销，也让新员工学会方法并马上应用到设计中。

优秀实践选择（见表7-3）：

表7-3 优秀实践选择

优秀实践	需求阶段	详设阶段	PCB阶段	测试阶段
有效评估	Y			
需求串讲	Y			
方案串讲	Y			
检视"三部曲"		Y		

续表

优秀实践	需求阶段	详设阶段	PCB阶段	测试阶段
CAD清零			Y	
整机排查				Y
日清管理	Y	Y	Y	Y

（六）项目效果

项目过程比策划更惨，直到项目结项比策划所要求的少3人。

项目之初仅4人，由于要应付德国电信测试需要先开发5块单板，其中有3块是技术难度超高的单板，项目经理在管理项目的同时承担一块，老员工（喜军）在做新员工导师的同时承担另一块，最惨的是新员工小欧，刚进华为就需独立承担难度极高的单板。负担最轻的是新员工小王，也需独立交付2块难度小的单板。小欧方案串讲被打回了3次，直到第4次才勉强过关。期间，周边领域专家投入不积极，我写了一封措辞严厉的邮件引起平台高层关注，高层从深圳派了一个主管到成研现场督战，专家投入的问题得以解决。最终准时到德国电信测试功能，让客户非常满意，实现版本零偏差，高质量交付，通过公司最高五星级合同考核。

项目组超过常人几倍的付出非常有价值。"MSTP+"在世界上首次实现IP和SDH双平面业务交换，支撑客户从SDH平滑升级到IP，为客户节省大量升级资金的同时为MSTP赢得更多的机会。老产品MSTP不但没有萎缩而且焕发了新的活力，从2009年起，不到300人的MSTP产品项目组连续3年给华为贡献近一半的利润。

七、新产品质量策划

每年"双十一"购物节都会承受"数据海啸"冲击,"双十一"刚过0点的瞬间数据流量是平常的几千上万倍,而且数据流量每年都按指数级增长,原有产品在"数据海啸"的冲击下系统极易崩溃。

2011年笔者去华为南京研究所(简称"南研")做新员工流程培训,上午刚讲不到一小时,就被硬件质量经理拉了出来,一个非常重要的新产品急需帮忙策划,培训课让其他人临时代替笔者。在硬件经理的引领下笔者进了一个会议室,里面只有开发代表一个人,他刚来华为不久,就要管理"数据海啸"的全新产品开发,该产品总投入超过7000人月,也是华为有史以来投入规模最大的新产品,听到笔者在南研讲课就马上邀请笔者来想对策。

(一)项目背景

这也是数据中心第一个基础版本,以前华为从未开发过类似的产品,主要针对企业客户海量数据(如阿里、腾讯等企业)路由和信息处理的新产品,该项目要求的通信速率比原来其他产品要大很多倍,还需承受"数据海啸"冲击(类似阿里"双十一"),因此对产品的性能要求特别高,必须开发性能大幅度提升的新产品,从技术方案、产品架构、工程技术等方面均需实现重大突破。

(二)目标对齐

采用创新质量体系中的质量模型四个维度对齐目标,即对价值、质量(可靠性)、效率(进度)和成本逐一细化分解。

根据数据中线产品特点,首先制定价值目标,分别对应销售额和利润;其次制定质量目标,分解为硬件和软件,确定零一级和二级事故、零整改终结网上目标，另外分别制定硬件零低级错误改板、硬件直通率、硬件漏测率、逻辑转测次数等过程目标，确保硬件一次性开发成功，制定需求变更率的目标和挑战目标，测试漏测为零的目标等质量指标；在进度维度重点制定了关键点 TR4、TR5 和 GA 三个目标零偏差；在成本维度重点制定研发预算达成率和硬件制造毛利率两大目标。

汇总目标后分别制定各目标的权重和考核对象，制定各目标对应的挑战指标，将一个大系统由各个不同的角色分类承担职责。比如，销售和利润目标由 SE 团队承担，体现产品的实现价值，网上一级问题和二级问题分别由软件和硬件承担。

（三）关键措施拟定

版本的特点很明显，重点是需要针对大规模、新架构、高性能特点，加上必备的质量、进度、成本利润的要求，有针对性地制定了以下措施。

1. 针对超大规模

这个版本最大特点就是超大规模，从开发代表的角度来看，重点是如何管理超大规模项目的计划和风险。采用日双清管理会议机制，由软件、硬件、系统、工程等领域专家在早上进行领域日清，晚上由开发代表组织各领域经理进行产品层面的日清管理，尽量让计划得到强执行，风险得到强控制。

每周末领域计划地图标识，按计划完成为绿色，延期 3 天内为黄色，计划推迟 3 天以上为红色，再重点汇总关键风险，审视下周的仪器＆环境准备和重大跨团队协作，归纳下周重点工作并落实协同责任人。

2. 针对关键技术和价值

面对技术超前、架构全新、需求不稳定等问题，笔者建议成立一个技术委员会对关键需求和关键方案进行封闭研讨，并对需求进行分层变更管理权限，在 TR1 前引入"有效评估"从 6 个维度识别需求的价值和关键方案的准备度，在 TR2 前完成系统方案串讲，确保系统方案的可实现性和完整性。在对外测试前进行需求的功能黑盒验收，确保所有功能得到验收。

3.质量&成本

硬件质量引入"冰糖葫芦"模型，软件重点在迭代开发质量和以测试为驱动的软件集成管理验收上，成本重点在硬件设计领域，在每个单板上引入"价值工程"，在原理图期间引入简洁化设计。

（四）项目效果

笔者的培训满意度平均在95%，但这次新员工的培训满意度在60%以下，因此，笔者对打扰培训的事一直耿耿于怀，策划以后就没有去关注这个产品开发过程。几年后，在公司流程变革项目中和开发代表相遇，才知道这个产品的情况。

这个产品开发十分成功，一经问世就成为企业网的重要产品，在阿里每年"双十一"数据海啸的考验下没有出现任何卡顿现象，为华为拓展了超大规模数据交换的市场空间。

八、全新产业质量策划

从芯片立项到客户端只有 11 个月，业界最少需要 30 个月，也是华为确定 5G 霸主地位的版本。这次是难度最大的一次质量策划，耗时 3.5 小时。

2017 年，当时笔者正推动硬件敏捷及使能数字化制造试点项目的落地，为了造势，笔者做了"创新质量体系的魅力"的培训。在培训结束后，成研无线质量代表小邓找到了笔者，小邓是当年笔者帮助成研无线培养的 HQA，现在成长为成研无线的质量代表。

小邓辅导了一个绝密项目，有很多困难和问题，希望笔者明天到现场指导一下。第二天笔者来到小邓说的现场，会议室内挤了 20 多个人，进去的时候乱哄哄的，几个小组围在一起讨论问题。

"这是体系级专家，今天请来和我们做质量策划。"经小邓简单介绍后，屋子一下子静了下来，大家都围了过来。笔者顺势拉来一个白板，准备了解项目的现状。

（一）项目背景

为实现世界上第一个 5G 基站项目，华为准备购买 I 公司的芯片做产品开发，在一年多后 I 公司改变策略，由最初卖给华为芯片变成只卖给华为模块，华为 5G 产品供应链和形态受到极大控制，因此设立绝密项目打通 5G 基站业务。

项目经理在白板前给笔者介绍了项目的情况，由于前期 I 公司浪费华为一年多的准备期，到华为承诺的客户现场测试仅有 11 个月，当前芯片正在立项，涉及超过 10 亿门超大规模芯片。也就是说从芯片立项到客户测试不到一年，而成研无线不包括芯片的基础版本开发都要 15 个月。

（二）项目难点

这里介绍这个项目顶级难度的三个部分。

1. 周期超短

超大规模芯片从立项到产品客户测试国外顶级公司 TTM 为 3 年，而该项目 TTM 仅 11 个月，超大芯片在加急流片的情况下，至少要 4 个月才能回片，即便是美国一流的企业，从大规模芯片立项到客户测试至少需要 3 年。

2. 需求不稳

5G 国际标准还没有完全确定，需要测试的客户众多，客户需求不稳定，芯片需求链决策超长，需要进行公司级汇报，当前需求包还没有初稿输出。

3. 领域跨度超大

产品开发全过程涉及系统、芯片设计、硬件、软件、芯片验证（流片前）、芯片测试（回片后）、装备、制造、工艺、结构等领域几百人协同配合。

（三）产品质量目标分析

笔者做事的风格是越有挑战越兴奋，听完项目经理介绍后，笔者拍了拍胸脯说："以前策划华为最大 7000 人月项目仅用 2 小时，这次策划争取 2 小时内结束。"

为了聚焦思路，笔者先在白板上画出四维质量模型，然后从价值、质量、进度（效率）和成本四个维度依次展开，如图 7-5 所示。根据项目特点，这个项目仅聚焦在价值、质量和进度三个维度。

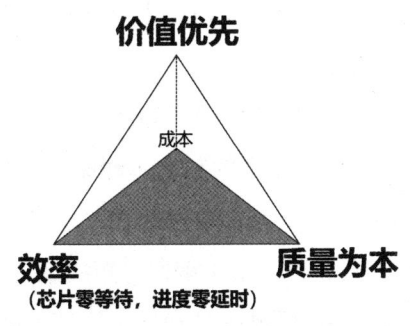

图 7-5 基于质量四维模型展开质量目标

首先关注价值。虽然是世界上第一个 5G 基站产品，但客户最关注的是产品本身的价值，即便是质量不好、多流片一次，也比一次流片成功没有实现客户价值强，芯片项目的价值放在第一位，也就是价值优先。

其次关注质量。产品必须 11 个月交付，对芯片来说，多一次缺陷流片至少要多 4 个月，因此芯片必须一次性流片成功。其他如软件、硬件、结构等都会影响进度，很多重点客户进行测试时，如果出现质量问题会严重影响客户对产品的感知，质量是产品在进度和客户感知上最关键的要素，归纳为质量为本。

最后是进度执行。如何在 11 个月内提供产品，最关键的路径是芯片过程，芯片在设计和回片验证过程中在验证环境、软件、硬件上需要提前准备，回片当天就需调通所有芯片业务，在这个前提下才能并行展开多项性能测试，也就是芯片零等待。

最终芯片在研发、流片、回片、客户测试的计划实现零延时，也就是以计划强牵的方式实现过程和最终的计划零延时。

至于成本维度，这个绝密项目不考虑成本因素。

策划总结：价值优先，质量为本，芯片零等待，计划零延时。

（四）项目关键措施制定

基于价值优先、质量为本、芯片零等待、计划零延时的目标依次制定质量措施，首先需要关注价值的措施。

1. 价值优先措施

基于产品需求包还不稳定、5G 规格还未最终确定、客户需求变化大、决策链长等问题，笔者给出措施建议：

● 组织关键角色成立芯片需求管理评审组，强化封闭 2 周先输出一个完整的需求包；紧密跟踪国际 5G 标准的制定，确保第一时间同步国际标准；

● 向公司申请决策链下放，把所涉及公司级决策的相关人员拉入芯片需求管理评审组，让绝大多数芯片需求决策通过短决策链完成；

● 拉通营销、市场、关键领域人员和需求管理评审组进行需求串讲和反串讲，快速对齐需求，对齐后的需求快速和客户沟通；

- 在 TR1 后完成基线需求，TR2 完成基线规格，强化 TR2 后需求变更评估；
- 引入方案串讲，芯片价值评估实践，确保需求有价值且可实现。

2. 质量为本措施

芯片需要一次性流片成功，芯片回片后需要实现零等待，要求硬件、软件、结构、装备在芯片回片前高质量交付。

- 确保芯片一次性流片成功，强化全面仿真，需要进一步细化方案用例，借鉴 CAD 清零落地芯片流片前全面检查，实现"六清"并确保无误后才可流片。
- 确保硬件、软件、结构、装备等质量，硬件研发引入"冰糖葫芦"模型，确保一次性投板成功。
- 到客户测试前全方位验证测试，芯片需求管理评审组全方位墨盒验收需求是否完全实现。

3. 芯片零等待、进度零延时措施

确保芯片关键点计划零延时交付，芯片回片后一天打通业务。

- 按主计划细分为八大领域计划，确保芯片在开发、验证过程中路径最短。
- 在芯片回片前准备好软件、硬件、结构、测试环境。在回片前进行调测预演，分析业务打通路径中的关键要素，在回片前准备好调测预案，芯片回片后一天调通业务。
- 芯片重要的关键点零延时，芯片规格基线点、芯片投片点、芯片回片点、客户测试点计划零偏差。
- 调通业务后并行多个测试环境，回片后一个月完成所有测试工作。

（五）项目效果

这次产品质量策划的难度超出笔者的想象，比预计的 2 小时超出 1.5 小时，但最终还是圆满完成了策划。

华为 5G 基站在较友商晚启动一年多的情况下，早 3 个月在重要客户端测试，而友商的基站不能独立测试。从芯片立项到客户测试仅11个月，实现一次投片成功、芯片零等待、计划零延时，华为第一个正式实现5G商用。在2018年世界移动通信大会（俗称"巴展"）上，华为5G荣获金奖。

第八章　创新开发模式

"兵无常势，水无常形。"不同的创新业务需要采用适配的创新模式，产品开发才能达到事半功倍的效果，企业的创新能力才能更好地释放。为了让读者有更深刻的理解，本章将详细介绍12个典型的创新开发模式。

一、软硬芯制开发模式

计算机的发明和应用拓展了人类的创新能力，也拓展出更多的业务创新场景。华为从最初单一的运营商业务，拓展到企业网、终端、鸿蒙生态、能源、IT储存、云计算等业务，在和美国众多科技公司竞争中也不落下风（见图8-1），从这个角度也能看出华为全方位的创新能力。

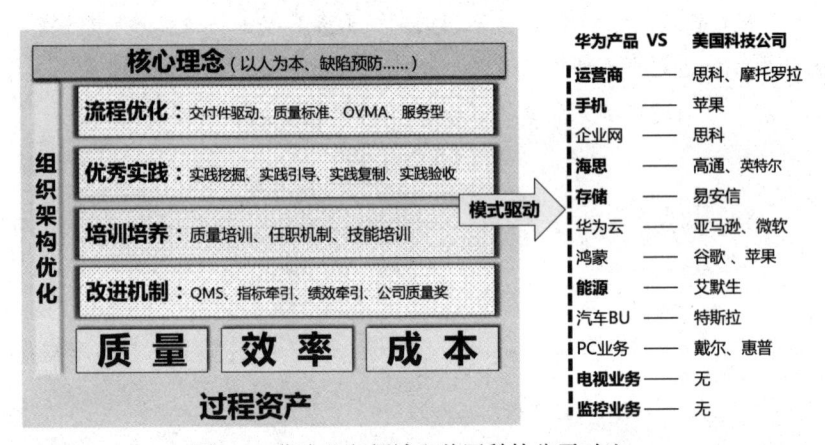

图8-1　华为业务领域和美国科技公司对比

华为是世界上涉及领域较多的科技公司，也是在创新模式上理解极为深刻的公司。华为作为中国公司被美国全面打压。苹果在高端手机上鲜有竞争对手，2022年苹果的市值突破3万亿美元。就华为的创新和业务拓展能力而言，如果华为和苹果在同一环境下竞争，华为的市值至少是苹果的2倍。

从早期的仙童公司到德州仪器、英特尔、三星、东芝等，都采用自己设计芯片、由自有的晶圆厂生产，自己完成芯片测试与封装，芯片门槛过高、产业链路径过长造成芯片供应的垄断，硬件集成商只有购买特定公司的芯片才能交付产品。

过高的垄断让芯片公司拿走产业链中的极高利润，如WIntel联盟（微软和英特尔）就拿走了 PC 产业链利润的 95%，造成设备商挣扎在生死边缘，即便像 IBM 这样的公司也无法摆脱 PC 和笔记本的巨额亏损。最终，IBM 不得不放弃该业务。

1987 年创立的台积电发现了芯片代工的巨大商机，台积电代工极大降低了硬件公司自研芯片的门槛，苹果、华为、芯旺微等公司可以在不建设晶圆厂的情况下也能使用自己设计的芯片。

（一）软硬芯制模式在华为的发展过程

不像坊间所传闻那般，华为养了海思很多年才盈利。实际上，早期芯片替代就盘活了海思芯片研发的利润。华为早期做芯片产品是从光网络降低成本开始，当年每个硬件业务板上都有一个 FPGA（可编程逻辑芯片）。FPGA 价格非常高且供货周期极长，如果把 FPGA 换成自研芯片批量成本可以降低 80% 以上。巨大的利润空间让企业投入自研芯片。为了降低风险，MSTP 在第一个版本用 FPGA 快速投入市场，在第二个版本上用自研芯片降低成本，由于 FPGA 上的逻辑没有变化，完全移植逻辑的自研芯片也没有任何风险。

通过自研芯片替代通用 FPGA 芯片，使设备功能相同但成本极低，相比传统模式设备商具有极大的竞争优势。像 Metro1000，价格低、功能强、可靠性高，成了当年华为的明星产品，毛利率高达 80% 且海量销售使其被戏称为印钞机。

随着海思研发能力和产品线规划能力的增强，华为不再局限于自研芯片来降成本，以芯片驱动的全新开发模式逐步成了华为的主流，无线、IP、手机、IT 等产品面对友商有独特的竞争优势。

（二）软硬芯制模式关键要素

以芯片为驱动的软硬芯制模式是难度最高的研发模式，华为、苹果、三星等世界一流的大公司才有较好的经验积累。每年华为、苹果、三星的旗舰机发布都伴随着核心芯片的首次应用。如华为的麒麟 970、980、990 等分别同步到 Mate 10、Mate 20、Mate 30 旗舰手机中，以芯片为驱动的开发模式也奠定了企业的竞争优势。反之，爱立信在 2013 年放弃芯片研发后运营商业务很快被华为赶超。

软硬芯制模式的模型如图8-2所示。

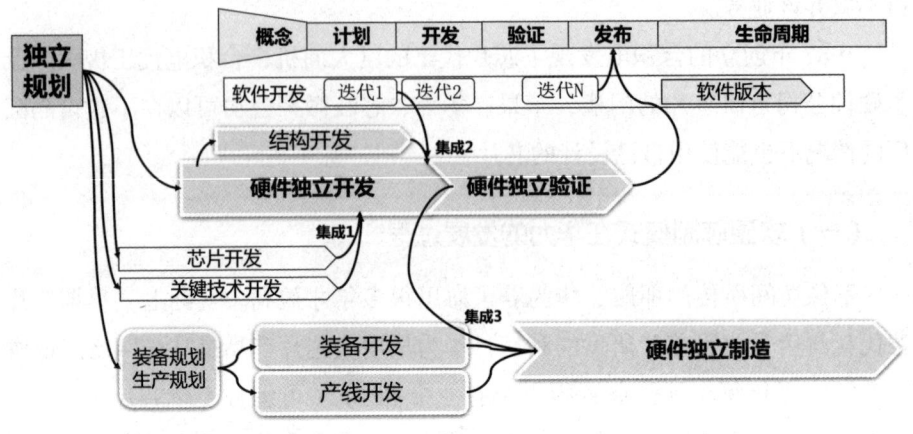

图8-2　软硬芯制模式的模型图

1. 芯片的价值规划极为重要

芯片开发对公司来说都是战略投资，由于芯片从立项到产品销售的周期特别长，一般达到18~30月，研发费用和人力的投入极大。因此，一旦芯片出现战略误判会给产品造成2年的代差滞后。相反，如果芯片产品战略成功，也会给产品线带来1~3年的战略领先优势。

2. 软硬芯制的异步集成加速开发过程

芯片、硬件、软件、制造、结构等环节由于工作性质不同，造成研发周期的严重不协调。芯片作为最长路径决定了芯片产品的研发周期，芯片实现零等待才能最大限度缩短产品的上市时间。

异步体现在芯片立项、硬件立项、软件启动的时间点不同，集成是配合芯片其他领域的准备度让芯片做到零等待的效果。零等待就是芯片回片当天软件、硬件、结构、装备等全部配套，当天能打通最关键的芯片功能。这样可以做多个方面的并行调测和生产导入，从而大大缩短芯片调测和制造导入的时间。

3. 软硬芯制对质量要求特别高

大规模芯片每次流片的成本较高，像麒麟芯片每次流片费用都是几千万美元。多流一次芯片延长产品交付周期3~6月。因此，软硬芯制芯片需要尽量减少异常流片的次数，需要尽可能一次流片成功。这需要在芯片流片前全面仿真、验证和评审，另外硬件单板开发的周期较长，硬件多一次投板也会影响 1~3 月的产品进度。

验证阶段的工作也很重要，如果验证不充分，可能会发生像三星 Note 7 那样的炸机事故。对软硬芯制开发过程质量要求极高，也是绝大多数公司轻易不敢采用的重要原因。

（三）软硬芯制模式优点

1. 利润极高

正因为芯片代工模式规避芯片公司的高额成本，华为、苹果、三星等硬件公司拿回了高额的利润。苹果公司的利润连续 10 年高居全球科技公司利润的榜首，华为也有可能将巨额研发费用投入新产品。

2. 设计自由度极高

以前的设计都是"CPU+FPGA+外围芯片"的形式，企业自研芯片完全可以把多个芯片的功能设计在一个芯片中，类似手机这样的产品在很小的空间就可以集成极高的性能。

3. 技术断裂度高

互联网时代，软件公司相互模仿的频度很高，微信模仿米聊只需要有思路即可；硬件中的逻辑代码、底层 CPU 软件虽然有一些保密措施，但是用特殊手段可获得逻辑代码、CPU 代码。一旦泄密，竞争对手很快就会推出相近功能的产品。

而芯片的设计很难让竞争对手模仿，给予代工厂的末端设计也不是原设计。即便模仿原设计，也会因为芯片产品开发周期长达 18~30 月，等产品出来已经落后友商近两年的进度。

4. 能力外溢到其他领域

华为从光网络积累的芯片设计经验开始，芯片设计经验和能力很快外溢到手机、IT、无线等领域，华为进入汽车自动驾驶领域短短 6 年，就能在很多关键技术上远远超过特斯拉。

二、流水线开发模式

流水线开发模式相比软硬芯制模式要简单很多，也是软硬芯制模式的有效补充。流水线模式的技术都是成熟可获得的，当市场出现极好机会点或者客户有紧急需求时，就需要把当前技术快速推向市场获取可观的利润。

但流水线开发模式的要求就是要快速推出产品，而且质量要求相当高。

案例

1个月交付新硬件单板的标敢不敢接？

笔者去南研所和企业网硬件部长伍总交流，他谈到了一个 Q 网案例。在一个大型的竞标中，标的是 10 亿，华为当时能提供 95% 的功能，还有 5% 的功能需要开发。如果中标需要一个月后全套提供，而在华为正常开发仅立项就要 3 个月，正常硬件单板开发要 9 个月。

对华为来说这 10 亿的项目必须接。经过努力，在一个月后也圆满交付了客户。这样的案例在华为有很多，我们正常开发的产品需求基本上是一年前确定的，但一年前的产品很可能不满足客户新增的关键需求，如何在最短时间内弥补关键需求？

流水线开发模式就是解决紧急且成熟的开发问题。我们不能对开发场景太理想化，总是想准备好了才去开发，开发好了客户能 100% 接受。这在当今现实中很难做到。既然紧急开发情况是常态，那么在流程中就必须对该场景进行规范。

（一）流水线开发模式关键要素

对流水线开发模式而言，默认紧急开发是常态的一种模式，只能作为规模较小、技术已经完全成熟且无风险，只受限于当前资源和交付的时间的开发模式，也可以默认为是在产品维护阶段的开发模式。

1.需求动态排序

因为适配的开发人力、财力较小,所以不可能进行大规模的研发。因此,日常的重要工作就是把所能覆盖的小规模开发的需求进行动态排序,根据人力渠道及时动态适配开发。

动态的需求包括紧急需求、缺陷修改需求、降成本需求和规划需求等(见图8-3),一旦确定所需要开发的需求,就需要紧急协调并到位所需资源。

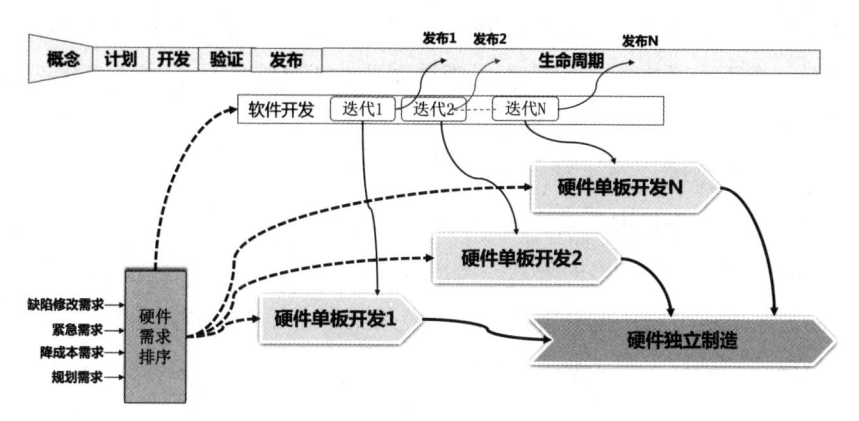

图8-3 流水线开发模式模型图

2.软件采用敏捷迭代,硬件需拉通各领域协调交付

产品一般会涉及软件和硬件开发,一旦确认开发,就需要同时给软件、硬件提出紧急需求。硬件需求会进一步分解为装备、制造、结构的需求。

软件根据硬件的集成电路确定交付节奏,软硬件集成点是硬件单板的回板点。在这个点上,软件和硬件会协同调测。

硬件开发过程比较复杂,硬件涉及的领域较多,因此硬件需要及时协调各领域专家协同配合。如遇到紧急的开发任务,则需要把所涉及的相关人员封闭在同一办公室。开发过程和硬件流程相同,只不过在开发过程中,每日日清站会要求涉及领域的专家共同参与。

3.硬件独立制造是难点

相比正规版本开发,由于流水线硬件开发规模较小,很难得到制造专家、制造产线的有效支持,硬件制造也是流水线中最容易出错的地方。因此,一般具有流水线开发要求的硬件都需要具备独立制造(不依赖软件版本)的能力,也可以认为独立制造是进行流水线开发的必要条件。所涉及流水线开发的单板，只能在已有的生产线上制造，如果涉及建设新生产线就不适合流水线开发。

4. 版本的发布和收编

在软件和硬件功能验证无误，且通过了小批量验证后，涉及的单板需要通过投资决策确定是否可以面向客户发货。客户发货的前期需要紧密跟踪产品在客户端的风险和问题，及时配合问题跟踪解决。当批量客户应用后无问题，通过决策评审单板打包软件达到预发布状态，软件发布临时版本。在产品的下一个正式版本发布时，正式版本需要收编所有临时版本，流水线版本也正式关闭。

5. 流水线管理

流水线模式仅作为正式产品开发的补充，不能成为公司开发的主流方式，因此需要对资源进行严格的限制。流水线模式也可以理解为在固定资源下按需求的紧急重要程度排序的开发模式。一般采用年度版本管理方式，在年初给一个虚拟版本并预算人力和投入成本，所有流水线开发应在虚拟版本下投入。

（二）流水线模式优点

1. 紧急响应需求

这个也是流水线模式最大的优点。遇到紧急需求能立即开发和交付，虽然过程不太规范，但可以快速响应客户需求，抓住重大的销售机会。

2. 平滑资源

流水线预算的人力也可以理解为产品线预备资源，由于处于动态平需求排序，让资源得到及时充分的利用。

3. 协助正式版本成功

在资源充沛的条件下，流水线资源可以承担正式版本中的预研技术开发（仅到验证阶段，不能正式发货），提前验证好的关键技术可以大大缩短正式版本开发周期，并大幅度降低正式版本的技术风险。

三、自运营开发模式

很多老产品经过多年的经营,发展的空间逐步缩小,但由于前期在客户端的产品存量较多,还需要投入一定的人力维护;另外还会有一些零星的开发需求和一定的销售空间。华为无线技术当前主流销售是 4G 和 5G 的产品,但 2G、3G 的产品网上存量特别大,需要投入人力维护。由于老产品价格相对便宜,还有很多非洲国家有 2G 和 3G 无线网络建设的需求,由于研发投入很小,老产品还有相当大的利润空间。

如何盘活老产品活力,在提高维护效率的同时获得较高的利润,采用自运营开发模式是一个不错的选择。

(一)自运营开发模式关键要素

自运营开发模式(见图 8-4)类似于子公司运作模式,通过简化管理来驱动团队战略经营。

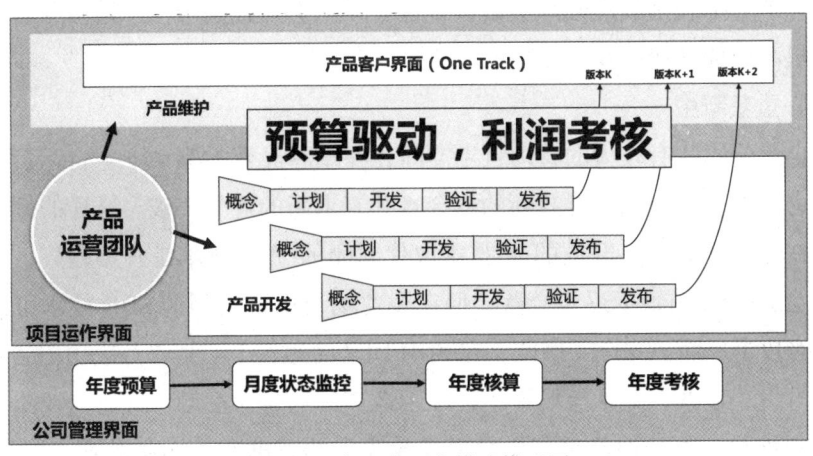

图 8-4 自运营开发模式模型图

自运营开发模式是把成熟且不用投入大量研发的产品线"剥离",形成类似于子公司的模式管理运营，通过严格的预算方式逐步减少公司的投入，同时，通过考核公司的利润来驱动自运营团队以挖掘更多潜力。

1. 简化管理

由于成熟产品线不是公司当前的战略方向，主要工作也集中在日常的维护和销售，也没有大研发版本开发，因此，公司可以通过简化管理的方式让团队自营。在公司层面简化为四个基本的活动，即年度预算、月度状态监控、年度核算和年度考核。

2. 人力复用

自运营团队的开发和维护人员是复用的，不会像业务增长的产品线开发和维护分离。在网络维护中，可能会突发紧急事件需要大量人员参与维护。另外，不排除会突然销售了一个大单，就需要很多人到现场支持安装和调测。这时候对现场支持的人力需求比较大。平时，只处理日常的维护又不需要很多人，闲下来的资源可以更多地投入新的需求开发中。

3. 卓越经营

由于自运营团队需要对公司提供较大的现金流，在团队有效的运作下也可以获得不菲的利润。一般在年初会制定利润目标和人均利润目标，并设置相应的挑战目标。如果能完成年度挑战目标，运营团队也可以获得不错的绩效。

有了目标和挑战目标牵引后，自运营团队努力提高维护、销售、研发效率，提高内部管理成效，最终实现卓越经营的目标。

4. 重获新生

自运营团队有较大的管理自主空间，在卓越经营的驱动下，自运营团队会努力拓展生存空间，寻找新的机会点并寻求新的业务突破。这样的例子很多。在通信场景中，开放的IP技术取代封闭的SDH技术是必然趋势，因此SDH会在通信场景下逐步衰落。但在企业场景中，封闭的SDH技术可以免受黑客攻击反而更安全，因此，在SDH团队的运作下，把业务成功拓展到铁路、电力、地铁、金融等场景，延续了老产品的生命周期。成研无线团队主要承担维护工作，但经过运作发现了无线小站商机，最终发展成了20多亿美元销售规模的产品线，彻底改变了以维护为主的团队定位，随着业务拓展汇聚了众多研发人员。随着研发能力增强，成研无线团队还承担了5G基站项目的开发。

（二）自运营开发模式优点

1. 让企业更聚焦战略

主动剥离相对成熟的业务让团队自运营，简化公司的管理界面和流程，实现公司扁平化管理。在摆脱烦琐的维护和存量经营，让企业管理层有更多精力放在业务拓展大的领域同时，避免原有的老产品因为客户不满意而失控的局面发生。

2. 提升效率

通过管理简化、人员复用等措施。在预算驱动下，让自运营团队更聚焦维护效率、研发能力提升，实现自运营员工效率提升。

3. 激发潜力

自运营团队在自我管理、经营的条件下，更能调动主观能动性拓展业务，挖掘自身潜力，发现更多机会，甚至能像无线小站那样拓展出新领域。

四、攒机开发模式

"攒机"出现在20世纪80年代，PC兼容机的标准化，在充分解耦的情况下，各领域厂家可以根据自身特点在某领域做大做强。

PC兼容机构成了一个庞大的产业生态链，有些公司只做硬盘，有些公司只做显卡，也有像戴尔、联想做整机集成。由于PC市场庞大，因此都能分到一杯羹，灵活且价格相对便宜，在20世纪90年代中国消费者使用的基本是兼容机为主的电脑，因此这也让很多电脑城老板赚到了不少钱。

但过度开放的生态系统也产生了绝对的垄断，CPU处理器由英特尔垄断，操作系统被微软垄断。绝对的垄断也滋生了极大的暴利。WIntel联盟拿走整个产业链的95%利润，仅剩5%的利润被众多商家疯抢。各路厂家不得不挣扎在生存的边缘，根本无力投入资本进行研发，造成各厂家更进一步依赖Intel和微软。整个产业链哀鸿遍野，PC兼容机逐步消失于大众视野。

在PC领域的垄断暴利也让英特尔更加傲慢，当年急于开发iphone的乔布斯找到英特尔但遭到拒绝，让英特尔失去了入主移动CPU的最佳时机。

超高的垄断暴利也让微软失去进取之心，2000年后就再也没有推出颠覆性产品。在智能手机发展之初，微软也想用PC的垄断优势去占领移动操作系统，推出的手机Windows系统用户体验极差，霸王条款也让各路人马退避三舍，以至于鲜有手机企业愿意装载。微软只好买来江河日下的诺基亚手机，最终，由于手机业务毫无起色，微软彻底出局。

相比IT产业在技术上的龟速发展，其他领域的公司却锐意进取，积累了雄厚资金和技术的大公司开始反噬IT产业。苹果推出自研芯片M1和IOS操作系统的电脑，华为也推出自研芯片鲲鹏920和欧拉操作系统的服务器，至此，由一个公司主导从芯片、硬件、操作系统、软件应用的全栈式解决方案，攒机开发模式浮出水面。

（一）攒机开发模式关键要素

攒机开发模式核心在于五层解耦，即芯片解耦、硬件/结构解耦、主板模块解耦、底层驱动解耦、软硬件解耦，并由 IT 产品线构建攒机开发模式并落地。变革项目设施落地后，取得了较好的效果，具体如图 8-5 所示。

1. 五层解耦作为攒机开发模式的基础

通过定义和规范各层级的解耦，并作为某领域产品的技术规范，作为后期产品开发技术约束，为各层级的演进打下了坚实的基础。

2. 各层独立规划、独立演进

充分解耦的各层按约束规范，可以实现芯片、机箱/子卡、主板、Bios、操作系统、应用软件独立演进。如通信子卡可以做蓝牙通信子卡，也可以做 4G/5G 通信子卡，机箱也可以根据不同类型设计高端、中端和海量（低端）机箱。在独立演进中实现子卡/机箱和主板的独立验证和制造，解耦实现各层级异步独立研发、验证、生产和发货。

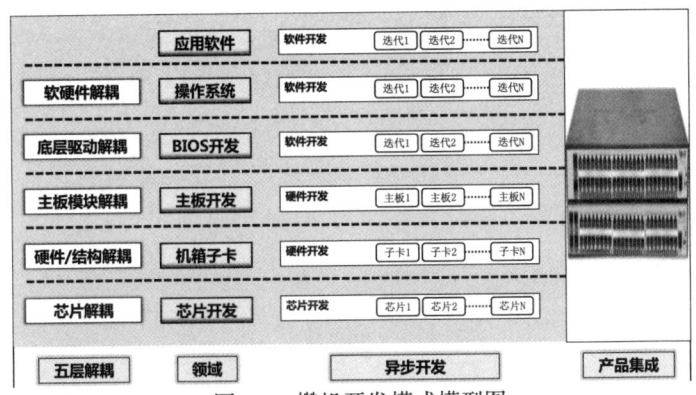

图8-5　攒机开发模式模型图

3. 根据客户所需，通过即插即用的方式快速部署解决方案

通过各层的排列组合，可以最大限度地满足不同客户的需要。在充分解耦验证的基础上实现硬件子卡的即插即用，大幅度减少重复开发、验证的时间。

（二）攒机开发模式优点

1. 掌握核心技术

核心芯片和操作系统的技术就是一层窗户纸，并不像西方吹得那么神秘。通过不断探索，华为在全栈式开发的过程中更能深入技术的核心。当前，华为对软硬件系统的理解远远超过美国的公司。

2.可构筑全产业生态链

充分解耦下不同的企业可根据自身特点从多层介入，如果实现开源，可以快速构建完整的生态链，从而打破美国仅掌握几项核心技术拿走95%利润的格局。

3.快速响应需求避免重复开发

在统一架构下，各层均可独立规划、研发、验证、生产和发货，通过各层的排列组合快速构建客户所需要的系统，只需要简单地适配开发，就可以构建新的系统，实现新的功能。

软件具备可移植特点，减少以前软件研发只针对特定客户的低效工作。

五、三迭开发模式

在客户定制的开发场景下，绝大多数客户还没有想清楚自己要什么。就好比买衣服，客户试穿很多件才选好中意的衣服。客户真实的需求和我们的理解存在很大的差距，反反复复沟通和修改可能会闹得不欢而散，最后怪客户的需求老是变化。其实很正常，同样一个事物客户和开发者的背景不同，理解力也存在较大的差距，会造成很难把信息相互传递到位。

语言和文字其实在传递中信息量丢失较大，除非是专业人员，很多关键信息无法沟通到位。为了避免沟通不到位后期反复修改的情况，在开发过程中尽量提供给客户具有感性认识的实物效果。

（一）三迭开发模式关键要素

就像顾客购买衣服场景一样，三迭开发模式建立在客户和开发者都无法掌握真实需求的假设上，通过渐进迭代方式趋近真实需求，迭代开发出真实所需的产品，如图8-6所示。

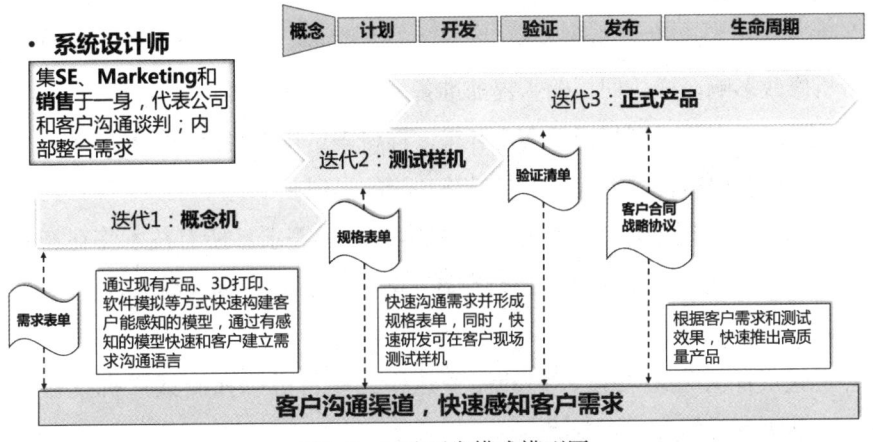

图8-6　三迭开发模式模型图

三迭就是概念机、测试样机、正式产品的三次迭代开发过程。

（二）三迭开发模式关键要素

1. 关键角色系统设计师

在很多公司的开发过程中，经常由多个角色通过不同角度和客户进行沟通，然后在内部汇总传递。这样对客户不仅需要反复叙述一个相同的需求，而且还会因为不同角色之间的理解不同反复澄清。类似这样分工太细的沟通容易让客户反感，最终可能让公司失去业务机会。

三迭开发模式最关键的角色就是系统设计师，集 SE、销售和 Marketing 于一身，代表公司和客户沟通谈判，避免反复沟通并引起客户反感。同时，建立客户需求沟通渠道，采用邮件、微信等方式均可。

2. 概念机迭代，构建产品关键需求轮廓

概念机迭代在客户需求陈述理解的基础上，用 3D 打印、软件模型、手绘、现有设备搭接等方式和客户当面澄清客户的关键需求信息。

最终所确认的需求通过需求收集表单收集，并逐条和客户澄清。在公司内部进一步分析澄清并串讲。

3. 测试样机迭代，快速开发客户可现场测试的设备

测试样机开发过程可以参考流水线模式，目的是快速开发样机。在此过程中，需求需要进一步和客户沟通确认，邀请客户参与规格串讲会，对产品规格进一步串讲和澄清。

方案阶段的串讲需要和客户进一步核对，如果涉及需求变更，需要记录并分析修改影响。样机回板前需提前准备好测试环境和客户现场环境，如果条件允许可以在实验室同步镜像客户环境。样机需尽快在客户现场环境中调测验证，在此过程中需要协助客户设备最终功能的实现。

记录测试验证中存在的问题，记录客户新增需求，所有技术将在产品开发中进一步实现，样机测试能及时在客户环境对齐客户真实需求。

4. 正式产品开发

正式产品开发需要按公司的流程运作，项目可以在测试样机投板前启动，无须等到样机测试后启动。

开发过程重点关注测试过程中的验证结果和客户新增需求，在投板前需要全面清零测试中的问题并对新增需求实现检测。

其余部分和正常开发一样，关键是在客户场景中满足客户关键需求。

5. 与客户共赢才是目的

三选开发模式比一般开发更复杂，时间也比较紧急，三选开发场景下核心是协助客户取得商业成功。因此，需要多从客户角度思考问题，尽量避免负面情绪。通过三选开发模式成就客户的同时，也为自身发展赢得更多机会，合作愉快可以引导客户共同签署战略合作协议，为后期的进一步领域拓展提供较好的条件。

（三）三选开发模式优点

1. 拓展新领域场景

三选开发模式重点关注有潜力成为战略伙伴的项目协同，在新领域中打开重要的应用场景（比如，梯联网），在成就客户的同时也让公司有更大的业务空间。

2. 快速交付

对传统的开发而言，三选开发模式在拓展新领域产品上市时间缩短50%，协同客户理解关键需求更为精准，通过快速测试单板在实测场景下更能导出客户的真实需求。正式版本和验证版本有相当长的并行开发时间，在产品硬件投板前所有问题都得到澄清和解决，样机的测试环境和测试用例可以沿用到正式产品开发过程中。有测试样机的前期探索，可避免正式产品因需求、方案、设计问题的反复改板等问题。

3. 提升客户满意度

三选开发模式重点是和客户合作，在成就客户的同时让企业业务拓展，和客户共担失败风险，从客户的角度理解和协同工作，相比采用合同合作模式，更能得到客户认可。在项目获得成功的情况下，极有可能和客户形成战略合作伙伴，为后期更大领域的合作奠定基础。

六、领域孵化开发模式

在信息时代不断有新机会点涌现，如果一个公司不能抓住机会将失去公司的发展未来，最短的时间内抓住机会才能给公司带来发展机遇。

2003年是阿里巴巴（简称"阿里"）的转折之年。年初，全球排名第一的电商公司美国eBay通过收购易趣网进入中国。倍感压力的阿里巴巴在湖畔花园成立了一支绝密开发团队。5月10日淘宝正式上线，在淘宝的应用下10个月拓展出支付宝。淘宝和支付宝构成了阿里最核心资产，2006年阿里打败eBay成为亚洲最大的网上购物平台，仅用3个月时间孵化出的淘宝开启了阿里"开挂"发展的历程。

同样的剧情发生在腾讯上。2007年乔布斯发布iPhone撬开可移动互联网时代，而PC即时通信老大QQ还没有意识到事态的严重性。2010年成立的小米公司推出基于移动端即时通信软件米聊后，就有挑战即时通信霸主QQ的趋势。

为了应对在移动端的即时通信挑战，腾讯有3个团队同步开发移动端即时聊天软件，张小龙微信团队就是其中之一。从2010年11月20日张小龙拉起10人的开发团队，到第一个微信版本上线，仅用2个月。上线后仅用411天时间用户就突破1亿，2018年3月微信活跃用户突破10亿。微信的成功让腾讯在即时通信领域的地位无人撼动。

（一）领域孵化开发模式关键要素

从淘宝开发3个月到微信2个月上线，在面临外部挑战时腾讯和阿里都交出了满意的试卷。很多人有一个错觉，认为大型公司没有孵化创新的基因，典型的像诺基亚、柯达这样的大公司因为失去创新而走向衰落甚至倒闭。实际上很多像腾讯、阿里、华为这样的公司有极强的创新和孵化能力，而且成功率远远高于初创公司，领域孵化开发模式也成了当前重要的开发模式之一。

在华为也同样有很多产品线从此孵化而来，如无线小站、汽车 BU、监控等。汽车行业是华为从未介入的新领域，孵化开发模式有点类似初创公司成长的过程（见图 8-7）。

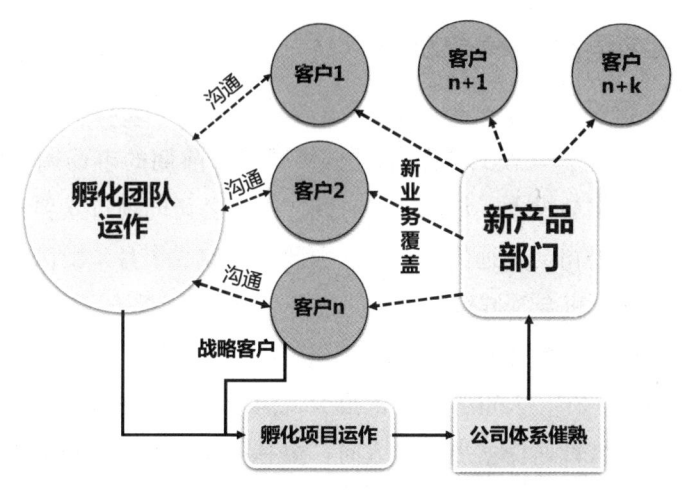

图8-7 领域孵化开发模式运作图

1. 以初创公司形式开发

一般由 10 人左右组成初创开发团队，其中有类似创始人角色的领域孵化经理，比如，微信的张小龙。该角色全方位把握产品方向、进度、运作，开发过程不拘泥于公司的流程、公司制度，项目管理也像初创公司那样没有相关的过多约束，初创团队有极大的自由。衡量团队的成果不是看项目成功率或者回报率，不能说投入 1000 万元盈利 1 个亿就是成功的（10 倍收益）。如果不能孵化出战略产品（如淘宝、微信和汽车 BU 等），也是失败的孵化运作。

2. 对初创团队实行双限管理

双限管理，就是对人力投入、项目预算进行控制。这也和初创公司现状相同。一般初创公司资金有限，人员也就从几个到 10 多个。领域孵化开发模式一般都有较高的失败率，有些跨界特别大的孵化主要是想通过有限的资源对该领域进行摸底性试探。如果发现不适合，可以及时止损停止投入。这样可避免在没有摸清方向的情况下投入大量人力、物力而蒙受巨大损失。

3. 一旦孵化成功，类似风投快速催熟形成产业

孵化团队一旦孵化出战略产业，公司就会像风投一样快速催熟产业，投入公司大量人力、财力资源，快速构建财务、质量部门，像淘宝、微信、汽车 BU 一样快速成为公司的一级部门，通过加大投入快速占领市场。

（二）领域孵化开发模式优点

1. 快速部署投入机会领域

如果按正规的开发模式去开拓机会领域，仅前期的市场调查、价值分析、方案评估等都会投入半年以上的时间。再按公司的项目立项开发出来一年后上线，可能公司会永远失去机会。因此，淘宝 3 个月、微信两个月就孵化出来，为公司在机会领域赢得极大的战略空间。

2. 小投入撬动大战略

像初创公司一样，人很少，钱也很少，但给予极大的自由度，能极大调动初创成员的积极性而探索出战略方向，很有可能孵化出极为重要的战略产业。即便是投资失败，由于双限管理也不会让公司伤筋动骨。

3. 大幅度降低公司战略投资风险和资金

把握住战略机会点后，公司通过风投形式快速催熟产业，可以极大避免战略风险。相比通过收购初创公司的方式拓展战略领域，公司可以节省巨额的收购资金；同时，避免收购初创公司带来的人员变化和公司文化不兼容影响效果的风险。

七、生态开发模式

为何美国要死磕华为？因为腾讯、阿里在美国的基础架构上搞应用开发，基础架构一旦撤销，上面的应用立马"死翘翘"。2022年俄乌冲突爆发的第一时间，俄罗斯就被美国科技公司制裁，安卓和苹果手机瞬间变为"砖头"，大部分应用不能正常使用，基于Windows的电脑系统也无法使用。由此可见基础架构对一个国家的重要性。

华为深谙基础架构能够动摇美国的科技霸权。华为从底层的芯片开发到最终的客户应用所有的领域都有涉及，对整个产业链的理解力也比以软件开发为主的微软和谷歌要深刻得多。所以，2021年华为能推出"鸿蒙"和"欧拉"两大操作系统。

操作系统可以理解为软硬件深度解耦的软件平台，最突出的体现就是应用软件的可移植性。Windows软件可以在PC机间移植，苹果App可以在苹果手机、平板、电脑间移植，鸿蒙应用软件可以在鸿蒙生态链中的手机、电视、平板、手表、家电、电脑等设备间移植。从可移植性的角度来看，鸿蒙对软硬件解耦的理解比Windows、安卓和IOS更深刻，其示意图如图8-8所示。

以软件操作系统为核心的开源开发模式就是生态开发模式。

（一）生态开发模式关键要素

生态开发模式建立在软硬件解耦的基础上，一般由一个操作系统的提供者和生态使用者共同构成，在具体操作平台下按照共同遵循的数据通信规则和软硬件接口，让开发者的软件和硬件在特定平台下完成相关的动作，包括数据处理、图像处理、数据传输、硬件动作（如开灯）等。

生态系统中包含系统界面、开源界面和应用界面三部分，系统界面是操作系统提供者或者规则制定者，主要解决和规范界面、场景、解耦、数据架构，并提供操作系统核心代码和编程环境。开源界面主要共享相关的操作系统安装、编程环境、函数、共享软件和子程序。如果生态系统包含硬件开源部分，开源界面也包含硬件的系统架构或部分特定模块硬件方案、原理图、PCB和结构等。

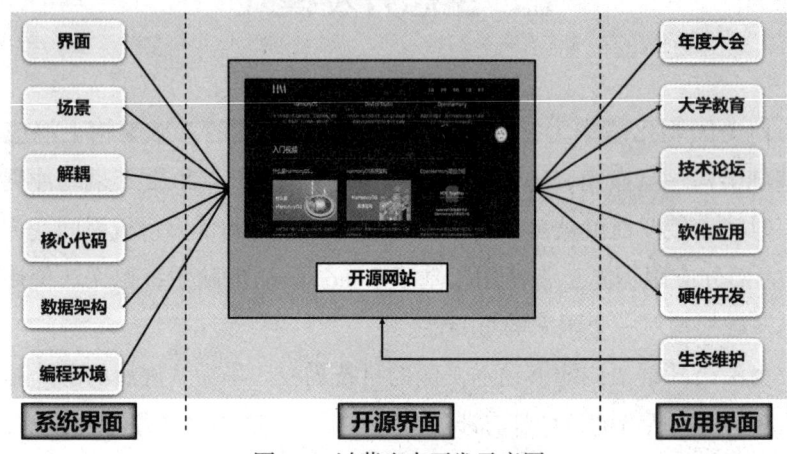

图8-8 鸿蒙生态开发示意图

1. 软硬件解耦是生态开发模式的关键

生态系统中最核心的软件移植功能，需要对软件和硬件的系统性解耦，确定软件和硬件的特定接口、数据交换方式，通过软件的编译和安装以实现软件的适配和移植。

软硬件解耦的最大收益就是软件移植，同一个软件可以在不同的硬件上应用。比如，微信App可以在华为手机、小米手机、三星手机上安装使用，在华为的Mate系列、P系列、折叠机等上也可以使用。

为了保障生态的有效性，在操作系统正式发布前，一般操作系统开发者会通过自研产品上催熟，华为在智能电视、手机等产品上使用，在自研产品上使用两年后才正式发布成熟的鸿蒙系统。

2. 生态中的推广很重要

生态很重要的是接入的设备和玩家众多，接入设备数量是玩家能够获利的重要基础，这就需要更多人掌握生态相关技术，了解生态的优点，通过技术论坛、大学教育、培训等进行生态拓展，通过应用软件和硬件开源更快集成出软硬件系统。

3. 生态利益链是生存的关键

让生态中的玩家受益是生态的基础，包括软件玩家和硬件玩家都能通过生态快速部署业务，以较小的代价快速集成较为复杂的系统，或者快速接入较为丰富应用的系统。这样能让各生态玩家通过给客户提供增值服务快速赚取合理的利润，这才是生态开发模式的本质。

（二）生态开发模式的优点

1. 对国家安全至关重要

2010 年，在伊朗纳坦兹地区，上千台的离心机受到工业病毒攻击突然停转毁坏，给伊朗核工业造成致命打击。2014 年爆出"棱镜门"事件，即便是美国盟友也难逃美国网军的深度渗透。2019 年 7 月 22 日，委内瑞拉的电力系统由于不明原因造成全国电网崩溃，全国 23 个州中有 18 个州受停电影响。由此可见，网络安全对一个国家至关重要。

如鸿蒙、欧拉等自主生态系统，从底层的 CPU 到上层的操作系统和应用软件都为本国所控制，杜绝恶意国家所预留的"后门"，完全避免如伊朗核工业事故、"棱镜门"窃听事件的发生。

2. 自主生态链中让中国企业受益更多

掌握绝对垄断的产业链造成绝对的暴利。WIntel 联盟拿走兼容机产业链利润的 95%，苹果不到 20% 的手机市场占有率却有 70% 以上的手机利润。绝对垄断使产业链中的其他企业生存极度困难，供应链上的企业没有话语权，即便是维持极低的利润也要看国外垄断公司的脸色。2022 年，欧菲光和歌尔被苹果相继踢出供应链后，公司业绩大幅度下降。而中国的自主生态链可以把利润绝大部分留在中国，让中国的科技公司有更多的资金投入研发，进而让产业升级。

3. 让更多公司快速接入

生态链中可以让大公司快速构建自己完整可控的大系统（比如，智慧交通），可以让一个小公司快速接入大型的体系中，软件公司等也可以开发 App 在生态中快速应用和复制。

八、算法驱动开发模式

在 AI、搜索、智能化、高速通信领域，数学算法已经成为最核心的技术引擎。顶级搜索引擎让 Google 独步天下。华为在微波 MIMO、光网络传输、铜线传输上靠数学算法积累优势，成为唯一为欧洲通信运营商提供微波、光传输、5G 全栈式解决方案的公司，也是唯一能实现跨大西洋 2000 公里无中继海底光缆技术的公司，数学算法技术已成为技术竞争的制高点。

（一）算法驱动模式关键要素

没有香农定理也就没有现代通信。现代通信中的无线、光传输、微波和铜线通信技术都趋近于香农定律的极限，因此，任正非很早就重视数学算法的技能积累和应用。

早在 2001 年，华为就在俄罗斯布局数学研究所，并于 2020 年在法国建立拉格朗日研究所从事数学研究。2021 年 9 月，法国顶级数学家、数学最高奖菲尔兹奖得主洛朗·拉福格（Laurent Lafforgue）正式宣布加入华为。当前，在华为有 700 多名数学家，以算法驱动开发模式构建公司的核心竞争力。图 8-9 是算法驱动开发模式的模型图。

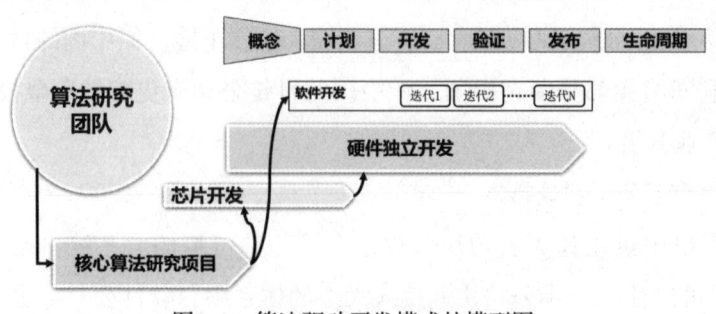

图8-9 算法驱动开发模式的模型图

1.吸引顶级数学家是算法驱动的关键

华为当年为了吸引俄罗斯顶级数学天才，在莫斯科建立研究所，并给予俄罗斯数学天才 200 万美元的年薪。俄罗斯和法国获得菲尔兹奖的人数和美国相当，在俄罗斯和法国建立研究所的目的是吸引顶级数学家，只有顶级数学家才能构建顶级的数学模型。

2.数学建模先于产品开发

算法驱动模型需要先构建数学模型，通过数学模型来验证解决方案的可实现性，只有数学模型可行才能让后续开发的方案可行。

3.核心算法研究项目把数学模型变成可实现方案

当数学模型被认可后，后续的核心算法开发团队通过浮点、定点逐步实现逻辑算法，作为后续芯片和产品开发的实现方案。

4.核心算法驱动芯片和软件开发

在浮点仿真实现后，可以让芯片项目立项，进而驱动产品开发，同时让软件实现相关配合功能，最终实现产品开发。

（二）算法驱动模式优点

1.构建技术核心竞争力

这个是算法驱动最核心的优势，高难的数学模型可以极大优化解决方案，产品资源利用效率也可以达到极高程度，对友商而言有极高的门槛难以超越。

2.面向未来 AI 核心

智能时代 AI（人工智能）将成为核心技术，数学模型是 AI 最核心的技术，因此，谁掌握先进的数学模型谁就在 AI 的布局和竞争中占据先发优势。

九、原型驱动开发模式

2021 年，随着特斯拉股票大涨，仅创立 18 年的特斯拉市值超过 1 万亿美元，比排名 2~10 名车企总市值还多。特斯拉股票大涨，也让马斯克成为世界新首富。

在电动汽车、航天、胶囊高铁、星链计划等领域，马斯克均有重大突破。仅用 NASA 火箭发射的 20% 成本承担美国航空航天任务，马斯克具有的超凡创新能力源于原型驱动开发模式。

原型驱动的思维方式让人有颠覆性思维的创造力，把握事物最关键的核心，能直接绕开复杂的过程解决关键核心问题，日常的案例也有很多。

案例

190元解决90万元的问题

联合利华引进的一条香皂包装生产线，常常出现没装入香皂而空盒下线的情况，这个缺陷让联合利华头痛不已。为此，联合利华花费 90 万元聘请专家成立专门团队，综合采用机械、微电子、X 射线探测等技术成功解决问题。某乡镇企业也购买了同样的生产线，面对同一难题，企业的一位工人用 190 元一台大功率电风扇在产线末端使劲吹，空香皂盒顺利剔出。

没有装入香皂的盒子很容易被风吹走是常识；而采用微电子、X 射线先判断是否有香皂，再通过计算机控制机械手精确定位、移除空盒的思维方式是我们最常见的直线思维方式。仅从效果而言，190 元的解决方案和 90 万元的解决方案没有本质上的区别。

专家受直线惯性思维难有颠覆性的突破，相反，没有领域经验的外行通过最简单、最经济、最直接的方式，却能颠覆这个领域。从未有研发手机经验的乔布斯直接颠覆整个手机格局；李书福从未涉足汽车领域，但其"汽车是四个轮子加一个沙发"的原型思维方式，不仅让吉利汽车率先推出畅销的自主车型，获得巨大商业成功，把欧洲老牌汽车制造商沃尔沃收入囊中，而且还出资 45 亿美元入股戴姆勒汽车公司。

（一）原型驱动开发模式关键要素

为了让大家了解原型驱动开发模式的思维方法，笔者以电动汽车上采用原型驱动模式的思维过程和要素为例进行说明。

按原型驱动开发模式，首先要认识汽车的本质。汽车的本质就是把人从 A 点安全送到 B 点。原型驱动模式采用"三纵一横"步骤分解汽车要素（见图 8-10）。

● 纵向点 1——储能。汽车运输过程有能量消耗，因此就必须有储能单元，由于传统燃油汽车市场基本饱和，在环境保护的要求下未来新能源汽车有巨大发展空间，储能采用可充放电池。

● 纵向点 2——驱动。达成 A 点到 B 点移动，电动汽车必须用高效的电动机驱动。

● 纵向点 3——安全。汽车涉及人员运输，必须确保人员安全。

● 横向拓展点——生态。在实现三纵完成普通汽车功能的基础上，横向拓展汽车更多的魅力功能，如自动导航、无人驾驶、线上营销、汽车"黑匣子"等。以特斯拉为例，卷入更多商家参与线上线下功能开发，形成生态并按需有偿提供给客户。

通过马斯克对新能源汽车的思维方式，能很快布局出汽车的关键要素，快速掌握和推出具有针对性的解决方案。

图 8-10 "三纵一横"轻松解构新能源汽车

1. 原型驱动开发模式首先要明确产品最原始的本质

马斯克明确汽车最原始的本质是"把人从A点安全运输到B点",以原始本质为基础分解关键要素。

2. 先纵后横的技术设计步骤

马斯克按原始本质展开,先纵向设计必需要素:"储能 > 驱动 > 安全",布局好必需要素后,再横向拓展设计要素生态。

3. 把纵横所涉及的原始技术独立设计

如单独设计储能,电池的选择、充电速度与效率、电池效率、工作环境和温度等,按此思路把各部分要素单独设计好。

4. 集成并验证各要素单元

最后一步就是集成、验证,由于各部分之间的耦合较少,因此集成验证过程比传统汽车设计更简单。

(二)原型驱动开发模式优点

1. 能快速把握产品核心要素

当今时代产品过度竞争,如果不能及时把握核心要素会让企业失去很多机会,甚至被竞争对手击败而破产。采用原型驱动开发模式从产品最原始的本质出发,逐步分解实现原始本质的纵横单元,分布开发、集成、验证实现产品快速开发。

2. "外行"快速介入新领域

根据纵横单元的解耦,在新产品中通过快速集成当今世界各领域的前沿技术,即便是"外行"也能快速介入。

3. 有可能颠覆传统领域

如同特斯拉、苹果一样,崭新的思维方式比传统的开发更容易出现革新技术,对行业极具颠覆能力。

十、模型驱动开发模式

《王者荣耀》作为一个现象级游戏能火爆多年，一个重要原因就是客户对画面的感知特别好；腾讯也因为《王者荣耀》成为排名世界第一的游戏公司。

对于客户感知强烈的产品按模型驱动开发模式，能快速抓住客户感知。

（一）模型驱动开发模式关键要素

人们经常收到游戏广告，在点进去10秒内如果感知不好，会立刻退出并屏蔽该游戏广告。像游戏这类客户感知排第一的产品，必须在开发中首先解决客户感知问题。在一些客户定制的软件中，客户也很在乎人机界面，因此，在开发的前期重点需要展示用户界面的图形、内容，避免后期的反复沟通和修改，如图8-11所示。

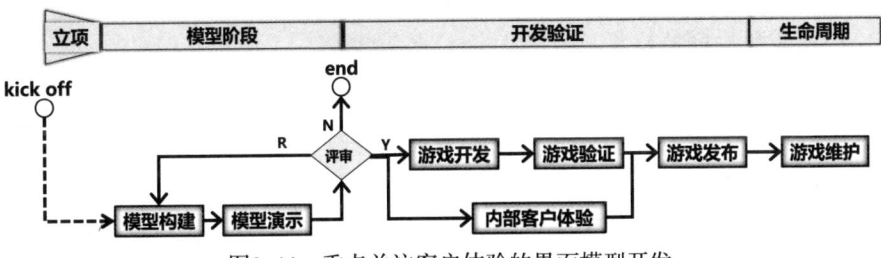

图8-11 重点关注客户体验的界面模型开发

1. 快速立项开发

当今世界企业之间的竞争非常残酷，而游戏产品的竞争尤为激烈。因此一流的游戏公司多数采用工作室的形式进行扁平化管理，如腾讯的光子工作室、天美工作室等。在工作室内部可以快速投入人力探索开发，立项形式非常简单。Kick off（项目启动）也许就是一封邮件或者会上的结论。

2.提前开发确定客户感知强烈的人机界面

在游戏中所感知的人物形象、动画、人机界面等，在立项后需要进行模型构建，让客户有强烈的感官认知。经过评审或客户认可后，再开始后续的功能开发。如果模型演示的体验效果不好，可以在评审会上就终止游戏开发，这样可以在早期避免人力浪费。

3.后续开发过程中补充其他功能

后续开发过程中，增加人力逐步完善游戏的其他功能，通过充分验证和内部客户体验后正式发布流程。内部客户是项目组外的人员，会基于客户的视角来发现体验的改进点。内部客户体验非常重要。早期马化腾经常作为内部客户体验开发过程中的游戏，并根据体验效果及时优化游戏，极佳的客户体验为后期腾讯游戏成为世界第一奠定了基础。

（二）模型驱动开发模式优点

1.抓住客户感官认知，可以让产品更有活力

如同游戏、客户定制软件中的人机界面一样，由于客户经常使用，所以只有抓住客户感官才能让客户更满意；客户会对劣质的画面、模型或动画效果产生厌恶感。每款爆款游戏的客户感官都极为舒适。

2.可避免后期的反复

如果在早期没有主次地将大量人力投入软件开发，后期在和客户交付或游戏上线后，发现不能满足客户基本需求而修改，会造成工作的极大浪费和客户的极度不满。

十一、DevOps开发模式

1994 年杨致远创立雅虎获得巨大成功，这也掀起了一场开发模式的浪潮。DevOps 这种自研发、自运营模式迅速扩散，Goole、FaceBook、亚马逊等多家公司采用 DevOps 并迅速壮大。在中国先期采用 DevOps 的是两大门户网站——新浪和搜狐，第二批是 BAT 三巨头，第三批是手机互联网兴起后发展起来的公司，包括拼多多、字节跳动、美团等。2020 年，亚马逊、Google、阿里、腾讯、Facebook 成为世界市值排名前十的公司，DevOps 开发模式已成为当前科技公司的主流。

（一）DevOps 开发模式的关键要素

当今采用 DevOps 的大公司全是在 1994 年后创业的公司。当前没有一个传统公司能成功转化为 DevOps 公司，为何在短短时间内 DevOps 公司能成长为世界一流的大公司？

腾讯和阿里是中国最典型的 DevOps 公司，DevOps 开发关键是四个部分：开发、吸流、拓展、收割（见图 8-12）。其中吸流是 DevOps 最关键步骤，顶级 DevOps 公司都能吸流 10 亿的活跃用户。

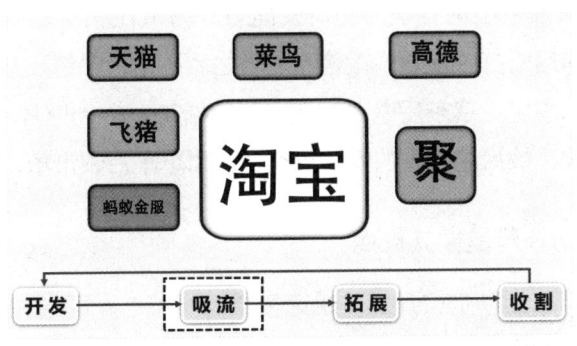

图8-12　DevOps模式下以淘宝为核心的阿里生态圈

1. 前期开发需要面对当前的痛点和机会点

以前在闹市区打车是很痛苦的事情，一次笔者在成都春熙路拦车 30 分钟未打到的士，只好一家人坐公交车辗转回家。现在网约车确实给我们带来了方便，也为几百万人提供了就业机会。

2. 吸流是成败的关键

2014 年除夕夜，微信红包狂砸几十亿偷袭支付宝，数亿微信用户绑定银行卡开通微信支付业务。这次活动被阿里巴巴称为"珍珠港偷袭"。一夜之间，手机支付从支付宝一家独大进入两寡头平分市场的格局。

3. 在吸流成功的基础上拓展业务

巨量的流量入口，DevOps 公司开发在上面进行多元化拓展。亚马逊最初只销售书，在售书成功的基础上进入网店、物流、云计算等领域。阿里淘宝持续拓展出支付宝、飞猪、天猫、高德地图等领域，腾讯的微信拓展出微信支付、游戏、直播等领域。

4. 疯狂暴利收割

DevOps 最终的目的是通过垄断获得暴利，像 WIntel 联盟通过垄断豪取整个产业链 95% 利润一样，绝对的垄断会产生巨额的暴利，美团抽佣可达 28%。2020 年，腾讯净利润 1227 亿，阿里净利润 1492.6 亿，利润率远高于传统产业。

5. 研发经营能力将决定公司走向

在互联网竞争中，相关技术的门槛相对较低，一个好的投资方向会引得各路大神争相进入，竞争会异常激烈，影响公司格局走向的是快速迭代开发能力。腾讯公司最核心的竞争力是研发能力。腾讯在联众之后几年才涉足游戏，通过研发和运营打败联众。微信在米聊之后推出，最终反超米聊独霸即时通信软件行业。淘宝、京东后电商拼多多还能崛起，ofo 和摩拜单车仅风光了 2 年就被拖垮打败，被后起之秀的青桔单车、美团单车占领市场。

（二）DevOps 开发模式优点

1.DevOps 可以让初创公司业务迅速拓展

这是显而易见的，只要公司有好的内容和方向，有大量风投争相加入，在极短时间内让初创公司成长为大公司。当公司处于拓展期和收割期时，形成一定规模，可以通过收购快速拓展业务板块，阿里收购了飞猪、高德地图等拓展业务，而高德地图也向餐饮、网约车、酒店等领域爆炸式拓展。

2.DevOps 很大程度上提高了开发和运营效率

相比以前向客户销售软件的形式，DevOps 少了和客户交流、对标、验收、维护等环节，在一个公司内部协调可以让开发效率做到极致。因此开发微信仅需 2 个月，开发淘宝也才 3 个月。

3.DevOps 可以快速构建生态

像淘宝和微信一样，DevOps 可以快速构建公司的生态，在成熟平台上可以快速推广和扩张新业务，新业务后期也可以独立成为新的业务生态。

十二、集成开发模式

早期，打火机在日本、欧洲地区制造，售价200~500元人民币，一个温州商人买来拆开后发现仅20个左右的零件。温州商人让不同厂家大规模生产单一零件，把零件汇总后再到农村小作坊组装，每个打火机成本仅0.13元，一次性打火机售价1元30年未变化。低廉且高质量让中国打火机占据世界份额的80%以上，如图8-13所示。

图8-13　各式各样成本低廉的打火机

打火机的集成产业链模式把成本控制到极致的同时，陆续开发出高原缺氧打火机、AS恒流打火机等技术领先产品。中国低价打火机严重冲击欧盟企业，欧盟以没有防止儿童开启装置禁止中国打火机销售，很快防儿童开启装置的低价中国打火机又占领欧洲市场。

打火机产业链的极致竞争是中国制造业的一个缩影，通过产业集群可以把质量、成本、研发效率做到极致。

（一）集成开发模式关键要素

参照打火机的思路，集成开发模式在国产航母中应用，可以大大加快航母建造的速度。第一艘国产航母山东舰仅4年就完成了，同期英国伊丽莎白号航母用了8年，而印度航母建造15年才入列印度海军，可见中国航母的建造速度。

集成开发模式是在标准化解耦的基础上，各模块并行设计和生产，在集成安装和调测的研发、生产模式。

1.解耦驱动开发、建造

集成开发模式的最基础、最核心的要素是解耦，像温州商人一样把火机解耦成20个左右的标准化零件。航母在设计中需解耦成许多独立模块。

2.各单元并行制造

通过解耦后，各子模块就可以在不同工厂、车间并行制造，大幅度缩短生产周期。

3.整机组装和调测

像搭积木一样，子模块按先后顺序完成组装和调测，最终合格后交付。

4.标准化

把相关子模块标准化，为后续的新产品设计和生产缩短时间。

（二）集成开发模式优点

1.大幅度缩短研发和建造时间

在解耦标准化下不管是设计还是生产都会大大加快。

2.产业链集群让资源配置最优化

产业化形成集群效应，集群让资源最优化，体现在成本最优。像打火机产业，把最初几百元的产品成本控制到0.13元。

3.产业集群产生巨大影响力

打火机生产基地早期集中在温州，到后期群聚在河南夏邑县，产业群聚让世界各地的采购商集中到产地采购，这样即使是在简陋的手工作坊生产且不打广告的情况下，也能把产品销往世界各地。

第九章　质量体系变革

中国的复兴基础是大量现代化企业，能适配创新世纪的质量体系将是一个绕不开的时代背景。随着中国经济的发展，当前中国有很多企业处于管理的转型时期。

企业为何要做质量体系变革？企业做质量体系变革主要有三方面原因：一是通过流程和体系协调内部管理，让企业更规范、效率更高、利润更多；二是通过持续改进，让企业更有效关注并预防当前TOP问题，业界价值点持续得到关注，有效增长持续高于竞争对手；三是通过体系化运作给客户展现一流的管理能力，让客户对企业更有信心。

笔者有幸在华为获得了10年的流程变革经验。从2008年光网络硬件流程变革开始，到2012年作为Discipline流程变革经理，为华为2014年后爆炸式增长奠定基础；再到硬件敏捷及使能数字化制造流程变革，让华为硬件质量体系达到世界一流的水准。同时，笔者以硬件流程接口人身份多次参与华为软件敏捷流程变革；推动海思流程改进；推动华为研发电子流程优化；推动华为内部招聘市场建设；成为算法Discipline流程的创始人。

本章将凭借笔者在华为10年实操性流程变革经验，详细介绍将流程变革经验进行系统化实操的过程。通过QMS评估快速掌握现状，根据企业成熟度快速把握当前关键，通过流程变革项目运作构建企业的价值创造过程，通过持续改进推动企业成熟度提升，构建企业最核心竞争力"过程资产"，为企业构建持续改进基因。

一、企业运作成熟度介绍

成熟度类似果实生长过程的各个节点，像桃子生长一样，从最初一个很小的青疙瘩，逐步成长为一个较小的小青桃。过一段时间成长为较大的青桃子，慢慢变软、变黄，最后熟透变红。桃子的整个生长过程缓慢而且不会出现跳跃。

企业运作过程和桃子的生长过程有极为相似之处，企业在不同的成熟度下具有不同的特点和关键要素。成熟度也从侧面体现了企业的综合能力，通过成熟度的抽象可以快速掌握企业现状，在不同的成熟度下为企业规划重点发展方向极为重要。

企业成长的过程根据自身的能力来区分，我们以"绝对完美"是满分100分作为参照，成熟度划分为5级，即初始级、定义级、重复级、成功级和完美级（见图9-1），那么各级对比"绝对完美"的相对分数就是企业的成熟度。

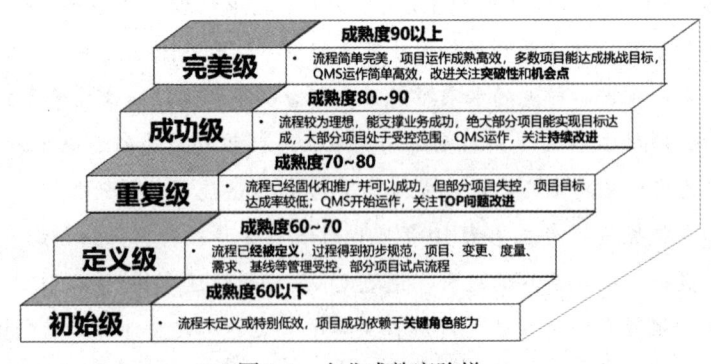

级别	成熟度	描述
完美级	成熟度90以上	流程简单完美，项目运作成熟高效，多数项目能达成挑战目标，QMS运作简单高效，改进关注**突破性**和**机会点**
成功级	成熟度80~90	流程较为理想，能支撑业务成功，绝大部分项目能实现目标达成，大部分项目处于受控范围，QMS运作，关注**持续改进**
重复级	成熟度70~80	流程已经固化和推广并可以成功，但部分项目失控，项目目标达成率较低；QMS开始运作，关注**TOP问题**改进
定义级	成熟度60~70	流程已经**被定义**，过程得到初步规范，项目、变更、度量、需求、基线等管理受控，部分项目试点流程
初始级	成熟度60以下	流程未定义或特别低效，项目成功依赖于**关键角色能力**

图9-1　企业成熟度阶梯

（一）初始级：成功依赖关键角色能力

初始级成熟度低于60，企业内部运作较为混乱，流程未定义或不成体系，流程效率低下，价值创造过程还没有较为完整地构建。中国 95% 以上的企业处于初始级，在初始级成熟度下企业失败的概率较大。

在初始级下，关键角色的能力会极大影响企业发展的走向。初始级也可以孕育出伟大的公司，从另一个角度来看，所有一流的公司都是从初始级发展而来。通常在初创公司老板能力极强的情况下，也可以有极快的发展速度。像华为从投资 2.1 万元的小公司逐步积累发展而来。在当前风投盛行的情况下可以快速催肥具有潜力的小公司，如阿里、腾讯、字节跳动等也是从一个名不见经传的小公司成长为大公司的。美国的亚马逊、谷歌、Facebook 等初创公司在很短的时间内可以成长为世界一流的企业。

（二）定义级：规范企业运作的基础

初始级到定义级最关键的是定义价值创造过程的主流程，也就是围绕从客户需求到客户满意的过程被流程定义。

随着公司的人员和业务量发展，一般超过 100 人的公司会逐步分为多个功能部门分工协调。围绕公司核心的价值创造过程，各部门需要各司其职。在逐步壮大企业的情况下，就需要围绕价值创造过程构建公司的流程。定义级与初始级最大的区别就是价值创造过程已经被流程定义，公司业务和项目运作逐步规范，成熟度为 60~70。

价值创造过程根据不同的业务复杂度也不同，未必较为复杂的流程就是好的过程定义。在定义级状态下，业务由于不熟练、部门配合不协调等原因，业务和项目的成功率相对较低，但还基本能支撑主业务。定义级是后续成熟度的基础，有了价值创造过程的定义，才有后续围绕价值创造过程的改进基础。

（三）重复级：结合流程持续解决业务 TOP 问题

价值创造过程通过持续的运作，团队也逐步掌握熟悉，团队自然进入了重复级成熟度。重复级的成熟度为 70~80，相比定义级，重复级的业务和项目成功率更高，研发项目基本可控，但在特定条件下项目有一定概率的失控或失败的状况出现。由于能力所限，在研项目在进度、质量、价值和成本等关键维度达成目标的概率相对较低。

在重复级下最核心的是 QMS 持续改进的运作，企业当前的工作核心是解决业务中的 TOP 问题，比如，可靠性、项目进度、成本或价值（利润）等。由于企业的 TOP 问题比较多，而且改进可能出现回潮等现象，重复级更像一个中等成熟度的陷阱，多数企业上升到重复级后就停留在重复级。

（四）成功级：让企业不可预期未来变成企业增长可预期

从重复级迈向成功级一般需要两个条件：一个是业务中的 TOP 问题基本解决，或者各关键业务在业界中处于领先地位；另一个是为了追求更佳的业务效果而重构流程，就像华为的 Discipline 流程重构一样。流程重构过程可以挖掘公司的最佳项目开发过程的成功要素并归纳总结，一般最佳项目中蕴含较为理想化的业务运作。

成功级的成熟度为 80~90，成功级表明公司的业务能力已经达到相当的高度。首先是公司的 TOP 问题基本解决，比如，硬件的可靠性问题基本不是公司的重点；另一个较为难以达到的高度是在研项目绝大多数都能实现商业目标，很少有失控或失败的情况。

在全球化的激烈竞争中，每个企业都面临着不确定的发展未来。成功级由于能力体系较为完善，通过价值驱动、持续改进、流程变革等措施，可以把企业发展不确定的未来通过有效运作后，变成增长可以预期的能力。华为在通过 Discipline 后成功迈入成功级，2013—2019 年每年平均增长 24%，6 年时间销售额从 2000 多亿增长到 8000 多亿。

成功级的工作核心是围绕价值创造过程的持续改进，体现在局部优化和改进上，让价值创造过程从局部完美逐步推向全局完美。

在成功级下的企业流程能力可以逐步外溢到其他领域，像华为最早期做运营商业务，在成功级后迅速拓展出终端、IT、存储、企业网、电动汽车等成熟业务。

（五）完美级：通过局部完美逐步推动全局完美

完美级的成熟度为 90 以上，完美级和成功级没有严格的界限，成功级通过持续改进运作，让更多的局部完美逐步向全局完美演进。也就是成功级的局部完美达到一定的临界点后，自然而然会迈入完美级。

当今科技公司中还没有一家能达到完美级，在研项目绝大多数能达成项目的挑战目标。2015年后华为无线项目中，绝大部分项目合同星级都在五星以上，近一半能达到挑战目标的六星级合同。

2009年笔者在华为推动了一次硬件IT电子流的改进，当年涉及的8个IT电子流效率极其低下，如缺陷验证IT流程节点高达17步，新器件认证IT流程多达26步串行节点。通过变革后，缺陷验证IT流程最多只需要9步，最短仅4步，而新器件认证也只需要8个流程节点，在确保质量的前提下大大优化局部的微流程。

经过IT变革后的硬件IT微流程10年都没有改变，也就是达到了绝对完美的微流程。

二、华为成熟度演进过程

华为的成熟度有两次急剧变化,都是由流程变革所驱动。第一次1999—2003年从IBM引入IPD流程。经过4年时间,华为成熟度从初始级演进到定义级,2003年再演进到重复级。第二次就是2012年华为启动的Discipline流程变革,成熟度从重复级演进到成功级。华为通过流程变革让成熟度提升,同时业务也得到可观的增长。华为销售额和成熟度关系参考图9-2。

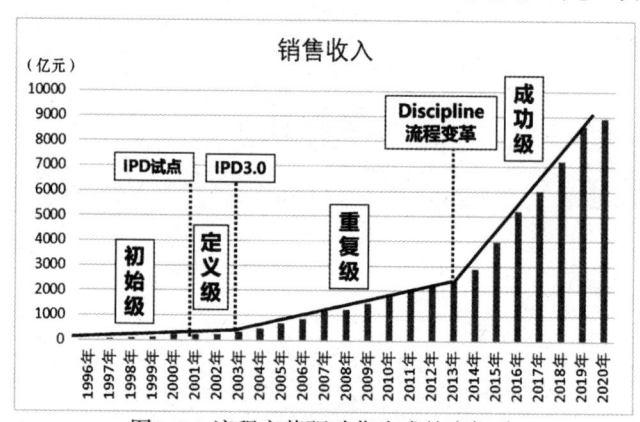

图9-2 流程变革驱动华为成熟度提升

(一)2001年前华为初始级依赖个人英雄

2001年之前的华为是初始级,虽然当时华为在中国进入"巨大中华"前四的格局,得益于当年运营商利润极高,华为通信设备仅国外一半的价格都有极高利润推动企业发展。另一个是C&C08,华为标志性成功产品,由天才研发李一男"主刀",但无法保障后续重要的产品都有牛人主刀。2000年李一男离开华为后,2000—2002年华为连续3年销售额停留在220亿元上下,3年仅增长1亿元。由此可见,过分依赖个人英雄对华为生存和发展有极大的风险。

华为前期的成功不可持续，其实任正非也意识到这一点，1998年任总拜访IBM后强力引进IPD，1999年华为花5.8亿人民币引入IPD协议，这消耗了华为当年的部分利润。

（二）2001年IPD发布并试点，华为成熟度达到定义级

2001年7月华为试点运行IPD，标志着华为进入定义级，华为第一次定义出价值创造过程。这一次是革命性的，从此华为业务成功从依赖个人英雄，变为依赖组织流程，IPD流程也为华为后期奠定了持续改进基础。当年华为要求"僵化"执行流程，这个要求很关键。通过"僵化"执行流程，让研发团队和各部门之间构建了价值流程，基于共同的流程认知和语言，通过IPD流程，为项目各领域之间沟通提供了一个共识平台，极大地缓解了因为认知不一导致沟通困难的问题。

（三）2003年华为IPD 3.0正式发布，标志华为进入重复级

进入重复级后的华为逐步迈入正轨，通过流程和组织运作摆脱了对个人英雄的依赖，销量也逐步增加。

但华为当年也存在极多的问题，比如"三源"问题，硫化电阻造成的电源失效累计让华为损失几十亿。华为当年项目基本都延时，而且周期较长；在成研工作期间，最初硬件的有效性也很低，研发人员开发了很多低效单板；在产品成本上也有较大的降低空间。

华为从2003—2013年都处于重复级，华为业务也逐步发展，在IPD给华为带来规范的同时，也阻碍了华为的进一步发展。随着华为的业务场景的拓展，软件敏捷也逐步引入华为。华为成研MSTP产品线异军突起，在无线连续亏损的情况下MSTP连续3年为华为贡献一半以上的利润。在成研的硬件项目五星级合同数量和密度均为华为第一，探索的硬件经典优秀实践逐步在全公司推广。

（四）2012年华为启动Discipline流程变革，迈进成功级

2012年P&S质量部主导流程变革，当年P&S质量部部长郝博给流程定

调为"流程是优秀实践的集合",因此,基于成研硬件质量的成绩,笔者担任了华为公司当年Discipline单板硬件领域的流程变革经理,并第一个将领域流程同步配合整个流程架构试点梳理,梳理的流程架构为后期各领域梳理提供模板和基础。

Discipline流程变革第一次把优秀实践引入流程,第一次依据场景构建主流程,第一次把质量标准进行分类梳理并落地到流程,第一次保留各产品线流程接口,以公司正常的形式让各产品线保留修改流程的权利。通过试点均取得极佳的效果。

Discipline流程在2013年结项后,基于场景和各业务特点的流程迅速适配华为的业务,为2013年后华为的业务腾飞奠定了坚实的基础。

2014年华为正式迈入成功级,开始进入高速发展时期,2013—2019年平均增长率达到了24%。成功级下注重各领域的优化,2016年启动硬件敏捷及使能数字化制造,TTM(Time To Maket)每年改善10%,连续改善5年,同时,在研发过程中使能工业化4.0的能力,让华为走向智能制造。

(五)2019年华为启动数字化流程变革,奔向完美级

数字化流程变革把流程和业务紧密结合的新流程架构模式,当前处于探索阶段,也取得了一些较好的实践经验,相信在不断优化下,通过局部完美的积累和演进最终会推动全局的完美。

三、QMS体系运作

QMS（Quality Management System，质量管理体系）适用于所有行业企业运作，可以跳出各行业的不同业务场景、流程和部门职责差异。通过企业运作的固有逻辑关系来审视、构建部门的流程、组织、资源，规划企业的业务发展方向。在公司流程变革中，采用 QMS 系统方法可以很快把握企业的关键要素并快速给出变革方向。

QMS 包含五个部分：价值创造过程、度量&评估、组织&领导、资源&培训和持续改进。各部分有机运作让企业持续为客户创造价值，并实现企业的持续盈利和发展，如图 9-3 所示。

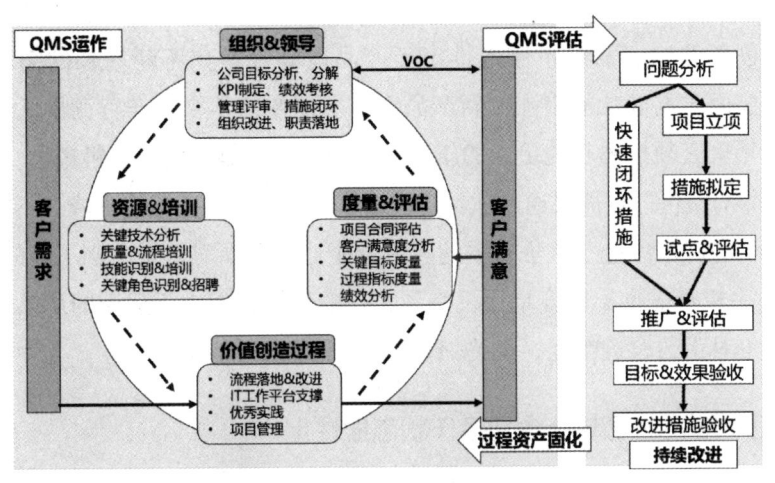

图9-3　QMS运作与持续改进关系

（一）QMS 运作逻辑关系

QMS 虽然是质量管理体系，其核心是企业如何通过质量管理体系解决生存、发展的问题。为了更好地理解 QMS 的运作，我们需要通过 QMS 内部运作的逻辑关系来解读 QMS。

（二）价值创造过程是企业唯一存在的理由

企业最核心的不是质量体系，而是为客户创造价值，中国市值最高的公司是茅台。茅台的工艺源于几百年的酿酒工艺积累，这个工艺不是质量体系带来的，而是从古至今无数代工匠摸索积累下的。

参考核心理念中的价值驱动，价值创造其实是满足从客户需求到客户满意的过程；同时通过价值创造，在满足客户需求的同时获取合理的利润，让企业正常运作和发展。

相比传统工艺产业，创新企业会面对激烈的竞争，因此需要不停地推出功能更强的产品。价值创造过程中的流程、IT、优秀实践和项目运作就是关键的成功要素。类似于华为的 IPD 流程、Discipline 流程，需要定义出通用且高效、高质量的研发过程让企业保持竞争力。在企业运作过程中，优秀实践能解决局部交付中的最优过程，让最佳过程快速复制，优秀实践在软件和硬件开发中占据了极为重要的地位。

在创新业中，需要不停地推出新产品以满足客户不断增长的需求，另外还需要面对友商功能更强的新产品竞争。即便像苹果一样有竞争优势的企业，每年也必须推出功能更强的旗舰机，而不是仅靠以前的手机销售。因此，整个产品的交付过程需要通过项目管理运作。如果产品竞争力下降，不能满足客户增长的需求或逊于竞争对手的改进，企业就会面对销量急剧下降的压力。如 HTC 手机最先推出的安卓手机受到客户的追捧，但由于后期的产品提升远低于竞争对手的改进幅度，最终 HTC 不得不退出智能手机业务。

（三）度量 & 评估让企业运作状态显性化

在开车的时候会关注速度、车灯状态、油量等仪表盘显示的信息，通过直观的仪表盘让驾驶员把更多精力放在安全驾驶上。

企业状态也需要像仪表盘一样简单直接，这样可以让管理者花更多精力在战略和企业运作上。度量 & 评估分为两种类型：一种是以结果指标进行衡量，如利润、返修率等；另一种是以项目过程指标进行衡量，如效率、进度等。

度量&评估体系能极大提高企业的运作效率。通过合理、客观的视角让管理和员工了解企业和工作状态，并能快速做出合理的调整。

设计一个高质量的度量&评估系统能让企业得到较为理想的目标牵引；反之，会极大阻碍企业的发展和运作。某些部门为了鼓励专家多提意见，就以提问题的数量作为专家关键的考核项，最终专家提了很多似是而非的问题，极大影响了研发进度。

（四）组织&领导把握公司战略方向

公司运作效果很大程度上是管理综合能力的体现，组织&领导在QMS中重要作用仅次于价值创造过程。

组织&领导公司关键的管理运作是通过SP/BP、年初目标制定等活动来制定公司级目标，并分析、分解落地到各大部门KPI。通过KPI来考核各大部门的绩效，目的是公司的目标能有效落地到公司各大部门关键工作并推动公司目标的有效执行。

高效的公司需要通过建立公司重要决策会议的机制，包括核心团队任命、会议过程、决策范围、决策机制，为公司关键决策高效、高质量运作建立规范。

在公司级的TOP N运作中，TOP N的立项、方案&计划评审、TOP N措施试点验收、TOP N实施效果验收等动作需要在管理例会上审视，确保公司级的TOP N问题改进真正有效落实。同时，需要关注流程变革中的立项、方案&计划评审、试点验收、推广验收、流程措施落地验收关键活动在管理例会上审视，确保持续改进工作落地过程资产中，流程改进效果在公司的持续改进工作中非常重要。

组织&领导还有一项重要工作，就是审视公司的组织架构是否合理，组织本身就是服务于价值过程的。因此，是否需要调整组织并适配价值创造过程是一项重要的工作。对企业来说，流程化服务型组织运作的效率最高，也是企业变革的重要方向。

组织&领导中还有一项重要工作就是质量文化的建设，公司最高领导的质量意识就是整个公司质量的天花板，因此，质量文化首先要改变公司核心领导的质量意识，随后通过部门领导逐步传递到整个公司。

（五）资源&培训推动成为学习型企业

在创新企业中，技术迭代更新速度非常快，要适应创新行业的发展必须成为学习型企业。

创新的技术更新方向通过 SP/BP 后，需要在研发部门对相关的技术规划路标进一步进行分析，对未成熟的关键技术需求通过技术开发项目进行催熟，并按计划准时交付。同时，在技术开发项目中申请标准和专利，以便在企业竞争中占据战略制高点。各研发部门要规划部门所需的关键技术，按各功能模块的技术开发多个技术培训教材。当前也可以通过录屏、录像等方式制作成电子培训教材供员工学习技术。

质量和流程的培训让团队提高研发效率，增强团队的质量意识，并大幅降低纠错成本。在华为硬件的新员工都要进行为期 4 天的硬件 MINI 培训。通过模拟开发项目让新员工快速掌握流程和开发平台，通过硬件 MINI 培训考试才能转正上岗。在华为，通过一个刚大学毕业的新员工硬件 MINI 培训，就可以独立承担 1 万 pin 规模的单板开发。

资源&培训中还有一个重要的活动就是关键角色的识别和招聘，通过招聘关键的技术人才让企业快速布局某领域业务。

（六）通过 QMS 评估推动持续改进

伟大的企业最核心的基因就是持续改进，持续改进需要落地到公司的过程资产中，最终体现在公司的流程和 QMS 运作体系中才能真正解决问题。

持续改进有两个来源。一个是需要承担公司战略目标要求，比如，华为硬件敏捷及使能数字化制造项目需要承担工业化 4.0 的规划目标，同时还需要满足每年研发周期缩短 10% 的公司要求。另一个来源是公司的 TOP 问题改进，比如，产品可靠性引起重大事故。

企业在运作过程中，年度 QMS 评估通过全面体检找到企业的战略改进方向和改进机会点，可以通过 TOP N 立项改进或流程变革制定措施，通过试点和推广的效果验收，落地到流程或 QMS 体系中，使公司正常运作，提升公司能力。

四、QMS体系变革全景

QMS体系变革的目的是逐步提高企业的成熟度，通过梳理企业内部的关系适应外部带来的竞争压力和风险，通过规划和相关的人才布局来增强企业的关键技术准备度，最终体现企业的竞争力增强，实现企业发展的可持续性。

每个刚成立的企业都处于初始级，那么如何让一个初始级的企业通过有序的变革迈向更高的成熟度，最终达到成功级甚至完美级？

初始级到完美级以价值创造过程为核心经历五个阶段，即流程试点阶段、流程推广阶段、流程运作阶段、流程优化阶段和流程精益阶段（见图9-4）。前两个阶段的核心是价值创造过程的流程梳理、试点和推广，同步构建QMS体系。后三个阶段的核心是通过QMS体系运作实现企业当年业务目标的同时，通过持续改进机制推动企业的过程资产的不断优化，企业成熟度不断提升，企业的业务增长可持续。

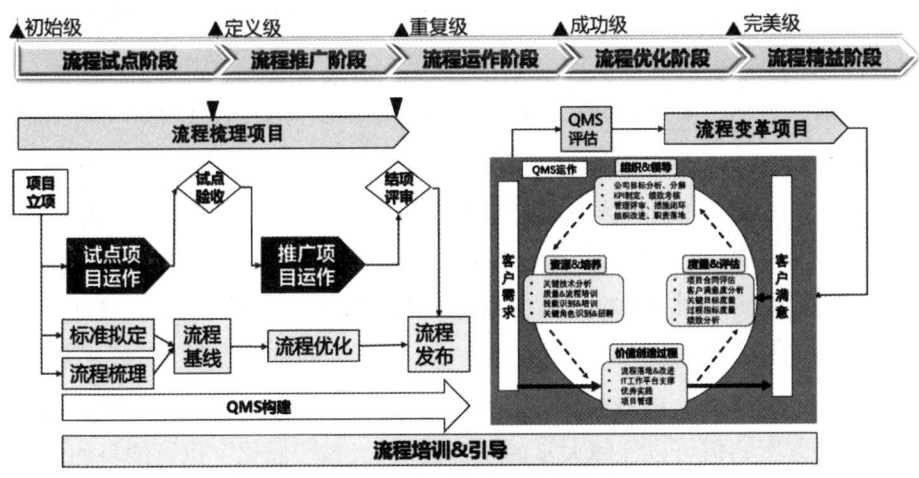

图9-4 质量体系变革全景图

（一）流程试点阶段核心是构建价值创造过程流程

当今多数企业都处于初始阶段，即便像华为在 1999 年销售额达到 120 亿，也是处于初始级。引入 IPD 后构建了华为最核心的价值创造过程。

在流程试点阶段，需要成立一个公司级的流程变革工作组；同时，需要选择具有典型场景的在研试点项目。在流程梳理同时，同步交付流程中的业务交付件。在流程变革中需要制定业务目标，通过辅导协助试点项目落地。

在试点版本结项后，需要从业务结果的角度衡量流程的有效性，如果达到试点项目的业务目标，梳理流程就可以基线，并作为大面积推广后的流程基础。

如果试点效果不理想，应先分析原因再选择试点项目进一步试点。或者让流程变革项目关闭，这也标志着流程变革项目彻底失败。

试点项目组成员会承担较多的业务交付模板，流程专家也要协助关键流程活动能有效活动，在此过程中，试点项目组和流程专家相互协调交互的工作特别多，建议流程专家和试点项目成员在同一个办公点协同工作。

（二）流程推行阶段核心是"僵化"执行流程

在试点成功后，就会在更多场景下大面积推广流程，相比试点过程中质量专家紧密配合的方式，推广阶段由于项目众多不得不开发培训教材，让所有参与流程推广的项目人员掌握。同时，项目中的质量工程师会承担起流程执行过程的辅导角色。

在推广过程中要求"僵化"执行流程，"僵化"执行首先是深刻理解流程，并根据项目的特点定制流程活动和交付（所有项目都可以定制流程交付），制订合理的计划，执行流程重点关键 KPA，如项目管理、质量保障、度量、需求管理、配置管理等。在推广过程中"僵化"执行流程的目的，是避免不必要的变异因子影响对最终流程效果的判断。另一个是通过这样的方式让开发集中在试点上，而非因为部分员工对流程的挑战让推广管理复杂。

当年华为在推广的过程中也强调"僵化"执行，并非 IPD 流程就是最优的解决方案，但可以保障大量的项目成功交付。"僵化"执行的目的还有让项目成员形成"肌肉记忆"，这和我们学车要反复在教练的指导下按教练的要求上车操作一样。形成"肌肉记忆"在项目交付中能提高速度和交付质量，如关键交付件完成初稿后需要组织专家评审，评审完成后需要修改所有缺陷，修改完成后的关键交付件需要及时上传配置库等。只有这样才能把流程活动高质量执行到位。

在推广过程中，流程专家还会根据推广的效果进一步优化流程。同时，在流程推广阶段需要构建公司的 QMS 运作体系，为重复级之后的持续改进奠定坚实的基础。

根据推广后的效果进行流程结项评审，最终流程正式发布，标志着流程变革项目正式结束。至此，企业进入以 QMS 运作为主推动持续改进的模式。

（三）流程运作阶段关注 TOP 问题改进

进入流程运作阶段，流程虽然能支撑业务运作，但不能替代业务本身交付；业务本身的流程问题并不能解决。

进入流程运作阶段后，推动企业成熟度提升就需要 QMS 运作来达成。在重复级重点需要关注公司级的 TOP 问题，TOP 问题可以多个维度输入，最常见的输入是年度 QMS 评估和年度产品结果分析，在 QMS 评估和年度分析中归纳出当前企业最需紧急改进的工作。

TOP 问题的另一个输入是重大的突发事件，比如，客户重大投诉、产品重大事故、产品批量整改等。同时需要承接公司业务的重大规划目标（如周期缩短 20%），以项目运作的方式进行改进。

每年，企业级的 TOP N 选择一般限于 3~5 个，但每个 TOP 改进必须落地到企业的过程资产。TOP N 的运作参考本章的 TOP N 改进的内容。在 TOP N 运作的同时，公司也可以定调一个顶级的问题作为当年的主题年，如"质量年""效率年""成本年"等。2012 年是华为的质量年，整个公司重点围绕质量改进，同时，成本和效率在质量年中不能劣化。

重复级后企业需要通过流程审计来规范各项目运作，审计的核心是流程的有效性而非形式，比如，关键交付件的检视评审虽然动作都做了，但后期发现存在低级错误造成重大损失，就说明关键交付件检视评审的有效性有重大问题。

在强化流程审计的同时，企业还需要通过挖掘并复制优秀实践，优秀实践在投入极小的情况下，能实现企业的盈利。华为硬件的核心优秀实践源于成研，最终驱动了整个公司硬件研发能力的提升。华为软件改进同样引入了大量业界敏捷优秀实践，通过敏捷实践的推广让软件能力快速提升。

（四）流程优化阶段关注持续改进

成熟度能进入成功级已经是一流的企业，成功级基本解决了业务的顶级问题（质量、效率、成本、价值）。当今企业的发展无确定的方向，成功级的企业具有较快的业务调整能力，在不确定的竞争冲击下迅速调整并能后来居上。

当年小米冲击中国"中华酷联"的手机格局，只有华为能调整过来并成长为第一的公司。而中兴、联想和酷派没能顶住小米的冲击，最终被淘汰出局，最重要的原因就是华为自身的成熟度远远高于其他三家公司，能通过快速调整来适应新的挑战。

成功级还会延续重复级的 TOP N、流程变革、流程审计等多种动作，不过 TOP N 的运作在更高的维度上改进。如 2014 年后华为硬件基本没有一级和二级网上问题，但公司还是要求进一步在来料实现零新增批量整改的更高要求。

而流程变革不再是流程中的缺陷低效驱动改进，而是向更高的维度进阶。2016—2018 年华为启动的硬件敏捷及使能数字化制造流程变革，就是面向未来的变革，整合从规划、芯片、单板、结构、装备、生产等大领域大协同改进，在实现端到端周期改进 50% 的同时，让使能制造达到工业化 4.0 的能力。

公司的成熟度能达到成功级后，公司业务的外溢能力也非常强，表现为公司业务极有拓展能力。比如，华为在进入成功级后，业务能力从最初的运营商拓展到手机、IT、存储、能源、电动汽车等领域，多个领域都取得不俗的成绩。

（五）流程精益阶段止于至善

成功级和完美级之间并没有严格的界限，在成功级持续改进的过程中，通过局部的完美逐步驱动全局的完美,也就是成功级在持续改进的推动下自然而然地进入完美级。

在完美级下,在公司业务持续发展的同时,有更多的精力外溢到其他领域,其公司变革的方法论经过总结外溢到其他公司和跨领域企业,这有点类似丰田汽车经验总结的精益生产模式在世界推广一样。

五、QMS评估

QMS 评估和 ISO 9000 评估不同，QMS 评估更注重企业自身特点的改进型评估，评估内容会深入企业业务活动的有效性，需要从各企业的特殊性进行单独设计。也就是说 QMS 评估是实事求是的定制评估，而 ISO 9000 是符合度的评估。因此，不同领域企业的 QMS 评估内容有所差异。

企业的持续改进是基于 QMS 评估成熟度的改进，在不同的成熟度下企业的核心工作不一样。初始级的企业核心是构建价值创造过程；定义级需要"僵化"执行并推广价值创造过程；在重复级下重点是 TOP N 的改进；成功级是业务的重构突破和持续改进。当然，如果企业能进入完美级（至今世界没有一家企业能进入完美级），公司的管理体系甚至可以外溢到公司外的多个领域。因此，企业在进行改进前关键要弄清楚企业成熟度，并在 QMS 评估中及时找到 TOP 问题和改进机会点。

（一）QMS 评估步骤

QMS 评估启动分为临时启动评估和年度评估两种，两者的过程基本相同。企业第一次做 QMS 评估需要专家协助，后续可以在质量专家的 QMS 评估表单上完善并自评。

评估过程如图 9-5 所示。

QMS预沟通 → QMS评估表单 → QMS初评 → QMS评估确认 → QMS评估报告

图9-5　QMS评估过程

步骤 1，QMS 预沟通。由质量专家先和公司领导达成共识，确定初步计划，质量专家可以通过培训等方式与公司相关核心团队沟通，质量专家通过访谈和调查等了解公司的研发、制造、销售以及行业的状态，并制订评估计划。召开 QMS 评估开工会，在会上对齐计划和工作要求，确定各领域的接口人并得到全力配合的承诺。

步骤 2，QMS 评估表单。由于各个公司的业务不一样，因此需要对公司的业务适配评估表单。质量专家首先应了解公司的业务特点，结合 QMS 评估的五大领域设计 QMS 评估表单。QMS 评估表单需要覆盖公司的主业务，调查的内容以及权重都需要和领域接口人沟通并确定。QMS 评估表单将作为后期评估内容的标准。

步骤 3，QMS 初评。由质量专家亲自按各大领域在各领域的协助下，通过访谈、调查证据、重大问题逆向追溯等方式确定每个问题，记录评估调查现状记录、评估问题和优秀实践，打出各领域、各条款的初步得分，并和所涉及的领域接口人达成一致。

步骤 4，QMS 评估确认。质量专家通过初步评估表单，深入分析、归纳和汇总各项目问题。按实际情况调整各条款的得分，整理出完整的评估表单。根据评估的成熟度得分和关键领域的能力给出成熟度结论，针对评估表单的最终打分和结论需要和各领域接口人达成一致。

步骤 5，QMS 评估报告。质量专家根据 QMS 评估表单最终内容，给出当前企业的成熟度结论。分领域汇总存在的问题和改进机会点，汇总 TOP 级的问题和改进机会点。基于当前的成熟度重点工作领域，给出企业 TOP 改进建议和专业改进措施。在 QMS 评估结项会议上向企业最高领导汇报，在会上确定 TOP 工作重点。QMS 评估报告作为公司年度重点工作之一。

（二）设计 QMS 评估领域权重

QMS 评估表单的质量决定企业评估的效果，做好 QMS 评估表单是高质量 QMS 评估的基础。

QMS 评估包括价值创造过程、度量 & 评估、组织 & 领导、资源 & 培训和持续改进五大领域。首先，要给各大领域分配权重。价值创造过程是企业最核心的领域，价值创造过程的权重最高，建议为 40%~60%；其次，确定组织和领导、资源和培训、持续改进、度量和评估各部分的权重，五大领域的权重和为100%。

参考笔者为某公司的领域权重分配，价值创造过程45%，度量&评估6%，组织&领导20%，资源&培训15%，持续改进14%。五大领域评估满分为100分，根据各领域评估结果和权重乘积和得到最终的成熟度得分，公式如下：

$$成熟度 = \sum_{k=1}^{5}(领域k得分 \times 领域k权重)$$

（三）设计QMS各个领域的详细评估表单

根据企业业务特点，分别设计五大领域的评估表单。比如，价值创造过程是围绕企业核心业务，从客户需求到客户满意的整个过程的评估。领域评估中先划分出小类，然后给小类相应的评估权重，再细化各评估小类的内容。

QMS评估每一个小类分值为0~5分，QMS小类打分没有小数点。比如，在QMS评估中每人理解和角度不同，如果有小数点就会争论到底是4.1分还是4.5分，让团队关注打分结果而非问题本身；没有小数点的打分就是4分，也不会引起争议，让审计团队和业务团队把更多精力放在问题本身上。

小类打分标准如下：

5分：优秀，效果完全达成，全部符合；

4分：良好，效果大部分达成，有一些不重要的要求没有达成；

3分：正常，效果一般，能支撑大部分要求，最终没对目标产生较大的影响；

2分：差，效果不好，大部分未做或风险遗留较大，对最终目标有较大的风险；

1分：极差，效果特别不好，大部分工作未做到位，遗留关键风险；

0分：未达成，没有具体相关动作，或者做后效果极差并造成巨大返工和损失。

某领域经过各小类得分汇总后，可以得到该领域的最终得分为：

领域得分 = $\sum_{k=1}^{n}$〔20 × (小类 k 得分 × 小类 k 权重)〕/ 权重和

领域得分也可以作为某领域改进输入。在某小类的评估过程中，可以根据小类的问题提问——访谈和查证，也可以通过重大问题缺陷追溯方式或开发过程的跟踪方式来查找证据，记录该小类的现状描述，最终汇总该小类的问题和优秀实践。

六、QMS评估表单参考

QMS评估最难的一点就是QMS评估表单的设计。为了让大家有感性认识，这里展示已经落地在某公司评估表单各领域内容，让后续做QMS评估的企业有一个较高评估的起点。

（一）价值创造过程领域评估表单

价值创造过程领域的难度最大，包括18个小类，86个提问考察点，参考表9-1。

表9-1　价值创造过程领域评估表单

评估小类	权重	评估要点
项目和风险管理	10	1.新项目是否做规模估计（项目总体规模，包括人力等各项资源的评估）？新项目有无在以前项目的基线上做计划？项目计划有无对团队角色能力分析？ 2.新项目有无开工会，在开工会上对齐计划，并在会上识别项目风险。 3.项目PL每周周报是否及时发放给项目组成员和周边影响团队成员？周报对计划和风险是否及时跟踪？跟踪效果如何？有无跟踪后的风险或者未被识别到的风险？ 4.当计划和风险较大时是否及时向相关领导求助和相应的决策？ 5.项目是否在关键点出现重大偏差？如果有偏差主要原因是什么？
配置管理	3	1.有无公司级配置管理文件？（针对文档中心的管理制度） 2.计划过程中有无确定项目关键交付件配置项目？ 3.计划过程中是否按计划中配置项进行基线管理？ 4.是否充分评审后才进行基线？ 5.配置变更及其影响是否得到充分评审？

续表

评估小类	权重	评估要点
项目度量	1	1.每个阶段结束后有无及时记录进度、工作量、缺陷等？ 2.项目估计表单（初步计划之前的资源评估）是否经过专家评审确定？ 3.项目结束后有无把度量表单进行质量人员审视并基线？
需求跟踪	10	1.方案有无对需求完成100%跟踪？跟踪需求时需要记录所在章节。 2.仿真用例有无跟踪完整的需求？跟踪需求时需要记录仿真用例。 3.逻辑图、代码有无进行需求跟踪？如果有需要跟踪到具体模块或页号。 4.测试用例需要对需求进行100%跟踪。跟踪需求时需要跟踪到测试用例编号。 5.完成的测试报告有没有完成测试实现的需求跟踪？如果需求没有实现是否在公司决策问题或风险？ 6.生产测试用例是否完成需求跟踪？发货的芯片有无出现漏测现象？ 7.有无交付的芯片出现某项需求未实现的情况？
质量保障	8	1.在项目策划过程中，有无针对性对质量和风险领域进行策划，并给出具体的质量保障措施？ 2.有无对以前的流片类缺陷进行审视和学习并在开发过程针对性预防？ 3.重点交付件有无进行多轮检视和评审？交付检视前能否达成个人能力内的错误不犯？重新流片是不是因为低级问题造成的？
成本管理	3	1.项目立项前有无对芯片的成本进行初步预算？ 2.项目运作费用有没有提前预算？ 3.过程中有无对运作成本进行跟踪？当运作超过20%预算时有无知会相关领导？ 4.最终的成本是否控制在当初成本范围内？如果超过20%原因是什么？
价值驱动	10	1.和核心客户有持续有效的沟通渠道，同时内部有持续的组织分析排序。 2.持续与行业标杆或相近企业对标，持续找到和竞争对手的价值差距。 3.对机会点有快速响应机制，有较好的准入基线。 4.持续关注核心竞争力技术，并持续作为技术项目开发的关键输入。 5.对行业有未来3~5年趋势发展规划，并有1~3年商用产品的规划。 6.价值评估的同时对标准、专利有清晰的规划和路线设计。 7.已经交付客户的项目要持续审核芯片价值是否达成目标。 8.已交付项目要收集客户关键需求，并纳入新的规划中。

续表

评估小类	权重	评估要点
技术开发项目	5	1.技术开发项目立项得到有效评审。 2.在技术开发项目中实现标准专利,并同步输出专利获得差异化竞争力。 3.技术开发项目中的最关注技术得到有效设计、仿真和验证。 4.技术开发项目在成功后相关文档存入公司配置库。 5.对于失败的技术开发项目及时总结经验教训,输出案例供大家学习。
项目立项	3	1.立项有针对客户需求、竞争对手分析、准入要求和机会点分析。 2.有商业利润、销量和成本分析。 3.对关键技术可实现性分析,对关键技术有初步的实现方案。 4.对项目关键风险分析,对关键风险有详细的风险措施和完成点。 5.综合对芯片的立项有效性分析,对于风险大、效益低的芯片立项能通过决策会议关闭,并把相关需求转移到其他开发芯片中。
需求&规格设计	6	1.需求每输出一条需要及时沟通确认。 2.需求评审过程需要市场、技术专家、技术开发项目组长等角色参与,并通过需求串讲的形式全面达成一致,避免需求上下游理解不一致。 3.研发通过需要详细分解为规格,评审过程要求和需求评审相同。 4.评审完成后的需求、规格基线。 5.后期需求、规格变化需要配合方案实现,同时需评估需求、规格变化影响和风险,大风险必须通过公司层面的快速决策。 6.后期需求实现错误、没有实现或关键需求得不到客户认可需要质量回溯,找到需求/规格存在的过程或技术问题及时形成改进措施,要求后期的项目不能出现类似问题。
方案设计	7	1.方案设计过程中,需要及时考虑关键技术、成本、可拓展性和利润。 2.方案设计前需要完整进行详细的方案串讲,必须按信号流动步骤清楚讲解出输入、处理模块、输出,同时需要完整讲解出芯片的电源供给、时钟供给、CPU存储控制器的特殊性以及可实现方案。 3.讲解过程由项目组成员、仿真专家、测试专家、客户资料专家和周边部门参与。 4.完整的方案设计需要通过检视评审,在评审前需要完成需求跟踪,跟踪需要跟踪到具体实现章节。 5.完成评审后的方案文档需要基线入库。 6.方案如涉及后期变更,需要重新更新方案文档,重新跟踪需求表单,同时需要评估所带来的风险并采取详细的风险措施,如果涉及较大风险,需要由管理团队决策。

续表

评估小类	权重	评估要点
原理图与代码设计	8	1.开发需要按方案、需求设计。完成设计后，需要详细检视和自我仿真，检视需要覆盖每一行、每个网络的正确性，要求不能犯个人能力内的错误。 2.自检的同时需要检查原来的问题，需要以前所犯的所有错误不再犯。 3.自检完成后需要小组互检，互检需要覆盖所有部分不能遗漏，互检可以分几次完成。在互检中如果发现低级问题需要打回给开发人员重新自检，并记录"黑事件"。 4.互检完成后让公司高级专家进行封闭检视，需要达到公司级最高输出水平。
芯片后端设计	10	1.开发需要按方案、需求设计，完成设计后，需要详细进行检视和自我仿真，检视需要覆盖每一行、每个网络的正确性。 2.自检的同时需要检查原来的问题，需要以前所犯的所有错误不再犯。 3.自检完成后需要小组互检，互检需要覆盖所有部分不能遗漏，互检可以分几次完成。在互检中如果发现低级问题需要打回给开发重新自检，并记录"黑事件"。 4.互检完成后让公司高级专家进行封闭检视，需要达到公司级最高输出水平。 5.投片前要进行投片清零动作，需要把需求、方案、原理图和后端设计所有的问题排除，把所有严重影响流片的风险排除。 6.流片前需要进行流片决策活动，避免重新流片。
验证板开发	3	1.验证板计划需要在流片回来前完成。 2.验证板设计需要覆盖关键方案和关键需求。对于不能实现的需求和方案需要配合客户完成测试。
回片验证	7	1.回片前需要提前设计好测试用例，并需要对所有规格进行跟踪。 2.按计划测试，日常需要按日清要求进行计划和风险管理。 3.测试问题需要详细记录并及时解决，如果不能解决，需要评估风险，高风险的问题需要决策。 4.针对需要重新流片的问题详细分析原因，并完成其他部分的测试，综合所有问题后，再评审改进方案，更新的内容需要通过评审，最终流重新需要进行决策评审。 5.对重新流片的芯片在回片后需要详细测试变更点。

续表

评估小类	权重	评估要点
制造与产线验证	4	1.提前规划好制造、封装与产线验证。 2.需要对成本进行估计和审视，包括量产后的成本。 3.回片前期需紧跟现场的良片率、包装问题、量产风险问题等，及时解决现场问题。 4.对可制造性的问题需要主动分析根因。 5.针对因为设计问题造成的制造问题需要进行风险分析，找到根因后作为制造对研发的设计基线，同步传递到前段研发部门。
客户上机导入支撑	4	1.客户工程师需要提前熟悉方案，并在答辩后才能上岗。 2.FAE工程师能及时解决客户问题。 3.客户是否对售后服务有极高的评价，或者远远高于同业竞争对手的服务。
项目结项评估	5	1.项目结束后需要检查所配置文档基线，把项目管理表单和度量表单基线。 2.项目结束前需要总结经验和教训，规划总结优秀实践和质量预防，作为以后的项目的经验参考。 3.项目上市半年后需要对项目进行考核，重点看利润、客户满意度，还需要关注重点价值需求是否得到客户认可，是否成为卖点。 4.半年后的项目合同评估作为项目关键的绩效考评，对超出挑战目标的项目需要及时奖励。

（二）度量&评估领域评估表单

度量&评估表单包含6个小类，25个提问考察点，参考表9-2。

表9-2 度量&评估领域评估表单

评估小类	权重	评估要点
客户满意度	10	1.客户有无对产品重大投诉？是否有重大投诉应急机制？ 2.客户是否对产品满意？如果不满意，有哪些地方需要改进？ 3.和客户的沟通渠道是否畅通？客户有疑问是否能快速找到相关人员？ 4.从侧面了解，客户对公司满意度与友商相比如何？公司和友商是否存在明显的差距？ 5.有没有第三方对客户进行调查？

续表

评估小类	权重	评估要点
团队绩效	8	1.每一个团队是否清晰本年部门的重点工作目标和方向? 2.在月度管理工作中团队绩效是否清晰? 3.当团队绩效出现偏差时管理团队是否能及时帮助? 4.每个团队是否向绩效挑战目标努力? 5.年度绩效审视时,能否快速知道团队的排名?
项目度量	6	1.所有的在研和技术项目状态是否在管理层面清晰? 2.各层领导是否及时关注存在较大风险的项目?及时调整资源对项目支撑? 3.当在研项目存在极大问题和风险时,是否能触发决策团队快速跟进? 4.当项目结束时,能否从客观上快速知晓项目的评估成绩?是否对项目进行星级合同评估?
财务指标	6	1.公司领导层对财务的现金流是否清晰? 2.对于财务风险、计提是否有清晰的规范运作制度? 3.在项目/销售过程中,成本控制和利润风险是否规范? 4.在月度管理会上财务状态清晰,对严重的财务风险有没有具体的措施应对?
销售合同	5	1.有无分层管理优质客户和一般客户的制度? 2.有无年度动态审视客户的资质和存在的风险? 3.销售合同有没有有效评估制度?合同状态是否清晰?重大合同风险是否有快速响应机制?
供应商管理	10	1.对供应商有严格的管理制度。 2.供应商分层分级管理。 3.新供应商需要认证。 4.动态调整供应商状态,及时更新和去除不良供应商。

(三)组织&领导领域评估表单

组织&领导领域包括6个小类,26个提问考察点,参考表9-3。

表9-3 组织&领导领域评估表单

评估小类	权重	评估要点
公司目标分析分解	10	1.公司有无专门的组织对未来的技术和发展方向进行分析分解？ 2.有无对未来3~5年分析后的技术进行分析分解？分解后的技术有无进入未来的技术开发项目或者未来的版本开发中？ 3.有无对1~3年的技术趋势进行分析和分解？如果发现有差距是否把关键技术落到具体部门？ 4.公司每年是否有具体的业绩增长要求？增长要求是否进行分析分解并作为某部门的KPI的输入？ 5.公司在分析分解目标过程中有无和竞争对手的差距比较？如果存在差距如何分解并解决？ 6.连续三年内公司的核心目标是否都达成？
制定KPI	3	1.公司的总目标是否和各部门的目标完全一致？公司是否有战略解码的动作？公司战略解码的效果如何？是否能覆盖公司的重点工作和发展方向？ 2.各部门在制定KPI时是否经过充分研讨和沟通？或者把公司的总目标作为部门KPI制定的依据？各部门的KPI是否能支撑公司的目标达成？ 3.各KPI的权重是否得到充分沟通？
绩效考核	3	1.部门的KPI落地过程中是否每月进行公司审视？ 2.KPI落地过程中的风险是否采取及时的措施并落地跟踪闭环？ 3.半年审视和年度审视绩效是否清晰？ 4.KPI落地过程中有无绩效辅导，有无帮助下属较好地完成任务？ 5.KPI对员工的绩效考评和薪酬是否有较强的牵引？
管理评审	5	1.对重大的市场、版本DCP、重大风险在管理例会上需要做管理评审。 2.管理评审对芯片流片等的评审过程各维度清晰，风险明确，对最终的结果是否有较好的影响？如果存在决策后芯片重新流片问题，需要找到管理评审过程中的不足之处。 3.管理评审会议是否高效？是否存在一个问题开几次会议都无法决策的情况？

续表

评估小类	权重	评估要点
组织职责	6	1.公司年度末是否会审视当前各部门和组织是否合理？ 2.各部门对齐公司大目标后，是否制定工作的职责并发文？ 3.部门职责落地过程中出现偏差是否能及时纠正？ 4.各组织之间是否为了共同目标而合作？
质量文化	8	1.公司每年有较好的质量日宣传质量文化。 2.以客户为中心、零缺陷等质量文化受到最高领导的关注并经常传递到各层级。 3.员工交付时能确保能力内的错误不犯。 4.当发现其他员工有悖于质量文化时能真诚地告知当事人。 5.犯了低级错误的员工都会感到内疚。

（四）资源&培训领域评估表单

资源&培训领域包括6个小类，25个提问考察点，参考表9-4。

表9-4　资源&培训领域评估表单

评估小类	权重	评估要点
关键技术分析	10	1.对关键技术有专门人员提前研究分析，主要针对价值和可实现性。 2.关键技术分析可能分析出标准或专利，在前期研究的时候申请标准专利。 3.关键技术分析过程中，可以以老带新的方式培养技术人才。 4.对于需要流片实现的关键技术应启动技术开发项目。 5.每年有公司级的技术分享大会，能邀请到业界一流的专家分享。
新员工培训	3	1.新员工入职后有系统的公司培训，重点培训公司文化、基本制度等。 2.入职后的新员工由经验较为丰富的老员工作为导师进行培训。 3.新员工上岗前需要对工作结合流程进行培训。完成培训后需要通过上岗考试才能正式上岗。 4.经过3个月或者半年对新员工进行正式答辩。 5.公司内部网上有较多的网课，新员工可以根据自己的进度和要求自我学习和考试，某些专业岗位必须完成特定课程后才能上岗操作。 6.新员工离职率是否高？如果离职率高，原因是什么？

续表

评估小类	权重	评估要点
质量培训	5	1.对于流程需要进行全员上岗培训，培训完成后需要上岗考试，管理者要求90分才可以，员工需要80分以上。 2.专项质量培训如精益、六西格玛、质量工具、质量文化等不定期举办。培训后员工使用质量工具、方法的能力和质量意识有显著提升。
技术培训&氛围	10	1.每个员工都有年度的培训计划并落地在KPI中。 2.公司顶级专家需要完成培训课件并落地培训。 3.有专项的培训可以在公司网课上随时进行。 4.员工对技术学习的热情比较高，两年左右就能成长为某领域的技术专家。 5.公司对技术专家都非常尊重，公司技术氛围特别好。 6.公司有完善的技术发展路线，专家可以通过技术路线发展到职业较高水平。
内部人才流动	5	1.公司有完善的内部人才机制，通过内部人才市场快速让人才和业务匹配最优。 2.管理团队定期内部流动，逐步形成干部能上能下的流程机制，流动过程不影响公司业务。 3.后备领导培养上有较完善的识别和培养机制，持续为公司输送基层管理人才。
高端人才招聘	3	1.公司各部门分析技术发展方向时会将引入顶级技术人才作为重要工作，以提高公司的核心竞争力。 2.公司有足够的影响力吸引业界顶级专家加入。 3.高端人才进入公司后能达到预期效果，同时高端人才在公司平均工作时间超过8年。

（五）持续改进领域评估表单

持续改进领域包括6个小类，26个提问考察点，参考表9-5。

表9-5 持续改进领域评估表单

评估小类	权重	评估要点
QMS评估	5	1.公司每年做一次系统性的评估，重点确定机会点和TOP工作。 2.QMS评估过程系统规范，有较为充分的维度，客观公正，能给管理者画出一个公司的综合轮廓。 3.QMS评估后可能会触发TOP工作或流程变革，针对公司系统性的问题进行深层次变革。 4.QMS识别的机会点需要落入具体的部门中。

续表

评估小类	权重	评估要点
流程专家	3	1.公司有水平较高的流程专家，在流程建设和修改中能给出较好的方法。 2.在新流程变革中能推动试点和推广项目落地变革流程。 3.对公司其他质量和研发人员能够进行质量和流程赋能。 4.能快速洞察业界最新流程、质量动态，构建较为先进的研发模型，通过试点尝试后推动公司流程变革。
TOP N工作改进	7	1.公司有多个层面对TOP N工作的输入，如客户重大投诉、重大质量事故、公司效率、成本等专项工作。 2.公司在运作过程中，需要前期调查、分析、基线当前能力，提出重点改进指标进行立项改进。 3.TOP N工作立项、方案、推广效果和结项需要在管理例会上通过评审。 4.TOP N工作能真正推动公司的难点问题改进。TOP N工作输出需要在过程资产中固化。
流程变革	10	1.针对流程效率、新模式引入的流程体系变革。 2.前期需要做较为充分的分析和调研，构建模型如果特别新，需要找试点团队进行局部试点探索。 3.流程变革经理最好由精通业务的管理者担任，COE由流程专家担任。 4.前期需要和管理团队沟通详细的目标。 5.项目需要在管理例会上立项，且方案、试点、推广验收需要在管理会上进行。 6.流程变革是以内部深层次流程为驱动的改进，目的是优化价值创造的过程。
质量回溯	4	1.出现流片问题和重大客户投诉时需要启动质量回溯机制。 2.是否能把回溯的问题形成质量标准落地流程中避免重犯？ 3.如果涉及人为问题的质量回溯是否启动问责机制？
过程资产	8	1.变革后的流程和TOP N工作能较好地得到持续落地。 2.过程资产（包括QMS）各个环节同步落地解决问题。 3.过程资产能够较好地解决质量、效率和成本问题。 4.过程资产能较好地让领导聚焦关键战略和关键价值。 5.过程资产是在TOP N和流程变革工作组完成项目后能够持续保持相关成果。

七、流程运作

进入重复级后流程需要有效执行并运作，流程只有融入业务中才能发挥最大的作用。

流程运作过程中需要避免两种思潮。一种思潮是流程的形式主义，只要流程活动形式落地，不管流程活动背后的有效性是否达到。在华为有一个紧急项目封闭两个月，硬件单板经过多位专家数轮检视后居然上不了电，原因是犯了电源和地线接反的低级错误。

另一种思潮就是流程的虚无主义。在进度、质量压力面前，不管项目有没有达到流程的要求，管理团队通过弄虚作假让项目交付。2009年前后华为"假GA"流行，很多质量不达标的项目进度"零偏差"结项，结果到客户环节出了很多事故。有一件搞笑的事情：一个产品线领导提出"真GA"的口号，推迟两个月按流程要求结项后居然能加官晋爵。从此，华为就开始流行"真GA"口号，甚至升级为"绿色真GA""钻石真GA"等来标榜GA的真实度，一时间乌烟瘴气。

基于流程是构建在价值过程上的过程资产，因此，流程运作在很大程度上是团队的业务结果，结合业务结果的KPI运作流程才能让流程执行。

（一）结合KPI有效运作流程

流程定义了价值创造过程，在公司的年度绩效考核中，KPI在很大程度上反馈了公司对团队的具体业务目标达成和要求，通过对KPI绩效的监控也可以从侧面提升相关团队对流程执行的有效性。

各级年度KPI驱动业务团队有效落地重点工作和流程的有效性，在研发团队中，研发项目运作的有效性很大程度上支撑其最关键的KPI。KPI管理团队可以通过管理例会分别在1级部门、2级部门、3级部门或4级部门进行管理。频度一般为1月、半月或每周一次，一般3级或4级部门采用频度较高的一周一次。管理例会上结合其他关键风险、TOP N、TR/DCP 等关键动作统筹运作，图9-6为流程运作活动图。

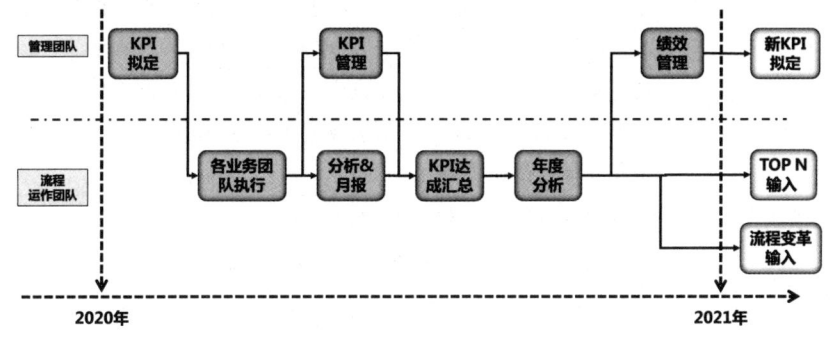

图9-6　流程运作活动图

流程运作团队主要由各级质量部承担，核心工作是协助管理团队监控 KPI、流程、业务运作、TOP N 改进等，让各项关键工作的状态显性化，风险和问题能得到跟踪和闭环，KPI 运作的各项指标能较为客观地展示。同时，协助部门 KPI（如3级部门向2级部门所承诺的 KPI）达成挑战目标，详见表9-6。

表9-6　活动与描述

活动	活动描述
KPI拟定	部门领导通过承接上一级KPI工作，结合部门自身业务和重点工作，分解本部门各业务团队可衡量KPI的及格目标、达成目标和挑战目标，各业务团队的KPI能有效支撑本部门KPI挑战目标达成。
各业务团队执行	各业务团队在质量团队的协助下有效落地KPI措施，并实时监控落地过程中的计划执行、风险、资源求助、落地效果等，确保所承担的KPI达成挑战目标。
分析&月报	每月由质量部门监控KPI计划风险和实施效果，对效果不佳或计划风险较大的项目及时预警，在管理例会前汇总各KPI的实施状态，并在管理例会上简明汇报各项KPI的落地情况。
KPI管理	管理团队通过月度管理例会审视各项KPI执行情况，及时了解本管理团队向上承诺KPI的达成情况；针对KPI实施效果不佳的团队及时通报批评，在会上需要KPI责任人承诺补救计划和初步的补救措施，记录会议遗留问题跟踪，并在下次管理例会上跟踪遗留问题的状态。

续表

活动	活动描述
KPI达成汇总	质量部门在年底前两个月开始汇总部门KPI达成情况，同时汇总本部门各团队的KPI达成情况，已经达成挑战目标的事项及时归纳总结，对还未达成KPI挑战目标的事项进行重点跟踪。最终在年底汇总部门KPI达成状况和本部门各业务团队KPI的达成状况。
年度分析	质量部门对最终的KPI达成效果汇总分析，并排序本部门各业务团队所达成的KPI顺序，对未达成挑战目标的团队分析原因，最终形成年度报告在管理例会上汇报。
绩效管理	管理团队对各业务部门的KPI达成进行绩效排序、考评。
新KPI拟定	和第一条相同，通过年度的KPI运作，让各级部门的KPI有效落地并有效支撑公司的大目标实现。
TOP N输入	由质量部牵头各业务部门配合，根据年度业务问题排序，找出顶级的3~5个业务问题进行根因分析，由质量部给出TOP N建议，作为业务改进的依据。
流程变革输入	由质量部牵头分析流程中的问题点和机会点，给出流程变革的初步需求和方案，汇总流程变革需求纳入新一年的流程变革。

笔者在华为参与过三级部门的KPI管理，华为对外界的感觉就是狼性文化，很大原因是KPI的绩效管理强牵引，在华为所有团队的KPI都是挑战目标。笔者当年所支撑的部门7项KPI指标中有6项达成挑战目标，仅有一项因承担业务团队的销售额无法达成挑战目标，结果所在部门的绩效排名最后。由此可见，在华为绝大多数部门的每项KPI都以挑战目标达成。

（二）流程审计

华为在业界以流程执行力强而闻名，这和华为强化流程审计有很大的关系。华为流程第一步要求就是"僵化"，何为"僵化"？其实就是要按流程的要求执行到位。但在流程落地过程中，业务团队对流程理解可能有较大的偏差，个别项目经理对流程没有敬畏之心，在落地过程中任性让流程效果大打折扣，导致最终的结果遗留极大的隐患。因此，公司需要通过审计来强化业务团队对流程的执行力。

企业成熟度在重复级后就需要强化流程审计，一般公司按年度开展流程审计工作。流程审计有三个目的：一是了解各业务团队执行流程的现状，找到业务团队执行流程重大偏差问题并纠正；二是审视流程活动的有效性，如果流程活动有效性普遍不好，需要识别并作为流程变革的输入；三是挖掘团队中的优秀实践。一般在优秀的项目中有一些独特的工具方法可以大幅度提升业务交付质量和效率，识别到的独特方法可以包装成优秀实践在全公司内推广，某些优秀实践还会作为变革点输入流程变革项目中。

公司基线公司级的审计表单作为公司审计标准，包括评估项目、权重、评估要点，现状描述是访谈过程或查证过程的记录。在访谈结束后，审计员还需归纳出审计出问题和优秀实践，并按流程活动执行的有效性打分（0~5分）。

审计问题分为致命、严重、一般和提示，涉及致命、严重的审计问题，会作为重点改进项进行跟踪。审计表单内容参考表9-7。

表9-7 KPA领域流程审计表单

评估项目	权重	评估要点	现状描述	问题&优秀实践	访谈对象	得分
项目管理	10	1. 有没有召开项目周例会？项目周例会上有没有对项目计划和风险跟踪？ 2. 对上周例会的跟踪问题有没有及时跟踪闭环？ 3. 有没有每周输出项目周报，并把计划状态、风险及措施汇总，并抄送给项目成员和周边涉及领域？ 4. 有没有出现风险遗漏、风险失控现象，造成进度或质量受到极大冲击？				
配置管理	3	1. 有没有CI List？在项目启动后建立项目目录，分别建项目开发库、基线库和发布库。 2. 基线文档有没有经过评审后及时基线？出现基线变更的文档有没有按照配置变更要求过程进行管理？ 3. 配置发布库能不能支撑后端的生产和FAE？ 4. 项目经理有没有对配置权限管理？项目结束后，有没有及时收回配置库权限？员工调动工作或离职，有没有及时收回配置权限？				

续表

评估项目	权重	KPA领域流程审计表单 评估要点	现状描述	问题&优秀实践	访谈对象	得分
需求管理	10	1. 输入需求有无逐条确认？完整需求输出后有无串讲？需求分解为规格后有无反串讲？ 2. 方案有无对需求完成100%跟踪到方案章节？ 3. 仿真用例有无跟踪完整的需求跟踪到仿真用例？ 4. 测试用例需要对需求进行100%跟踪到测试用例编号？ 5. 测试报告有没有完成测试实现的需求跟踪？如果需求没有实现是否存在公司决策问题或风险？ 6. 发货的芯片有无出现漏测现象？有无交付的芯片出现某项需求未实现的情况？				

流程审计是公司的内部审计，不涉及第二方和第三方外部审计，包括公司级审计、产品线审计、项目自检等方式。其中，公司级审计相对影响最大，由审计组确定审计范围后，由管理团队在会上启动审计，公司级审计过程通常一个月左右。

强调一下，公司级审计前期需要验收上一轮审计所有发现问题改进措施，如果发现上轮审计某产品线的改进措施没完成，直接取消该产品线审计并上报管理团队作为严重违规处理。审计工作不闭环会导致以往的错误重犯，这样会让流程审计工作失去意义。

一个好的审计能让流程有效落地，通过审计发现流程优化点，参考如图9-7所示。

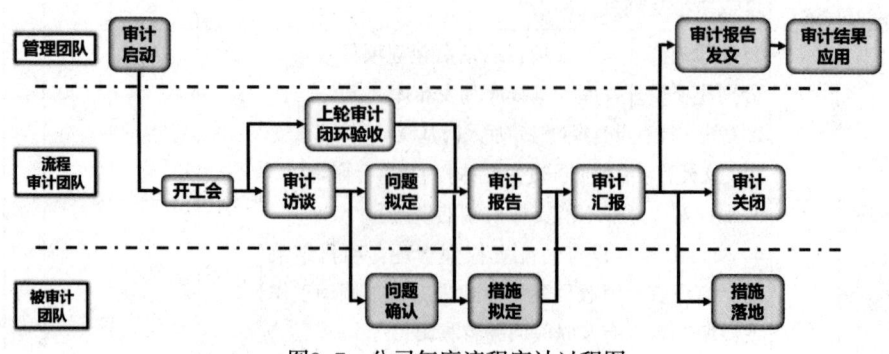

图9-7 公司年度流程审计过程图

公司审计活动及其具体内容如表 9-8 所示。

表9-8 活动及其内容

活动	活动内容
审计启动	由公司质量部在管理例会上汇报年度审计启动，并征得管理团队同意后，正式启动公司级审计。在会上确定审计组长、各产品线接口人（由产品线质量部长指定）。
开工会	审计组长和各产品线接口人确定审计范围，各产品线接口人提前沟通需要提前确定被审计项目，审计组长组织各产品线接口人、审计项目经理召开开工会，明确审计纪律、步骤、计划和要求事项，并在会上答疑相关问题，在会上和各项目经理初步确定具体审计时间。
上轮审计闭环验收	上轮的审计严重和致命问题的措施关闭验收，产品线接口人配合审计员查证，确保上轮审计的问题措施都有效落地到各业务项目中。如果上一轮问题措施没有关闭，流程审计员如实汇报给审计组长，审计组长根据未关闭问题的严重情况判断是否终止审计。如果终止审计，审计组长需把问题及其影响通过书面形式反馈给管理团队。被审计团队记录严重违规并对所涉及的产品线部长年度考评降级处理。
审计访谈	审计员预约被审计项目经理，由项目经理协调相关人员配合访谈，访谈不限于会议、过程查证、周边专家访谈、项目问题追溯等形式，审计员需按审计表单所提示的要求客观记录访谈、查证记录，部分证据需要截图或照相记录。
问题确认	审计员根据审计访谈记录和证据初步梳理出流程执行中的问题，按现状和问题级别打出审计表单的各项得分，并和项目经理逐条确认初步问题和得分，如果不能达成一致，需要项目经理补充证据后再一次确认问题和得分。如果审计员和项目经理的意见还不能达成一致，由审计组长组织会议裁决。
审计报告	审计组织汇总所有审计员的审计给出报告，所涉及的问题需要给对应的产品线接口人拟订改进措施和改进计划。
措施拟定	产品线接口人组织拟订改进措施和改进计划。
审计汇报	审计组织汇总审计报告和各产品线改进计划，在管理团队上汇报年度公司级审计结果。
审计报告发文	正式发文（公司级），内容包含审计范围、发现问题、得分、各产品线改进计划和改进措施。
审计关闭	审计发文后，审计组织组织相关人才召开会议知会结果，明确措施改进的重要性，必须在下次审计前关闭所有措施；表扬团队中的优秀实践并安排优秀实践输出计划，在会上确认流程改进优化点，作为流程变革的依据。
措施落地	审计措施各产品线闭环落地，其间如遇到问题，可以求助审计组织或公司COE协助落地。
审计结果应用	根据审计问题和未关闭的问题扣除管理团队领导的KPI得分，对流程落地具有重要意义。

八、TOP N改进

伟大企业最核心的基因是持续改进，TOP N 改进和流程变革是公司持续改进的两大动力源。

多数企业改进效果不佳的原因在于 TOP N 运动式改进，运动式改进靠管理团队通过强势"头痛医头"方式进行。虽然"止疼药"能得到立竿见影的效果，但病因不会根除，当改进资源撤销后问题会再次出现，运动式改进会出现问题周期性反复现象。

在创新质量体系中，TOP N 改进和流程变革是公司持续改进的两大动力源，在重复级 TOP N 中是最关键的活动，只有在重复级消除公司顶级业务隐患才能进入成功级。

TOP N 从质量模型中的价值、质量、效率和成本四个维度，识别公司顶级的改进方向，改进措施最终要落到公司的 QMS 系统中。大公司的 TOP N 改进需要分为公司级、产品线级、部门级，通过层层的 TOP N 逐步提升公司的成熟度。

（一）TOP N 改进启动

TOP N 输入方式多种多样，通常的输入可以为年度分析、QMS 评估、流程审计、客户重大投诉、产品重大事故和公司战略规划等。可以从分析评估得来，也有可能由客户端的反馈得来，还可以是领导"拍脑袋"得来。不管哪种方式，TOP N 都是针对公司业务的重大问题或客户的重大感知，是急需要改进完善的。

从启动方式来看有两种方式。一种是年度驱动方式，通过汇总年度业务分析、QMS 评估、网上问题年度分析、审计问题等，基于分析结果排序，选择最严重的短板作为下一年 TOP N 项目。如 2007 年光网络年度分析中硬件低效单板（未销售或销售量特别小）比例特别高，提升单板有效性就成为

2008年光网络来年的 TOP 工作。另一种是紧急驱动方式。2010 年 J 网产品线烧机较多，引起客户重大投诉，公司领导也重点关注。鉴于此，紧急启动网络产品线整机排查工作，两个月强势运作后产品可靠性隐患清零，烧机问题得以彻底解决。

（二）TOP N 改进过程

在华为每年笔者都会参与 TOP N 工作，TOP N 项目可大可小，时间跨度从两个月到几年不等，人数的跨度也特别大，不同类型的 TOP N 项目运作是不同的。没有万能的 TOP N 运作模型，关键是运作简单、改进有效且效率高，在这里介绍 TOP N 典型项目运作活动（见图9-8），仅供参考。

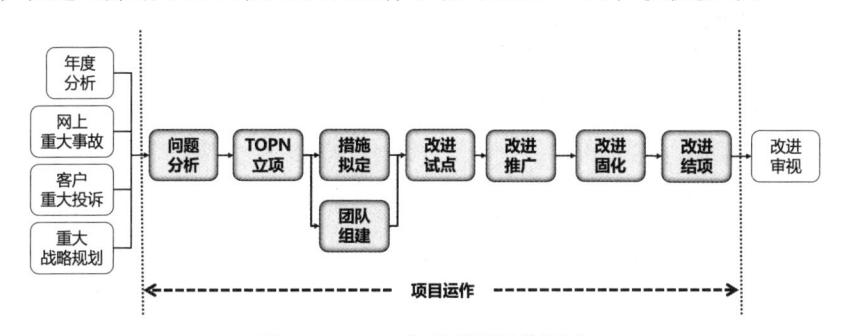

图9-8　TOP N典型项目运作活动

TOP N 项目活动及其内容如表 9-9 所示。

表9-9　活动及其内容

活动	活动内容
问题分析	一般由质量部或者业务专家进行分析，从多个角度找到问题的根因、优秀实践、业界现状等，关键是要分析出改进机会点。
TOP N立项	简单立项：如果把握性比较大，范围影响较小，可以考虑简单立项，提前和领导、资源部门等沟通好，在相关层级发文即可。 复杂立项：一般是难度极高，涉及的跨部门资源协调比较多，时间跨度比较大，这就需要在某层级管理例会上立项汇报，并在会上得到相关领导的资源承诺，避免后期出现资源问题。
措施拟定	改进前看其他部门有没有优秀实践，如果有，直接复制过来。对当前问题进行分析，并给出具体改进措施、计划、试点计划、推广计划、固化方案等，关键是能落地并固化。

续表

活动	活动内容
团队组建	组建团队，需要得到资源投入承诺，尽量需要沟通到所协调资源的主管层级，TOP项目的投入需纳入协调资源的工作中。
改进试点&推广	按计划执行，如果遇到计划外的问题，需要仔细分析后再推动改进。
改进固化	流程固化：把效果得到充分验证的措施分析出流程固化点并推动固化。 其他形式固化：通过输出或修改业务规范、培训教材及培训、管理发文、案例、优秀实践等形式固化。
改进结项	固化完成并例行后，在管理例会上汇报结项。 如果是简单立项的TOP N项目，可以通过总结邮件的形式汇总各方面成绩和变化点等进行结项。
改进审视	在第二年的年度分析中审视改进效果。

九、流程变革

流程承载了公司的价值创造过程，通过规范、协同、细化等让企业在价值创造过程中更具有活力。因此，流程变革对推动企业成熟度提升起到至关重要的作用。

流程变革项目针对重大机会点的新模型变革，相对于流程优化具有更大的变化和挑战，一般变革项目都是跨年度进行的，对实现结果目标具有极大作用，能实实在在提升研发能力。

（一）流程变革角色与职责

典型的流程变革组织架构一般包括流程建设组和流程推行组，如图9-9所示。流程变革经理对变革项目的结果负责，质量COE一般会负责流程建设组工作。PMO在协助流程变革经理的同时，负责流程推行组工作。流程建设组也会支撑流程推行组的试点和推广。

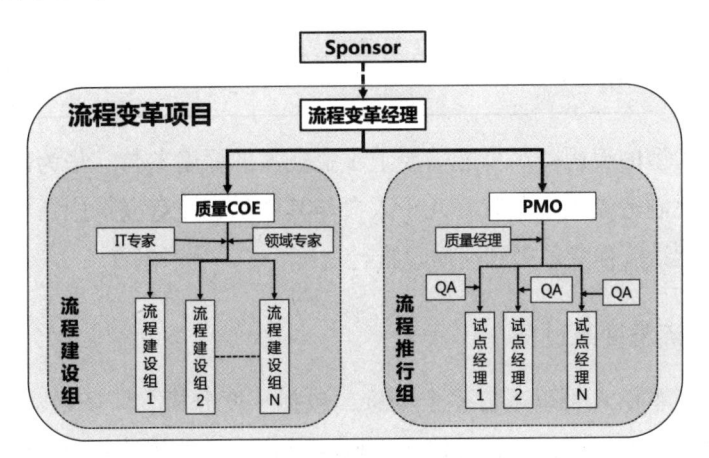

图9-9 典型流程变革组织结构图

流程变革角色如表 9-10 所示。

表9-10　角色与工作职责

角色	工作职责
Sponsor	公司领导或一级部门主管，提出流程变革关键目标，承诺资源支撑，变革成果验收。
流程变革经理	由业务主管承担，负责计划实施与目标达成，是流程变革第一责任人。
质量COE	由资深流程专家承担，给出流程模型、变革方案并协助落地，可承担流程建设组责任，是流程质量第一责任人。
PMO	协助流程变革经理进行流程变革项目运作，要求推动能力强且懂业务的人担当，可承担流程推行组长工作。
质量经理	协助流程变革落地，QMS运作支撑，QMS评估，是流程落地第一责任人。
试点经理	在流程试点、推广过程中配合流程变革实施，是试点项目业务结果第一责任人。
领域专家	流程变革中所涉及周边领域的流程、活动、交付件内容的梳理和项目支撑。
IT专家	流程IT化责任人，解决流程效率问题。
QA	协助流程落地具体研发项目，流程培训、引导，挖掘实践，进行项目流程成熟度评估。
流程模块组长	负责流程特定模块（如试制、芯片导入）建设，是流程特定模块质量第一人。

一个大型的流程变革可能需要上千责任人的深度参与，华为硬件敏捷及使能数字化制造流程变革就有几千人参与其中，在流程变革中需要高效的团队运作才能让流程变革得到高质量推行。

（二）流程变革过程

流程变革输入可以来自多个场景，包括年度分析、新场景、公司规划、TOP N 输入，经过分析后，可能会有两种形式，一种是类似于重构流程的大型流程变革项目，另一种是局部小调整的流程优化。图 9-10 为流程变革活动图。

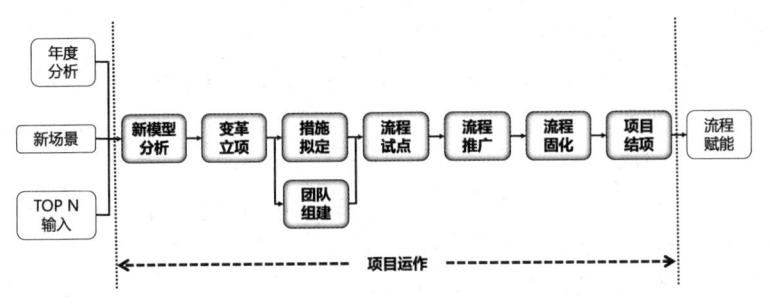

图9-10 流程变革活动图

一般局部优化项目可以不用立项，只需要按公司年度升级小版本的操作形式即可，但涉及重大流程变革必须在公司立项改进。流程变革活动及其内容如表9-11所示。

表9-11 活动及其内容

活动	活动内容
新模型分析	在大型的流程变革项目中，由于涉及公司核心的价值创造过程，因此需要有COE牵头对新模型分析、现状调查、机会点分析、业界洞察，并对流程模型的可行性和流程收益分析，在充分评审和沟通后，和Sponsor正式沟通流程关键方案、关键目标，并得到Sponsor对资源的承诺。
变革立项	输出流程变革立项报告和相关利益团队充分沟通，并在Sponsor的管理例会上正式立项汇报，在会上明确变革目标、变革关键方案、变革关键角色、变革计划和推广范围，并在会上得到相关部门的资源承诺。
措施拟定	根据立项目标、关键措施进一步细化实施措施，包括流程措施、试点策略、验收策略、推广策略等。
团队组建	沟通并组建流程变革项目团队，在公司级正式发文，同步召开开工会，明确流程变革项目的目标、关键措施、试点策略、具体的试点项目规划等。
流程试点	COE推动流程建设组梳理相关的流程活动，并协助流程推行组落地试点项目，试点结束后流程变革经理需要初步验收并总结，在Sponsor管理例会上汇报试点效果，通过试点结项评审后调整基线流程。
流程推广	在公司内大面积推广基线流程，COE协助流程推广组有效落地并达到流程变革目标，项目结项后分析流程推广目标达成效果，分析偏差和问题根因，并调整基线流程。

续表

活动	活动内容
流程固化	变更公司流程，让新流程处于预发布状态。
项目结项	最终在Sponsor管理例会上汇报推广效果、目标实现情况、流程固化关键变更点、流程推广范围，申请流程变革结项；如果流程结项通过，变更流程预发布状态变为正式发布状态。
流程赋能	修改流程指导书、流程培训材料，COE牵头各产品线质量部对QA、各业务团队培训赋能，COE作为流程专家辅导各产品线流程落地过程中的疑难杂症，确保流程正常落地。

（三）流程变革成功要素

一个好的流程变革需要有多方面协作完成，但综合起来有六大成功要素。

1. 最高领导亲自参与并坚决支持

毋庸置疑，流程变革涉及公司最核心的过程资产的改进。很多公司级的业务改进和运作都需要落地流程，流程变革不仅针对当前重大业务问题改进，而且需要承接公司的战略规划的实现，因此。流程变革需要领导的亲自参与并坚决支持。

在华为流程变革都要和一级部门主管对齐变革目标，并得到领导的资源承诺，流程变革立项、方案评审、试点效果汇报、推广结项汇报等关键节点都需要在领导的管理例会上汇报。

2. 资深流程专家主导变革方案

流程变革牵涉方方面面的协同改进，以前的流程变革大多把网上的严重事故改进措施、公司要求等在流程中增加检测和预防活动，或者增加checklist表单内容，类似这样的改进基本是做"加法"，这种流程变革方式最终导致流程烦琐无比走向熵死。

相比人人都会做的流程"加法"，在流程中做"减法"才体现流程专家的独特价值。流程专家的作用就是根据场景构建流程模型，识别关键交付件和控制点，并在关键交付件上引入最佳的过程和实践，这样梳理的流程按华为硬件流程的要求达到"既快又好一次性交付"，在流程推广过程中协助重点版本落地，给产品线 COE 赋能，这样才能把流程变革的精髓落地到具体的项目中。体系级质量 COE 能力模型如图 9-11 所示。

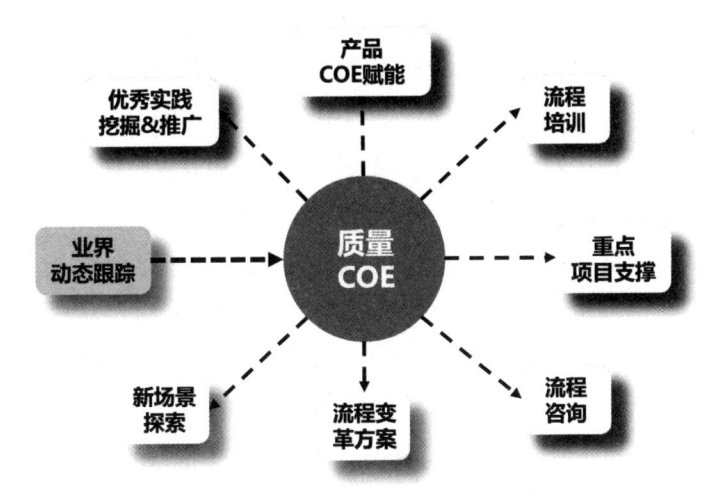

图9-11 体系级质量COE能力模型

流程梳理的质量很大程度上反映了流程专家的能力，简单高效且围绕价值创造过程的服务型流程才是真正意义上的好流程。

3. 适配企业现状的管理制度和流程

在华为，有像云计算以软件为主的业务，也有像能源产品线以硬件为主的业务。如果都按照适配软硬件的 IPD 流程来适配业务，就会让纯软件和纯硬件流程管理活动太重载，也没有必要，这样会导致业务的低效交付而影响竞争力。

鉴于此，华为 Discipline 流程能变革成功就是基于业务场景的流程变革，相比 IPD 的"一刀切"而言更适配不同场景的业务。另外 Discipline 流程变革还为各产品线预留了定制流程通道，各产品线可以根据自身的特点定制适配业务的流程。

通过适配业务场景的 Discipline 流程变革为华为的业务腾飞奠定了坚实基础，这也是华为 2014 年后迈入成功级的重要原因。

4. 高效运作的流程变革团队

参加众多的流程变革，关键一点就是有一个高效运作的流程变革核心工作组。这个组包括流程变革经理、PMO、COE、关键专家、关键产品线推行人等。通过每周的流程例会重点关注流程梳理和流程推行的计划落地、风险和求助等信息，通过每周的流程状态周报及时把当前的流程变革运作显性化，梳理关键的流程方案和活动，召开封闭的专题会议集中解决问题，遇到重大的分歧应及时召集核心成员讨论达成一致。

在推行过程中会遇到特殊场景或问题，流程变革经理召集核心成员和业务团队进行会诊，及时解决在推行过程中遇到的疑难问题，确保推行的效果和流程的有效落地。对于过程中表现突出的成员和专家及时给予奖励，年度奖项中对流程执行较好且效果较好的项目组给予年度推行奖励，通过有效的运作让团队更融洽，让贡献较大的个人和团队更有成就感。

5. 质量培训和引导能力

流程的试点和推广会在很大程度上改变业务团队的工作惯性，因此会遇到项目组的抵触，如果不能有效引导可能让流程变革失败。流程变革在试点推行中需要较为有效的质量培训和引导能力，流程试点、推行的策略尤为重要。

试点团队的选择非常重要，一般会选择喜欢挑战的项目经理，且项目组有较高追求的业务团队，选择有较大难度的典型性试点项目，这样试点的成果才有说服力。千万不要为了省事选择简单的项目，这样做不但不能验证流程真实的有效性，也让试点项目的成果没有普遍的说服力而不利于大面积推行。

在试点初期一般由 COE 带队给具体的业务试点团队召开会议，从公司层面介绍流程变革的重要性和具体改进目标。通过专家深入辅导让试点团队取得显著的改进成果，试点团队的成功具有非常好的示范效果，为后期的大面积推行奠定基础。

在大面积推广前，需要总结当前的流程和试点效果输出培训教材，通过赋能让更多的 QA 和业务团队掌握新流程。再通过流程推行组的运作让变革流程更有效落地到推广项目中，进入新员工上岗培训课程并严格执行上岗考试，让所有新员工转正前都掌握在头脑中。头脑中有流程才是真正能执行的流程，不要指望员工一边工作一边查找流程要素，就像我们不会一边开车一边查看交通法规一样。

很多失败的流程变革只是修改相关流程文档和要求，束之高阁的变革方式最终会因为变革团队的消失而失去价值。

十、流程优化小技巧——OVMA

在流程优化和变革过程中,如何快速梳理流程的步骤是非常关键的成功要素,经过多年流程变革笔者归纳了 OVMA 模型,如图 9-12 所示。

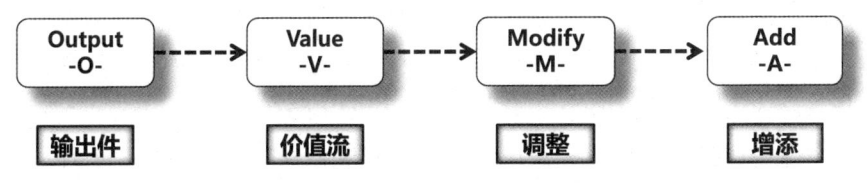

```
Output -O-  →  Value -V-  →  Modify -M-  →  Add -A-
  输出件         价值流          调整           增添
```

图9-12　OVMA模型

O-Output(交付件):梳理时先把当前流程中的交付件整理出来。

V-Value(价值分析):从客户的角度对 Output 交付件进行价值分析,删除对客户无价值的交付件,核对核心交付件按最短路径,辅助交付件提前与支撑关键交付件并行展开。

M-Modify(调整交付件内容):删除交付件中对价值流无贡献、重复的内容,增加交付件中有价值的活动。

A-Add(增加价值活动):增加价值活动,增加必需的 TRX、DCP 点,增加质量标准。

OVMA 模型是以价值流为核心的流程梳理方法论,按此方法梳理后的流程都是服务型流程。在流程变革实践中,通过 OVMA 模型梳理的流程在质量和效率上能取得较好的平衡。流程活动数量一般可简化 50% 以上,笔者优化最多的一次是从 21 个活动简化到 4 个。

十一、华为Discipline流程变革案例

2012 年华为面临严峻考验，虽然 IPD 推行 10 年，但最重要的无线产品线连续 9 年亏损。手机有过"中华酷联"的美誉，但在成立 2 年的小米的冲击下产生深深的寒意。华为云计算虽然和阿里同步启动，但被阿里云甩开几条大街。2012 年刚成立的能源产品线基本上是纯硬件，按原来 IPD 软硬件流程场景会大大降低研发效率。华为研发流程的出路在何方？

拿竞争激烈的手机业务来说，华为的旗舰机立项平均耗时 3 个月，项目开发周期长达 15 个月，18 个月的周期是当年华为手机的硬伤。这个问题也出现在纯软件项目中，如云计算纯软件项目也没必要按厚重的 IPD 流程开发。以纯硬件开发为主能源是刚起的产品线，也需要按新业务场景重新审视，华为急需基于业务场景的流程变革。

（一）难得的流程变革机会

2011 年刚上任的无线质量部部长杨涛，在面对无线连续 9 年亏损的局面时，策划了一次"无线借外脑"的质量活动。邀请体系和外产品线质量专家到上海参加为期一天的封闭研讨，笔者以网络硬件质量专家的身份参加无线业务会诊。在研讨前一天，杨涛和笔者深度交流了 3 小时，笔者重点介绍了在流程方面的方法和效果。在封闭研讨会上，笔者提出了很多改进建议，接下来，笔者辅助无线硬件引入网络硬件的流程和优秀实践在无线项目中落地，效果立竿见影。

流程项目在无线项目的落地成功，使笔者得到了在 P&S 质量例会上汇报的机会。当笔者完成汇报后，郝博觉得给予体系级奖励太少。当时正在准备 Discipline 流程重大变革项目，当时还未定 Discipline 流程变革经理。按郝博的规划，这次流程变革需基于场景的流程架构，将打破 IPD 架构实现基于场

景的开发模型，同时把优秀实践和质量标准引入流程，容许各产品线保留流程定制入口。由于流程架构变化较大，由硬件部门承担探索华为未来研发流程的使命。

1. 流程变革关键点

在这里描述流程变革过程中需要注意的细节和关键点。

（1）组建团队：构建一个高效运作的核心团队

核心团队的成员不一定多，但职业素质和合作态度非常重要。这次硬件Discipline流程变革的核心成员包括笔者在内仅4人，另3位是流程IT部门的刘英、无线硬件COE凌云志和硬件能力中心的向梦生。虽然过程中在某些方案内部有一些意见不同的争执，但核心组沟通后都会全力配合落地。每周会在固定时间召开周例会，会上跟踪和讨论项目运作中的计划执行效果和风险。会后笔者会出一个周报，详细跟踪变革项目的计划和风险，同时跟踪试点项目的落地状态。在方案阶段、详设阶段，核心组会集中资源后快速推出试点方案和流程交付件输出，让试点和推广的进度不会受影响。

（2）广拜码头：充分和利益相关方于会前沟通

Discipline流程变革的立项、方案、试点、推广和结项等事项在研发流程变革委员会上汇报，在会前的准备工作必不可少。为了让材料得到各利益方的充分理解，会在会前一周左右输出汇报初稿，并根据具体存在的问题与关键部门领导人的提前沟通，沟通形式可以多种多样，需要充分接受利益相关方的意见和建议，重点是在会前能达成一致。由于会前同各利益相关方沟通充分，五次汇报均是一次性通过。

（3）强化试点：让所有试点项目成功

在华为流程变革试点也叫"打点"，不仅需要落地流程变革方案，而且需要协同试点项目经理落地的效果。流程试点不仅需要落地所有流程方案，而且需要通过试点项目的成功，为试点所在产品线做出标杆。同时，在试点过程中需要培养尽量多的COE、QA和项目经理，作为后期在各产品线大面积推广的种子。

试点项目占据了流程变革70%以上的工作，试点项目的选择也很重要，让每个产品线和各类型版本尽量覆盖全面。试点版本不能太简单，太简单的项目不能让流程活动得到充分验证，结果也没有说服力。试点前的松土会非常重要，每次的松土会笔者都会参加，通过松土会对齐试点目标、关键方案和过程配合方式。接下来的培训工作也需让试点项目所有成员快速进入角色。在试点项目关键交付件和关键阶段需要紧密跟踪进展，快速解决试点项目所遇到的问题，避免试点落地走样而最终影响试点效果。在试点项目取得阶段成果后，需及时通报试点项目所取得的成绩以鼓舞士气。

（4）大面积推广：让流程变革例行运作

试点所梳理的流程已经是全面的流程，在试点通过后，需要输出完整的流程和培训教材，推广过程中的重点是配合各产品 COE 的工作，最好是让各产品线 COE 都参与培训。在试点项目标杆牵引下，让新项目按照新流程架构全面推行。

得益于华为的执行力，只要是好流程在华为就推广极快。在推广过程中会不断优化流程中的活动和输出模板，让流程得到进一步优化。只要试点和推广工作做得好，项目结项是水到渠成的事情。

2. 流程变革成果

流程变革核心组很快进入角色，每周召开周会，在方案阶段核心组成员封闭一周归纳出流程的架构和新变革方案。然后笔者亲自到各试点项目落地试点内容。

硬件版本基本沿用成研硬件开放模式，因此整个试点过程很顺利。除了在方案阶段核心组成员讨论较为激烈外，其他流程建设、试点、跟踪等方面核心组成员和试点团队有效互动。最终在 6 个月后，6 个版本按进度零偏差交付，40 个单板全部一次投板成功，并获得 2013 年研发流程年度最佳变革奖。

（二）硬件 Discipline 流程变革成果

通过流程变革，华为公司级流程第一次基于场景构建流程，第一次把优秀实践落地流程，第一次分层落地质量标准，第一次拉齐各产品线硬件研发能力，通过流程架构第一次实现从规划到预研到研发的拉通，第一次有机集成结构、装备、制造、采购等领域，第一次通过保留产品线入口让产品线自己定制流程。

2013年后，华为流程和业务场景在保障质量的同时，大大减轻了流程过程中不合理的管控，终端产品线通过定制手机开发流程，过程借鉴IP产品线硬件的功能模块化开发方式，旗舰机开发周期从15个月缩短到8个月，2014年成功推出Mate 7，企业进入发展快车道。

Discipline流程变革让华为业务全面开花。2013—2019年的6年中，华为销售额从2390亿增长到8588亿。无线和终端领域摆脱颓势进入快车道，同时支撑成立能源产品线，一年多时间成为世界第一电源设备商。

十二、IT电子流优化案例

流程在实现过程中，为了提高效率并规范局部过程，会将局部流程IT化，比如，新器件认证流程、问题单流程、硬件投板流程等，局部流程的优化可以大大提高流程执行的效率。笔者在华为推动过7个硬件IT电子流优化，改进后IT电子流精简高效。

案例

华为硬件IT电子流优化

笔者某天下午突然接到光网络质量部部长李总的紧急电话：一个开发人员因为IT电子流的低效把愤怒传递到华为高层，徐总要求各产品线汇报IT电子流现状，第二天就需要向徐总汇报。当时光网络还没有准备任何材料。

笔者在日常工作中就汇总了很多IT电子流问题，很快就完成一篇分量较重的调查报告，详细讲述了所涉及8个硬件IT电子流的状态、节点数、关键问题、改进建议、研发期望等。材料在会上引起徐总重视，决定在公司层面成立专项小组改进。

当年研发抱怨的原因是硬件IT电子流由职能部门制定，各职能部门按工作便利在流程中任意设计节点，节点过多让研发人员痛苦不堪。如新器件认证流程节点多达26个，历经3个月"过关打怪"才能取得"真经"，因此被戏称为"取经流程"。

经优化，其中7个硬件IT流程得到很大改善。问题单电子流从17个节点改进到7个节点，最短仅需要4步；新器件认证流程的节点数量从26个改进成为8个，IT电子流不再是阻塞新器件认证的问题。从此，硬件部门对IT电子流的抱怨声消失。

由此可见，推动公司级的改进可以从问题本身出发，做好充分收集、分析并给出客观建议，输出简洁直观的材料影响公司高层，推动公司成立专项组改进。

附录：专有名词释义

BP：Business Plan，商业计划，范围仅限于1~2年的计划

BU：Business Unit，事业部

CI：Configuration Item，配置项，CI list 为配置项清单

COE：Centrol of Energy，能量中心

DCP：Decision Check Point，决策检查点

DFX：Design For X，诸可性，如可靠性、可维修性、可制造性

Discipline：领域指导，基于场景和子领域组合而成的流程架构

GA：General Availability，一般可获得性，研发产品可大规模销售的点

IPD：Integrated Product Development，集成产品开发

Kick off：（足球）开哨，表示某事情开始

KPI：Key Performance Indicator，关键绩效指标

PDT：Product Development Team，产品开发团队

PMO：Project Management Owner，项目管理责任人

QA：Quality Assurancence，质量保障，是研发项目中的质量角色

QMS：Quality Management System，质量管理系统

SE：System Engineer，系统工程师

SP：Strategy Plan，战略规划，3~5年，范围为3~5年的计划

TOP：顶级

TR：Technology Review，技术评审

TTM：Time To Market，上市时间

后记与展望

2022年9月,在美国对华为实施制裁后的第4年,华为手机在停止发布新旗舰机型的2年后,终于正式发布了新旗舰手机Mate 50。中秋假期笔者在上海,去南京东路华为全球旗舰店观摩Mate 50。还是那个熟悉的LOGO,还是熙熙攘攘的人群。手机业务回归的同时,旗舰店最显眼的位置摆上了最新款的新能源问界汽车。不仅手机活了过来,华为还向汽车、能源、操作系统等领域完成了扎实的拓展。华为能在美国制裁中屹立不倒,让笔者有了别样的心情。

美国对华为第一次制裁是在2006年,笔者正是那次制裁事件的亲历者。2002年笔者进华为SONET(北美光网络)工作的第一天就带老员工攻关,一个月后就拿出颠覆北美资深专家的完美替代方案。入职华为第一年,笔者提交的专利就占部门的一半。经过3年不懈努力,为产品的稳定性和实用性做出较大的贡献。

2005年,SONET推出极具竞争力的4款设备。在2005年的年终聚会上,PDT经理高调宣布公司将成立北美产品线,在兴奋的氛围下大家把酒言欢。但2006年春节过后笔者的心情很快跌入谷底,美国对华为制裁禁止华为设备在美国销售,SONET产品将被撤销,所有人需另谋生路。作为第一批离开SONET的人,面对3年辛苦付出无果的结局,面对未来的迷茫和无奈,人生中笔者第一次感到老了,不想再奋斗了。"少不入川,老不出川",笔者第一次有了强烈回四川养老的念头。为此,笔者进入成研质量部门,全新的质量领域对35岁的笔者来说是极大的挑战。

"要么不做，要么经典。"是我的人生执念，对执念的坚持让笔者从条件最差的小学考上普通中学，在"千军万马过独木桥"的年代考上重点大学。面对全新的挑战，笔者又激发出心底对经典的执念，就像当年对技术的疯狂那样，笔者像一头犟牛深深扎入质量领域。

笔者被质量的博大精深深深震撼，如饥似渴地研究古今中外质量体系和国家崛起和衰落的关系，研究现代企业的兴衰案例，归纳总结研发流程、实践，并将对质量的领悟逐步应用在在研项目中，再根据落地的效果不断优化和调整。笔者从 HQA 成长为产品线 COE、流程变革经理、公司级 COE，又从四川"杀到"深圳。虽然已到不惑之年，从四川回深圳的那一刻笔者倍感荣耀，有幸在华为的发展过程中贡献了智慧和青春。

当 2017 年中兴被美国制裁时，在成都科分院当所长的表哥第一时间打来电话，问了笔者两个问题：一个是华为是否会被制裁？另一个是华为被制裁后是否会倒下？笔者当时非常肯定地回答制裁中兴只是美国的开胃菜，最终目标一定是华为。华为将采用狼性文化以变通的方式绝地求生；国家也绝不会袖手旁观。即便出现最差的局面，国家也会出手帮助华为。

2018 年美国再一次制裁华为，扣押孟晚舟。华为制裁事件仅是中美 21 世纪科技竞争的序幕。

21 世纪是创新的世纪，创新的快速发展又会触发新的工业革命——智能时代。美国打压华为的真正原因就是华为掌握了智能时代的密码。即将到来的智能时代将是真正的百年未有之大变局，就像当年蒸汽时代、电气时代和信息时代引起世界格局变化一样。

笔者预计到 2025 年，中国将研发出芯片高端制程（7 纳米）工艺，中国将在 2025 年率先进入智能时代，中国强势复兴不可逆转。新时代会涌现大批超一流的科技公司，同时会涌现大批时代英雄。

这本书能让读者或多或少有所收获，对企业发展有所贡献。《创新质量体系》是笔者的第一本质量专著，第二本专著《高质量产品开发》将诠释产品生命全过程可靠性工程方法，10年内笔者将亲自辅导10家企业，使其成熟度达到成功级，再把过程中的成功和失败的案例总结成《走向成功》，完成质量"三部曲"。

冉好思

2022 年 12 月 31 日

参考文献

[1] [美] 约瑟夫·A. 德费欧（Joseph A. De Feo）主编. 中国质量协会主持翻译. 朱兰质量手册——通向卓越绩效的全面指南（第七版）[M]. 北京：中国人民大学出版社，2021.

[2] [美] 董吉林. 人类科技创新简史——欲望的力量 [M]. 北京：中信出版社，2019.

[3] [中] 夏忠毅编著. 从偶然到必然 [M]. 北京：清华大学出版社，2019.

[4] [美] 詹姆斯·P. 沃麦克，等著. 余锋，等译. 改变世界的机器：精益生产之道 [M]. 北京：机械工业出版社，2007.

[5] [西汉] 司马迁. 郑红峰，译注. 史记 [M]. 北京：光明日报出版社，2015.

[6] [春秋] 老子. 张景，张松辉译注. 道德经 [M]. 北京：中华书局，2021.